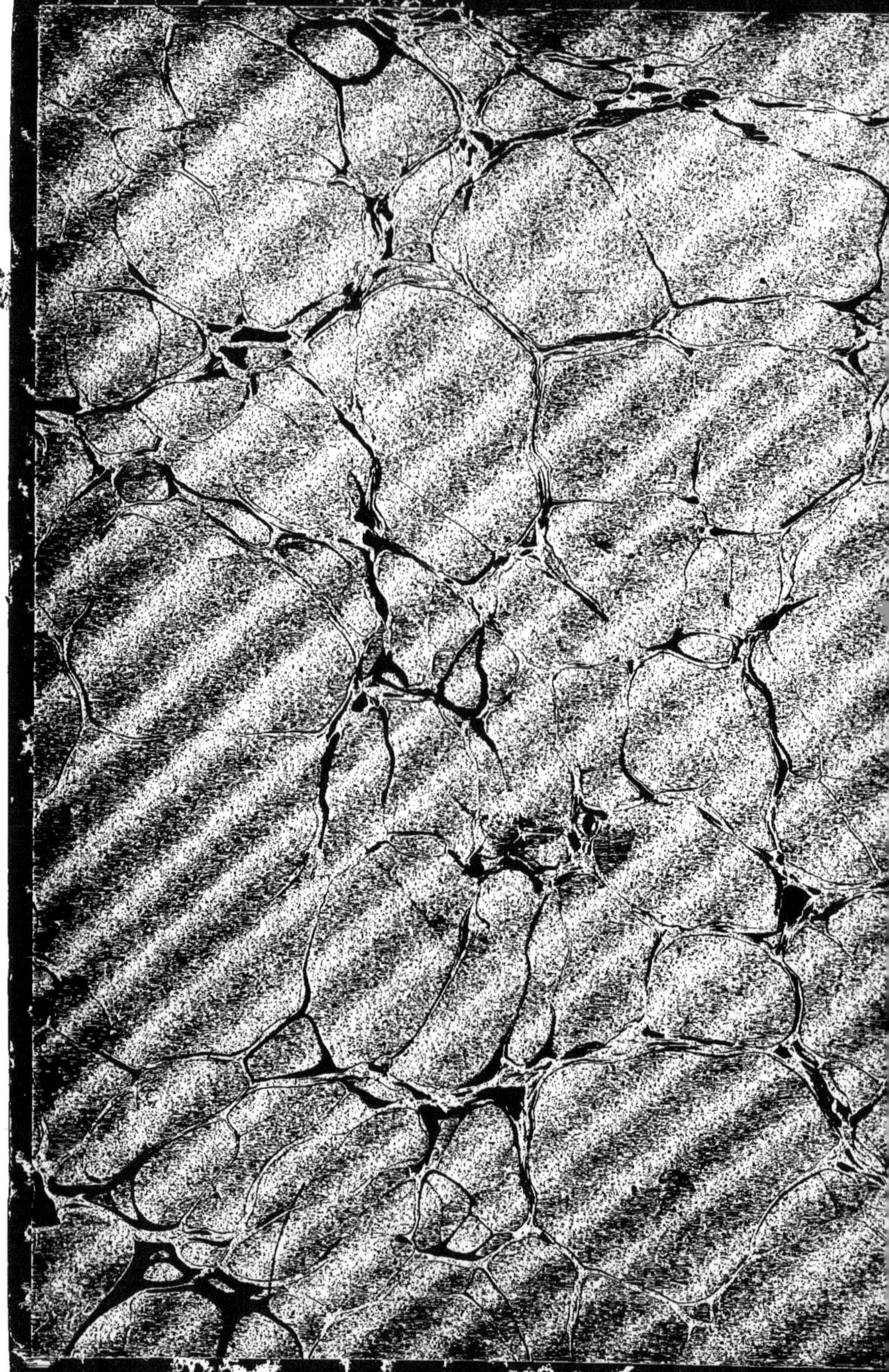

HISTOIRE

DE LA

RENAISSANCE ARTISTIQUE

EN ITALIE

PAR

CHARLES BLANC

DE L'ACADÉMIE FRANÇAISE

RÉVISÉE ET PUBLIÉE

PAR MAURICE FAUCON

Ancien membre de l'École française de Rome

TOME SECOND

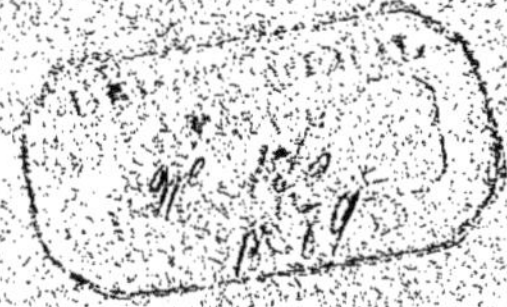

PARIS

LIBRAIRIE DE FIRMIN-DIDOT ET Cie

IMPRIMEURS DE L'INSTITUT, RUE JACOB, 56

1889

HISTOIRE

DE LA

RENAISSANCE ARTISTIQUE

EN ITALIE

—

TOME II

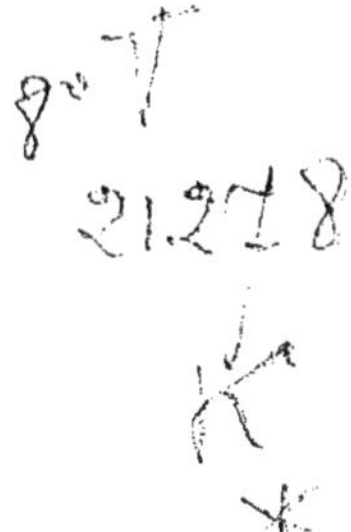

HISTOIRE

DE LA

RENAISSANCE ARTISTIQUE

EN ITALIE

PAR

CHARLES BLANC

DE L'ACADÉMIE FRANÇAISE

REVISÉE ET PUBLIÉE

PAR MAURICE FAUCON

Ancien membre de l'École française de Rome

TOME SECOND

PARIS

LIBRAIRIE DE FIRMIN-DIDOT ET Cie

IMPRIMEURS DE L'INSTITUT, RUE JACOB, 56

1889

HISTOIRE

DE LA

RENAISSANCE ARTISTIQUE

EN ITALIE.

LIVRE IV.

CHAPITRE PREMIER.

Naissance du genre historique et de l'allégorie. — Benozzo Gozzoli. — Son éducation d'orfèvre. — Collaboration aux portes du Baptistère. — Travaux à la chapelle de Nicolas V et à Orvieto sous la direction de Fra Angelico. — Peintures de San-Francesco de Montefalcone et du palais Riccardi. — Sa correspondance avec Pierre de Médicis.

Partout où il existe une grande École de peinture, il arrive un moment où l'on voit apparaître ce que nous appelons aujourd'hui le genre historique. Pour bien comprendre cette expression, il faut donner au mot genre la signification qu'il a en peinture. Les peintres entendent par ce mot ce qui justement n'est pas l'histoire, c'est-à-dire tout ce qui est local, accidentel, relatif et familier, au lieu d'être général, permanent, absolu, héroïque ou historique. Entre l'histoire et le genre, il y a, dans le langage des arts, la même différence qu'entre l'humanité et l'individu, entre le monde et telle ou telle contrée de la terre, entre les formes nues et les formes vêtues, entre la draperie, qui généralise une figure, et le costume, qui la particularise, entre le type, enfin, et le portrait. Mais à mesure qu'elle s'éloigne de l'antiquité pour se rapprocher de nous, l'histoire s'habille. Les héros, pour peu qu'ils touchent aux temps modernes, portent un costume. Il advient d'ailleurs que telle anecdote mémorable s'élève aux proportions d'un acte héroïque : tel personnage attire sur sa personne, sur la ville qui l'a vu naître, sur la famille d'où il est sorti, l'intérêt qui s'attache aux grandeurs humaines ; tel Florentin, par exemple, ayant acquis une immense réputation, ayant joué un grand rôle dans les événements européens, dans les faits généraux, devient un citoyen du monde, au point que sa biographie appartient à l'histoire. Alors se produisent des artistes qui cherchent à se faire une place entre les hauteurs du style et les familiarités de l'imitation, entre le genre proprement dit et l'histoire, et ainsi prend naissance la peinture intermédiaire, qu'ils nomment le genre historique, c'est-à-dire le genre élevé dans les régions de l'histoire ou, si l'on veut, l'histoire descendue dans le domaine du genre.

De nos jours, le genre historique a été représenté avec beaucoup d'éclat par des peintres tels que Gérard, Gros, Delaroche, Horace Vernet, Meissonnier, Gérôme. Au quinzième siècle, ceux qui, sans en avoir conscience, en furent les initiateurs ou les représentants illustres, s'appelèrent Benozzo Gozzoli, Bernardino Pinturicchio, Lorenzo Costa. Benozzo, pourtant, n'était pas préparé par son éducation à figurer de cette manière dans l'histoire de la peinture, car il avait été le disciple de Fra Angelico de Fiesole, le peintre mystique par excellence, pour qui la vie d'ici-bas n'est qu'une étape sur le chemin du paradis. MM. Crowe et Cavalcaselle ont parlé de Benozzo Gozzoli en termes irrévérencieux ; ils affectent de le regarder comme un homme qui a pratiqué une industrie, plutôt qu'il n'a exercé un art. Ils le représentent comme un artiste versatile qui, dans son habileté à s'approprier les traits caractéristiques de divers maîtres et de diverses époques, a été rarement grand et n'a jamais été original (*seldom great, and never original*). « Puissant comme une machine, prolifique par nature, un tel homme, disent-ils, peut exciter la surprise par la facilité avec laquelle il prend et abandonne une manière, par la rapidité de son exécution et par la fécondité qu'elle engendre ; mais il ne peut prétendre à occuper une haute place dans l'histoire de l'art ; et tandis que nous reconnaissons dans Domenico Ghirlandajo des talents qui font époque, nous ne concédons guère à Benozzo Gozzoli qu'une industrie, une aptitude à réunir et à employer superficiellement, à l'aide d'une imagination extravagante, les facultés acquises par l'énergie des peintres du quinzième siècle. Le principal intérêt qui s'attache aux œuvres de Benozzo est dû non pas tant à leur intrinsèque valeur qu'à l'influence qu'ils ont eue sur une certaine partie de l'école ombrienne. » Voilà comment, à notre très grande surprise, des auteurs ordinairement judicieux ont apprécié un des peintres les plus charmants, les plus inventifs, les plus variés, les plus vivants, les plus *peintres* qui aient existé en Italie dans le siècle qui en a produit le plus. Nous osons dire qu'il n'y a pas un artiste en France, de ceux qui ont vu à Pise le Campo-Santo, et à Florence le palais Riccardi, qui ne soit étonné d'un tel jugement, qui n'en soit même indigné.

Benozzo eut cette heureuse chance d'être élevé à l'école de deux maîtres supérieurs. Le premier fut Lorenzo Ghiberti. Par les documents conservés aux Archives d'État de Florence, on sait en effet que, parmi les aides adjoints à Ghiberti pour l'exécution de la seconde porte du baptistère, il faut compter Benozzo Gozzoli ; celui-ci, au mois de janvier 1444, s'engage par contrat, avec l'ordre des marchands, à travailler pendant trois ans en compagnie de Lorenzo Ghiberti, au prix de 60 florins d'or pour la première année, de 70 pour la seconde et de 80 pour la troisième.

A l'époque où il signait ce contrat, Benozzo n'avait que 24 ans, car il était né, non pas en 1424, comme disent MM. Crowe et Cavalcaselle, mais en 1420, d'après la déclaration faite aux officiers du cadastre par le sieur Lese, père de Benozzo, attestant que son fils avait dix ans en 1430, et d'après la déclaration de Benozzo lui-même qui se donne 60 ans en 1480. Pour avoir aidé Lorenzo Ghiberti dans les travaux de la porte, il faut que Benozzo Gozzoli ait été orfèvre, car ces travaux ne pouvaient être que ceux de la réparure, de la ciselure et de la dorure. Il devait toutefois avoir appris déjà la peinture puisque, justement à l'expiration de ces trois années de collaboration avec Ghiberti, il fut appelé et peut-être même conduit à Rome par Fra Angelico dans le dernier temps du pontificat d'Eugène IV, c'est-à-dire vers la fin de 1446 ou au commencement de 1447, ce pape étant mort le 23 février de cette dernière année. Vasari a donc commis seulement une demi-erreur lorsqu'il a dit que Fra Angelico avait été mandé à Rome par le pape Nicolas V ; car, s'il est vrai que le saint moine était déjà au service d'Eugène IV lorsque Nicolas V fut élevé au pontificat, le 6 mars 1447, il faut reconnaître que le nouveau pontife s'empressa de ratifier les engagements de son prédécesseur et fit peindre pour lui la chapelle dont la décoration avait été commandée par son prédécesseur, cette chapelle qui porte

le nom de Nicolas V et dans laquelle Angelico eut pour collaborateur son élève Benozzo Gozzoli.

Mais le climat de Rome, insalubre pour les étrangers dans
la saison chaude, avait sans doute éprouvé le moine florentin,
qui écrivit ou fit écrire aux fabriciens de la cathédrale d'Orvieto pour leur offrir de peindre la chapelle neuve de leur
dôme et d'y consacrer quatre mois, savoir les mois de juin,
juillet, août et septembre, au prix de 200 florins par an pour
lui-même et de sept florins par mois pour un de ses deux
aides, Benozzo, qu'il se réservait d'emmener avec lui. Nous
avons déjà raconté que ces conditions avaient été acceptées
par les maîtres de l'œuvre, par la fabrique d'Orvieto, et comment, après avoir travaillé les quatre mois convenus dans la
chapelle de la Vierge, Fra Angelico était parti sans esprit
de retour. Deux ans après, Benozzo, — dans l'intervalle il
avait exécuté des fresques dans l'église d'Araceli à Rome,
où elles n'existent plus, — écrivit aux fabriciens d'Orvieto
pour s'offrir à continuer les travaux commencés par son maître
dans la chapelle de la Vierge; mais les Orviétains pensèrent
sans doute qu'il ne suffisait pas, pour remplacer Fra Angelico, d'avoir été son aide, et ils déclinèrent les offres de Benozzo.

A partir de ce moment, Benozzo Gozzoli n'est plus l'élève
ni le collaborateur de personne; après avoir été pieusement
confiné dans l'imitation de son maître, il se sépare de lui et
s'abandonne aux élans de sa propre imagination. L'imagination, c'est le génie même de Benozzo, et sa fantaisie n'est
pas le moins du monde extravagante; elle est au contraire
naturelle à ce point que chez lui la faculté de créer des figures,
d'inventer des mouvements, d'imaginer des épisodes, n'est, à
bien y regarder, que sa faculté d'observer à tout instant la
nature, d'y saisir une pantomime heureuse, d'y surprendre

un geste gracieux, une agréable combinaison de formes qu'a rassemblées le hasard. Ce qu'on croit qu'il a inventé, il l'a vu, et, à proprement parler, l'imagination n'est pas autre chose chez les vrais peintres que la mémoire pittoresque.

Les fresques exécutées par Benozzo dans le monastère de San-Francesco de Montefalcone, dont les motifs sont tirés de la vie de saint François, rappellent, par moments, et les compositions de Giotto à Assise, et la délicieuse délicatesse de Fra Angelico. Au reste, la vénération de Benozzo pour Giotto s'y révèle dans un des médaillons qui accompagnent la décoration du chœur : deux de ces médaillons renferment les portraits de Dante et de Pétrarque, et à côté se trouve celui de Giotto, avec cette inscription. « *Pictorum eximius Gottus, fundamentum et lux.* » Rien ne fait plus d'honneur à Benozzo que son admiration profonde pour le premier des grands artistes florentins, pour le peintre qui ouvrit l'ère de la Renaissance. Quant à Fra Giovanni Angelico de Fiesole, Benozzo suivit ses traces en disciple fidèle, jusqu'au moment où il fut invité par les Médicis à décorer de peintures la chapelle de ce beau palais Riccardi que Michelozzo avait bâti pour eux (1).

Le nom de chapelle fera croire, peut-être, qu'il n'y a sur les murs que des vierges ou des martyrs. Eh bien, non : ce sont des seigneurs à cheval, en costume du quinzième siècle, suivis des plus jolis pages qu'ils ont pu choisir dans la jeunesse italienne. L'élévation du point de vue a permis à l'artiste de développer des paysages ravissants où le ciel occupe peu d'espace, afin sans doute de ne pas jeter trop de vide dans la

---

(1) La ville de Florence contient tant et tant de merveilles qu'on peut y avoir fait bien des voyages sans avoir encore tout vu. C'est ce qui nous est arrivé à nous-même. Deux fois nous avions visité Florence, et personne ne nous avait mené voir les fresques de Benozzo, dans le palais Riccardi. Ce ne fut qu'à mon troisième voyage que je les vis, à l'époque des fêtes célébrées pour le centenaire de Michel-Ange, en septembre 1875. (*Note de M. Charles Blanc.*)

composition. Ces gentilshommes reviennent-ils de la guerre ou vont-ils à la chasse, accomplissent-ils un pèlerinage ou se rendent-ils à leurs vignes, à leurs villas? nous ne savons, mais on éprouve un charme indéfinissable à les voir promener leurs portraits et leurs robes de brocart, raconter eux-mêmes leur élégance, et, pour ainsi dire, chevaucher leur histoire. Sauf les proportions, ces fresques sont comme qui dirait des Meissonier du quinzième siècle. Le caractère de chaque tête est accentué; le dessin est d'une finesse exquise, le détail choisi, significatif et parlant.

Toutefois, une retraite est ménagée dans la chambre pour l'autel qui devait en faire une chapelle et qui était jadis adossé à la fenêtre. Cette partie, beaucoup mieux éclairée que le reste, est toute remplie, à droite et à gauche, de figures d'anges, et quels anges! Ils sont comme les frères aînés de ceux que Beato Angelico de Fiesole peignit de sa main angélique. Ils ont revêtu, eux aussi, leurs plus belles robes, leurs robes du dimanche, pour assister à la messe des Médicis. Aimables au possible, souriants, blonds, sagement rangés en ligne comme il sied à des pensionnaires du Paradis, ils arrivent par troupes du fond des campagnes enchantées, et ils viennent se mettre en adoration, sans savoir à quel point ils sont eux-mêmes adorables. On en remarque dans le nombre un ou deux qui se sont détachés et qui font l'école buissonnière dans les charmilles de l'Eden, celui-ci pour cueillir des fleurs, celui-là peut-être pour courir après un papillon. Il y a ainsi dans le ciel, qui le croirait? des anges étourdis; mais il leur sera beaucoup pardonné parce qu'ils ont beaucoup aimé le Seigneur.

Plus on étudie l'histoire, plus on voit qu'elle se répète et que bien des choses que l'on croit trouvées dans un pays l'avaient déjà été dans un autre. C'est, par exemple, une idée généralement répandue que les animaux n'ont été bien dessinés que dans l'École hollandaise à partir du dix-septième siècle. En France, la connaissance vraie des animaux ne date, en sculpture, que de Barye, et, en peinture, elle ne remonte guère qu'à Gros et à Géricault. Les lions et les tigres, nous disons ceux du désert et non pas ceux qu'une sorte de convention avait pour ainsi dire stéréotypés, ont été introduits dans l'école française par Eugène Delacroix avec leur allure, leur férocité, leur pelage ; mais, pour ce qui est des chevaux en particulier, nous ne les voyons figurer avec un certain éclat dans notre peinture que depuis le commencement de ce siècle. Après Géricault, qui nous avait familiarisés avec la représentation du cheval, Horace Vernet le peignit avec une vérité parfaite, ou, pour parler plus juste, avec une parfaite vraisemblance. Quand figura au salon la grande toile d'Horace Vernet, *la Smala d'Abd-el-Kader,* le public parut étonné surtout que le peintre eût si bien dessiné un escadron de chevaux en raccourci, vus par le poitrail avec une illusion telle qu'ils semblaient sortir de la toile et se précipiter sur le spectateur. Or, au milieu du quinzième siècle, Benozzo Gozzoli avait déjà résolu ce problème en peignant au palais Riccardi ces gentilshommes de la cour des Médicis qui cheminent avec tant d'aisance et d'élégance sur le raccourci de leurs chevaux.

Et cette pompeuse marche des Médicis à travers un magnifique paysage n'est dans l'intention du peintre que le somptueux voyage des rois mages à Bethléem ; les chevaliers, les pages, les écuyers et une foule de gens formant leur suite s'arrêtent en chemin, les uns pour chasser le léopard, les autres pour courre le cerf, et les rois semblent conduits par une étoile, qui n'est autre que le génie du peintre. L'Évangile est pour lui un simple prétexte de mettre en scène des cavaliers élégants, de beaux et profonds paysages dont le ciel est rehaussé d'azur, de peindre des animaux, sauvages ou domes-

tiques ; ici, des chevaux de trait, attelés aux chariots des ba-
gages ; là, des fauves qu'on n'était pas habitué à voir dans
la représentation des scènes évangéliques.

Les archives de Florence nous ont conservé trois lettres
de Benozzo Gozzoli à Pierre de Médicis, dans le temps que
l'artiste travaillait aux fresques du palais Riccardi.

En voici quelques extraits : « J'ai reçu ce matin par Ru-
« berto Martegli une lettre de Votre Magnificence et j'y avise
« que les Séraphins (il veut parler des Chérubins) que j'ai
« faits ne vous paraissent pas à propos. J'en ai peint un dans
« un coin, parmi les nuages qui le cachent si bien qu'on ne voit
« que le bout de ses ailes. J'en ai fait un autre du côté opposé,
« également caché par les nuages et Ruberto dit que cela ne
« vaut pas la peine d'en faire l'objet d'une observation. Je
« serais allé vous parler aujourd'hui ; mais j'ai commencé ce
« matin à mettre l'outremer, et je ne puis abandonner l'opé-
« ration parce que la chaleur est grande et qu'en un moment
« la colle peut se gâter. J'ai demandé à Ruberto deux florins
« qui me suffiront pour l'instant.

« Quant au travail, je le fais tant que je peux, et ce que je
« ne ferai point restera pour prouver que je n'ai pas su le
« faire. »

La lettre dont nous donnons ce fragment est datée du
10 juillet 1459 et adressée au Magnifique Piero di Cosimo de
Médicis, à sa villa de Chareggi. Dans la lettre suivante, qui
est datée du 11 septembre de la même année, Gozzoli appelle
son correspondant « mon excellent ami, *amico mio singhula-
rissimo* »; elle commence ainsi :

« J'ai avisé Votre Magnificence dans une précédente lettre
« que j'avais besoin de quarante florins et que je vous priais
« de me les faire tenir, parce que c'est maintenant le moment
« favorable pour acheter du grain et les autres choses qui me

« sont nécessaires. Je nourrissais la pensée de ne vous rien
« demander avant que Votre Magnificence eût vu ce que je
« fais pour elle ; mais la nécessité m'a contraint de faire au-
« trement. Je vous rappelle ici qu'il faut envoyer à Venise
« chercher de l'outremer (*azzurro*) parce que, cette semaine,
« j'aurai fini une des faces de la chapelle, et que j'aurai besoin
« pour l'autre d'azur et de brocard. Le brocard sera fait en
« même temps que les figures, et même avant (*e prima*). »

La troisième lettre n'est pas moins curieuse que les précé-
dentes ; elle est datée du 25 septembre 1459. « Il m'est arrivé,
« dit Benozzo, un homme que je crois de la suite de votre
« Pier Francesco (c'était un neveu de Côme et par consé-
« quent un cousin germain de Pierre, fils de Côme). Il pos-
« sède quinze cents feuilles d'or fin, travaillé à Gênes, qui est
« presque de moitié plus précieux que le nôtre. Il en demande
« seize gros le cent. Je crois qu'il le donnera pour quatre li-
« vres ; c'est un grand marché. Je vous envoie un cent de son
« or avec la mesure du nôtre... ; l'or est bon pour être mis au
« mordant. J'ai eu dix florins et je vous prie de m'en servir
« dix autres. De plus j'ai eu des Jésuates deux onces d'azur,
« de celui qui coûte deux florins larges l'once. La semaine
« prochaine, j'aurai fini les fresques de l'autre muraille. Il
« me semble qu'il y a mille ans que j'attends l'arrivée de
« votre Magnificence pour savoir si elle est contente de
« mon travail (1). »

Tels étaient les rapports des artistes avec les citoyens qui
n'étaient pas encore nommés princes, mais qu'on appelait déjà
Votre Magnificence, comme nous disons encore Votre Excellence, Votre Éminence. Les Médicis n'en étaient pas moins
des princes, de vrais princes ; ils gouvernaient la République,

____

(1) « *E mi pare* 1000 *anni chella magnificentia vostra sia qua, perche voi veggiate
s'el lavoro vi contenta.* »

il faut bien le dire, par l'influence de leurs richesses, par l'ascendant de cette *magnificence* qui était devenue en quelque sorte l'adjectif obligé de leur nom ; mais la richesse ne suffit point dans un état démocratique : il faut y joindre l'art d'être riche. Cet art, Côme Ier, le père de la Patrie, le possédait et le maniait en maître ; créancier des plus puissants comme des plus pauvres citoyens de la République, il affectait d'oublier leurs dettes pour les leur faire oublier. Sa popularité était à ce prix. Lorsqu'il succéda à son père, Pietro di Cosimo eut la maladresse de réveiller le souvenir des vieilles dettes contractées envers sa famille par tant de citoyens qui, de débiteurs dispensés de se libérer, étaient devenus les plus dévoués des clients.

Ce Pierre de Médicis, dont on connaissait d'ailleurs le caractère débile et le tempérament maladif, vit se tramer divers complots contre sa vie ; il eut la chance d'y échapper et il mourut dans son lit, laissant la double renommée d'un politique inhabile aux affaires, d'un créancier peu accommodant, mais d'un Mécène généreux et vraiment digne déjà du surnom de magnifique, sous lequel son fils Laurent s'est illustré.

CHAPITRE II.

Benozzo Gozzoli (Suite). — **Les peintures du Campo-Santo de Pise et de la collégiale de San-Gimignano. — Lorenzo Costa de Ferrare. — Sujets mythologiques et allégoriques.**

Il y a cinquante ans, les voyages en Italie étaient fort rares. En dehors des prix de Rome, qui voyageaient avec la pension du gouvernement, les artistes français qui passaient les Alpes étaient si peu nombreux qu'on les comptait. Ordinairement, le voyage se faisait à plusieurs, il se faisait à pied, le sac au dos, par étapes. Les uns prenaient le chemin de Gênes par la Corniche, les autres traversaient une partie de la Suisse, montaient le Saint-Gothard et descendaient en Italie par Airolo, Bellinzona, et par les contrées ravissantes qui côtoient le lac de Lugano et le lac de Côme. En général, les artistes voyageurs de ce temps-là (1) allaient porter leurs premiers hommages, non pas à Raphaël et à Michel-Ange, parce que Raphaël leur était connu et que Michel-Ange les effrayait, mais aux vieux maîtres du quatorzième et du quinzième siècle, particulièrement à ces derniers qu'on appelle en Italie les *Quatrocentisti*, c'est-à-dire les maîtres qui ont vécu dans les années commençant par mil-quatre-cent. Un des monuments qui frappaient le plus les voyageurs était le Campo-

---

(1) Au sortir du collège, je m'étais lié avec quelques jeunes artistes, alors que j'étais moi-même, en 1837 ou 1838, l'élève de Paul Delaroche et de Calamatta. Lorsque des artistes revenaient d'Italie, il me souvient de l'empressement avec lequel nous allions voir ce qu'ils en avaient rapporté, croquis, dessins, aquarelles, copies peintes. (*Note de M. Ch. Blanc.*)

Santo de Pise; nous ne le connaissions alors en France que par des gravures sans caractère, sans accent, et pour tout dire d'une infidélité déplorable, les gravures de Lasinio. Quel ne fut pas l'étonnement, à une époque où la photographie n'était pas inventée, de voir ces morceaux d'Orcagna, de Pietro Lorenzetti, d'Antonio Veneziano, de Buffalmacco et surtout de Benozzo Gozzoli! Ce fut une révélation. Les fresques de ces maîtres, dans les anciens guides d'Italie, étaient à peine mentionnées ou ne l'étaient qu'avec dédain. Le président de Brosses les avait signalées comme « des histoires de la Bible peintes d'une manière fort bizarre, fort ridicule, parfaitement mauvaise ». Quel ne fut pas, disons-nous, l'étonnement, lorsqu'on admira les figures de Benozzo tirées de ses *Noces de Jacob et de Rachel,* de ses groupes de vendangeuses et de danseuses de l'*Ivresse de Noé,* et de la *Malédiction de Cham,* et de la *Tour de Babel!* Fra Angelico avait dans sa cellule une toute petite fenêtre ouverte sur la nature : Benozzo Gozzoli, quand il eut quitté son maître, ouvrit cette fenêtre toute grande. Il vit dans la campagne ce que les artistes seuls savent y voir : une femme qui passe tenant son enfant par la main et sur sa tête une cruche, un vendangeur qui du haut de son échelle coupe les grappes d'une vigne, suspendue aux arbres, et les jette dans le tablier de la vendangeuse, un autre qui descend avec précaution une grosse corbeille de raisins mûrs, qu'une jeune fille reçoit en levant les bras et les yeux vers lui, un paysan robuste qui pétrit sous ses pieds les grappes amassées dans le pressoir. De ses observations faites sur la nature vivante, mais choisie, Benozzo a su tirer des motifs dignes de la sculpture antique.

Sans doute, ses histoires sont un peu décousues; mais elles sont à la fois séparées et reliées par les lignes d'une architecture imaginaire, dont les grêles colonnades laissent voir des paysages pleins de charme et de profondeur. Il faut convenir d'ailleurs que sur une muraille aussi longue que tout l'édifice du *Campo-Santo* il eût été bien difficile de concentrer des compositions, qu'il fallait les répandre, au contraire, sur une large surface, assez vaste pour occuper toute une légion de peintres. Après avoir divisé en vingt-quatre compartiments cet immense espace, Benozzo y peignit avec une abondance d'invention vraiment extraordinaire l'arche de Noé, le déluge, l'édification orgueilleuse de la tour de Babel, l'incendie de Sodome et des autres villes voisines, des histoires d'Abraham, dans lesquelles se trouvent d'heureuses expressions de sentiment, et un sacrifice d'Isaac où l'on remarquait, entre autres choses, une figure d'âne vue en raccourci, rendue avec une illusion qu'on trouvait alors surprenante ; ensuite la naissance de Moïse, sa vie accompagnée de prodiges, et le peuple hébreu sortant de l'Égypte sous sa conduite et nourri par lui durant tant d'années dans le désert. Enfin à tous ces sujets tirés de la Bible s'ajoutent la chute de Jéricho, le combat de David et de Goliath, la visite de la reine de Saba à Salomon. La plupart de ces dernières peintures ont été fort endommagées, quelques-unes même ont péri. Celles qui subsistent encore à travers les restaurations qu'elles ont subies sont caractérisées chacune par un épisode significatif qui exprime toujours le côté pittoresque de l'idée, et par des figures qui, étant prises directement dans la réalité, sont nécessairement des portraits. Non seulement les grands personnages de la Bible, Abraham, Isaac, Joseph, David, Salomon sont représentés par des savants et des poètes italiens, tels que le platonicien Marsile Ficin, Argyropoulo, Platina ; non seulement le peintre s'y est placé lui-même sous la figure d'un beau vieillard à cheval, rasé et coiffé d'un béret noir ; mais les figures secondaires, celles qui sont sans nom et sans histoire, sont aussi des portraits saisis de pied en cap sur le vif. C'est ainsi que le genre s'introduisit dans le grand art, non pas accidentellement et, pour ainsi dire, subrepticement, comme dans les sublimes fresques de Giotto sur les murs et sur les voûtes du sanctuaire d'Assise, mais pleinement, avec résolution, avec autorité. La jeune fille qui passe tenant sur sa tête une simple cruche d'eau ou une corbeille de raisins paraît digne de figurer dans les drames de l'Ancien Testament, comme elle avait figuré parmi les canéphores de la sculpture athénienne. Mais deux choses s'opposaient à ce que les modèles fournis pas l'observation fussent transformés, transfigurés à Florence, comme ils l'avaient été à Athènes : l'ignorance des peintres en fait de nu, et le peu de convenance que trouvaient les prêtres à ce que les murs des églises ou des lieux saints fussent couverts de personnages dont la nudité rappelait les dieux païens. Aussi était-il fort rare de trouver des figures nues dans les fresques décoratives de l'école toscane. D'un autre côté, comment habiller des personnes qui étaient censées avoir vécu du temps d'Abraham? Quel costume inventer pour elles, alors que l'archéologie n'existait pas encore? Du moment que les motifs de Benozzo Gozzoli étaient empruntés de la nature vivante, il était tout simple qu'ils fussent représentés avec l'habillement dont les figures de ces motifs étaient revêtues dans cette même nature. Nous ne parlons pas des célébrités du temps pour lesquelles le costume était de rigueur.

Cependant il fallut se conformer au récit de la Bible en peignant Noé dans l'état de nudité et d'ivresse où ses enfants le découvrirent. Élevé à la chaste école de Fra Angelico, Benozzo Gozzoli était peu savant en matière de nu : il y parut bien quand il représenta sur le premier plan de la zone inférieure de sa fresque, tout près du spectateur, le vieillard endormi et pris de vin, inconscient de son indécence. Il ne sut dessiner dans cette figure, qui était pourtant la principale, que des formes lourdes, engorgées, sans vie et sans art. Pendant que les fils de Noé vont couvrir d'un officieux manteau la nudité de leur père, on distingue une jeune femme qui, tout en couvrant son visage avec sa main pour cacher ce qu'elle ne doit pas voir, a soin d'écarter ses doigts de manière à laisser passer un regard indiscret. Cette figure, qui passe pour un trait d'esprit, a donné lieu à un proverbe pisan ; on dit d'une femme qui affecte une fausse pudeur qu'elle est semblable à *la vergognosa di Campo-Santo*. L'idée est un peu grossière : à l'époque de la Renaissance ce que nous appelons l'esprit était une plante peu cultivée encore et peu florissante. Ce n'est que dans les pays où l'individualisme est arrivé à son plus haut degré d'indépendance que l'esprit acquiert toute son intensité, tout son imprévu et tout son éclat ; un trait de bon sens devient un trait d'esprit quand il est aiguisé par le caprice intelligent d'un humoriste. Si nous avons eu au dix-huitième siècle, si nous avons dans le nôtre plus d'esprit qu'on n'en avait au quatorzième et au quinzième siècle, cela tient à ce que l'individualisme s'est développé chez nous en toute liberté, et même sans mesure et sans frein.

Revenons à Benozzo. Quelle que soit la célébrité de ses fresques du Campo-Santo, il est un ouvrage de lui plus remarquable encore, quoique beaucoup moins connu : nous parlons des peintures qu'il fit à San-Gimignano (antérieurement à celles de Pise) dans l'église Sant'Agostino et notamment dans le chœur. Les photographies exécutées en perfection par Alinari, sauf l'aspect blond ou brun de la fresque, sauf les couleurs dont elles ne donnent que la valeur (encore est-ce une valeur approximative et quelquefois trompeuse), traduisent l'essentiel de l'œuvre : invention, arrangement des groupes, expression par la physionomie, par le geste, par le mouvement, caractère du dessin, draperies et costumes, richesse des fonds, tantôt remplis d'une architecture accidentée par la perspective et rendue ainsi pittoresque, tantôt ornés de paysages rocheux, à verdure intermittente et laissant voir peu de ciel. Il ne manquait rien à Benozzo de ce qui constitue les ressources d'un peintre accompli ; il connaissait à merveille le parti qu'on peut tirer de l'architecture pour asseoir l'ordonnance d'un tableau et quelquefois pour y introduire de la variété. Il avait étudié les animaux, les chevaux surtout, et savait s'en servir pour animer ses fresques, en rompre les lignes, les faire pyramider en quelques endroits ; de plus il était paysagiste consommé, à ce point qu'il n'y a pas un seul de ses lointains qui ne soit une vue charmante ajoutée à la profondeur du tableau et arrangée à souhait pour le plaisir des yeux. Tous ces moyens d'intéresser l'esprit et le regard, il les a mis en œuvre dans les dix-sept morceaux dont se compose la légende de saint Augustin. Rien de plus animé, de plus imprévu, de plus pittoresque, dans le meilleur sens du mot, que la composition qui représente l'école où Monique, mère de saint Augustin, amène son fils au maître de grammaire de Tagaste. Dans une cour divisée par d'élégants portiques passent des écoliers qui viennent de prendre leur leçon d'écriture. Un petit enfant, qu'un de ces écoliers tient par les deux bras sur son dos et qui a mérité le fouet, reçoit des coups de verges en poussant des cris ; d'autres enfants apprennent à lire de leurs camarades plus grands et plus instruits. Sur le devant de la gauche, le père et la mère du jeune Augustin, Patrice et Monique, présentent leur jeune fils au professeur de grammaire, homme à barbe courte et blanche et à mine sévère qui, cependant, reçoit le novice avec bonté en lui caressant le menton. Il va sans dire que, suivant les naïves habitudes des peintres du quinzième siècle, le même personnage reparaît plusieurs fois dans le même cadre ; on voit, par exemple, saint Augustin, au moment où il arrive à Milan, se faisant déchausser ses éperons par un de ses écuyers, tandis que l'autre tient par la bride le cheval que va monter le jeune prêtre, appelé comme maître d'éloquence dans la ville où prêchait saint Ambroise, puis à côté son voyage équestre, dans lequel il est accompagné d'une suite nombreuse de cavaliers et assisté d'un page qui marche à pied ; cette belle et agréable composition a été, quarante ans plus tard, imitée par Pinturicchio, lorsqu'il fut chargé de peindre à fresque la bibliothèque du dôme de Sienne. Tout autre est l'aspect du tableau où est représentée la visite de saint Augustin aux ermites auxquels il donna une règle. Le monastère est bâti à mi-côte d'un paysage montueux et rude, hérissé de précipices ; les solitaires sont disséminés sur la montagne. Ici, Augustin les a groupés pour lire avec eux les épîtres de saint Paul ; là, il est seul avec un enfant dont il observe les mouvements dans le sable ; plus loin on le retrouve au milieu des ascètes, discutant sur la théologie ou sur les hérésies, et cette fois l'ampleur des draperies se trouve d'elle-même dans la dignité du costume monastique.

L'abondance des inventions, la puissance imaginative qui consiste à donner une forme à toutes les pensées, ou, si l'on veut, à se souvenir de la manière dont les exprime la nature par le geste, l'attitude, la pantomime, ce sont là des facultés maîtresses dans un peintre ; et ces facultés, qui sont si près d'être du génie, Benozzo Gozzoli les a possédées à un degré surprenant. Ses contemporains eurent pour lui de l'admiration, et les Pisans de la reconnaissance. Pendant les douze années qu'il consacra aux fresques du Campo-Santo (de 1469 à 1481), il avait habité à Pise une maison, qu'il y avait achetée, dans la *carraja di San-Francesco,* et qu'il laissa en héritage à sa famille composée de sept enfants, dont cinq garçons et deux filles. Quand il eut fini de couvrir l'immense muraille qu'il avait pris à charge de peindre, les Pisans trouvèrent légitime de lui concéder dans leur Campo-Santo la place d'une tombe. Cette place lui fut concédée 20 ans avant sa mort, en 1478, comme le dit l'inscription gravée sur la pierre tumulaire : *Hic tumulus est Benotii Florentini, qui proximè has pinxit historias. Hunc tibi Pisanorum donavit humanitas, MCCCCLXXVIII.*

La date de 1478 est, comme on le voit, celle de la concession du terrain et non pas celle qui marque la mort de Benozzo, laquelle se place en 1498, un an après qu'il eut été appelé comme expert, avec Pierre Pérugin, Cosimo Rosselli et Filippino Lippi, pour estimer les peintures exécutées par Alessio Baldovinetti à l'église Santa-Trinita de Florence.

Benozzo a introduit à haute dose dans la peinture florentine ou, pour mieux dire, dans l'art toscan, trois éléments qui en ont fixé le caractère jusque vers la fin du quinzième siècle : le genre, le portrait et le costume. Ces trois éléments du naturalisme, nous les retrouvons en effet dans tous les maîtres de l'école toscane, Alessio Baldovinetti, Luca Signorelli, Sandro Botticelli, Domenico Ghirlandajo, Cosimo Rosselli, Filippino Lippi, sans parler de ceux qui représentaient l'art à Pérouse, tels que Pérugin et Bernardino Pinturicchio. Tous ces maîtres, plus ou moins, s'attachèrent au portrait et au costume comme à des moyens de renouveler la physionomie de l'art, et ils s'en servirent dans la décoration des plus fameux monuments, à Santa-Maria-Novella de Florence, à la chapelle Sixtine de Rome, au *Cambio* de Pérouse, à la bibliothèque du dôme à Sienne. Il va sans dire que le peintre de San-Gimignano et du Campo-Santo de Pise fut continué par les élèves obscurs qui l'avaient assisté dans ses immenses travaux, entre autres par Zenobi de' Machiavelli, Giunto d'Andrea; mais, parmi ses élèves, ou du moins parmi ceux qui vinrent à Florence pour l'étudier et l'admirer, il s'en trouva un, Lorenzo Costa de Ferrare, qui, empruntant de Benozzo Gozzoli son excellent goût pour le paysage, imagina d'y faire figurer non plus seulement des personnages de la Bible ou de la légende, mais des héros profanes, des princes et des princesses de la maison d'Este mêlés aux divinités païennes, au sein d'une nature romantique, sur les rivages d'une douce mer et sous les ombrages d'un pays enchanté, comme ceux qu'allait bientôt décrire l'Arioste. Il n'y a rien d'ailleurs de surprenant dans cette évolution de l'art en Italie; car, si l'on y réfléchit un peu, on sentira que la mode d'introduire les portraits des personnes illustres dans les compositions bibliques ou évangéliques devait conduire les peintres, par le seul développement de l'esprit courtisanesque, à exalter les héros contemporains jusqu'à faire d'eux les principales figures du tableau, à les rendre historiques avant l'histoire et à les élever enfin par l'allégorie au rang des demi-dieux.

C'est, en effet, dans une sorte d'éden mythologique, au milieu d'un paysage qui rappelle l'âge d'or, que nous transporte Lorenzo Costa lorsqu'il nous représente la cour d'Isabelle d'Este, marquise de Mantoue, et cette femme charmante vivant en compagnie des héros, des poètes et des nymphes du Parnasse. Un amour, qu'une muse tient sur ses genoux, pose sur la tête d'Isabelle une couronne de laurier; autour de ce groupe principal, des philosophes écrivent, des poètes chantent, des musiciens jouent du violon, du luth, du théorbe. Au premier plan, deux jeunes filles sont assises sur l'herbe fleurie, l'une couronnant un taureau, emblème de force, l'autre caressant un agneau, symbole d'innocence. Auprès d'elles, sur la gauche, un guerrier, peut-être un prince de la maison d'Este,

Borso ou Hercule, vient de trancher la tête d'un dragon; à droite, une belle jeune fille tenant un arc et une flèche et qu'on pourrait prendre pour une magicienne ou pour une chasseresse de la suite de Diane. Dans l'éloignement on aperçoit des cavaliers engagés dans un combat furieux. « Tout cela, dit M. Gruyer (dans *Raphaël et l'antiquité*), d'un dessin délicat et d'une couleur charmante, est encadré dans de frais ombrages, avec l'horizon profond d'un lac comme perspective et de belles montagnes couronnées par un ciel d'azur. Il y a là plus qu'un tableau délicieux, plus qu'un rêve de bonheur; il y a comme le résumé de la vie élégante et intellectuelle d'une société affolée d'érudition, éprise de galanterie, avide d'épopées romanesques, chez laquelle l'*Orlando furioso* va bientôt faire son apparition et qui connaît déjà par cœur *I Reali di Francia, La Spagna*, poème de Pulci, espèce de *Don Quichotte* italien, *Morgante maggiore, Mambriano* et l'*Orlando innamorato*, du célèbre Bojardo.

L'art du quinzième siècle a cela de remarquable que les idées d'héroïsme et de chevalerie s'y mêlent sans cesse au retour vers l'antiquité. Les exploits de Roland et les travaux d'Hercule occupent presque le même rang dans l'admiration des peuples. Souvent le cycle légendaire des paladins de Charlemagne et la hiérarchie des dieux mythologiques se confondent dans le même cadre. De là le manque de simplicité, le défaut d'unité, la complication du plus grand nombre des tableaux de l'époque, de là aussi l'accent particulier du quinzième siècle quand il veut parler de la langue antique; de là surtout cette déférence, ce respect, cette sorte de dévotion dont l'art entoure la femme dans les interprétations les plus outrées de la fable; de là le culte de la chasteté, même dans les représentations les moins chastes. L'amour antique fait alliance avec la galanterie chevaleresque; la passion de la beauté s'unit à la passion de la vertu, et de cet accord naît un nouvel idéal, dont Raphaël nous révèlera bientôt, avec une clarté sublime, le type par excellence. »

On voit que, par un singulier rapprochement, la poésie chevaleresque mêlée à la poésie antique vient renouveler la peinture du quinzième siècle et y apporter un élément nouveau, qui fait en quelque sorte contrepoids au naturalisme de Benozzo Gozzoli. Les données de la religion catholique ne suffisent plus aux peintres : les uns y font entrer les portraits des hommes illustres du temps avec leur chaperon, leurs chausses collantes, leur soubreveste ou leur robe chamarrée ; les autres, pour idéaliser les individualités puissantes ou aimables, celles qui brillaient dans les cours de Ferrare, d'Urbin, de Mantoue, de Rimini, les transfigurent en chevaliers ou en muses, en divinités païennes ou romantiques. Une chose qui peut aujourd'hui nous faire sourire, c'est que l'allégorie, cette allégorie dont nous sommes si fatigués, était alors une nouveauté piquante. La figure d'Apollon n'était pas encore fastidieuse. L'antique, loin d'avoir perdu sa divine saveur, avait tout l'éclat, tout l'attrait d'un rajeunissement. Quel charme dut trouver la marquise de Mantoue à ce tableau allégorique, qui faisait pendant au *Couronnement d'Isabelle*, et dont elle avait orné un des trumeaux de sa chambre dans le palais de Saint-Sébastien? Ce tableau, nous l'avons au Louvre. Même à côté du grand Mantegna, qui lui aussi venait de ressusciter l'allégorie et les dieux antiques, et de qui les admirables et vénérables peintures sont dans la même salle du Louvre que le tableau de Lorenzo Costa, ce dernier reste un maître ; il est impossible de s'arrêter devant son *Sujet allégorique* sans le regarder longtemps. L'évocation de l'antique y respire un parfum suave et pénétrant ; au milieu d'un ravissant paysage, Apollon enseigne la musique à des nymphes, Orphée civilise les hommes par l'harmonie des chants. Couchée sur le gazon, une femme chaste et nue s'est abandonnée au ravissement d'un heureux sommeil, tandis qu'un satyre, couronné de pampres, lui soutient la tête et semble tresser autour de son front une guirlande de songes ! A l'entrée de cet élysée, baigné par un fleuve, s'élève un arc triomphal enrichi de statues et gardé par Mercure, qui en chasse les vices en les frappant de son caducée, pour les repousser dans le fleuve du côté opposé ; sous les beaux arbres d'une colline, on aperçoit des philosophes en méditation, des héros et des nymphes qui se promènent ou se reposent dans l'ombre intermittente du bocage. Sur la rive lointaine, un élégant jeune homme, que deux naïades ont voulu séduire sans doute, paraît s'échapper de leurs bras. Il règne en ce tableau un doux mystère qui ajoute au charme de l'invention, car la demi-obscurité de certaines allusions en augmente la poésie.

Ainsi, dans le cours du quinzième siècle, la peinture italienne, née avec Giotto tout au commencement du quatorzième, se renouvelait déjà par ce que nous appelons le genre historique, par les allégories païennes et par un retour à l'antiquité qui n'avait encore marqué que dans la sculpture. Déjà le grand Mantegna faisait entrer les tournures et les draperies de la sculpture grecque dans les représentations des drames du christianisme. Déjà s'annonçait à Venise le génie de la couleur.

CHAPITRE III.

Renaissance de l'art des médailles. — Vittore Pisanello. — Médailles de Jean Paléologue, de Leonello d'Este, de Sigismond-Pandolphe Malatesta, etc. — Peintures et dessins.

Il ne suffisait pas que le naturalisme, qui n'est autre chose que l'étude des formes individuelles, se fût manifesté dans la sculpture renaissante, à Pise, et surtout dans la peinture, à Florence ; il fallait encore que le portrait qui avait servi à représenter tant de saints, tant d'apôtres et tant de héros sur les murs peints à fresque, devînt à lui seul un art particulier, sous la main des sculpteurs, par la rénovation de la glyptique. La glyptique comprend la gravure en pierres fines et la gravure en médailles. Nous ne parlerons ici que de la dernière, parce que celle-ci seulement fut renouvelée, au quinzième siècle, par le génie d'un Véronais, Vittore Pisano, plus connu sous le nom de Pisanello.

Nous avons vu, par d'innombrables exemples, que l'exactitude chronologique n'est pas une des qualités de Vasari. Mais, sous ce rapport, son livre a été l'objet de tant de corrections et d'amendements de la part de ses commentateurs que cette partie de notre besogne est pour ainsi dire toute faite. Y mettre plus de précision qu'ils n'en ont mis serait malaisé et ne serait guère utile. Il est d'ailleurs probable qu'on ne trouvera plus maintenant de documents nouveaux qui puissent amener de nouvelles rectifications, au moins essentielles. Deux écrivains du quinzième siècle, Biondo de Forli et Fazio, qui était génois, — l'un et l'autre contem-

porains de Vittore Pisano, — ont fait de lui les plus grands
éloges. Biondo, dans l'*Italia illustrata,* composée en 1450,
parle de Vittore en ces termes : « Vérone a possédé dans
« les siècles précédents un peintre habile, Altichieri, mais
« un artiste lui survit qui se nomme Pisano, et qui a sur-
« passé en renommée tous ceux de notre siècle, *Sed unus*
« *super est, qui fama cœteros nostri sœculi faciliter antecessit,*
« *Pisanus nomine.* » De son côté, Fazio, dans son Mémorial
des hommes illustres (*de Viris illustribus*), s'exprime ainsi :
« Pisano de Vérone est regardé comme ayant apporté un
« génie presque poétique dans le rendu des formes et dans
« l'expression des sentiments. Mais il n'a pas eu son pareil,
« au dire des experts, pour la peinture des chevaux et des
« autres animaux. Il a fait à Mantoue des tableaux qu'on
« vante beaucoup et la décoration d'un édicule. Il a peint à
« Venise, dans le palais (ducal), Frédéric Barberousse, empe-
« reur des Romains, et son fils qui est représenté en suppliant,
« et une grande assemblée de seigneurs ayant l'habit et l'air
« germaniques. On remarque, dans cette peinture, un prêtre
« qui se tord la bouche avec ses doigts, et des enfants que
« cette grimace fait rire de si bon cœur qu'on ne peut les re-
« garder sans rire soi-même. Il peignit à Rome, dans la basi-
« lique Saint-Jean-de-Latran, l'histoire de saint Jean-Bap-
« tiste, que Gentile (da Fabriano) avait laissée inachevée ;
« mais tout cet ouvrage, comme il me l'a dit lui-même (*quan-*
« *tùm ex eo audivi*), a été dégradé par l'humidité des parois.
« Il existe de lui des miniatures sur parchemin dans lesquel-
« les on voit un saint Jérôme vénérable, adorant le crucifix,
« et un désert où sont représentés divers genres d'animaux
« qu'on croirait en vie. A la peinture, il a joint l'art de mo-
« deler. Ses ouvrages en plomb et en airain sont les portraits
« d'Alphonse, roi d'Aragon, de Philippe (Visconti) duc de

« Milan, et de plusieurs autres princes d'Italie, auxquels il fut
« cher à cause de son excellence dans l'art, *quibus propter*
« *artis præstantiam carus fuit.* »

Ces dernières paroles *carus fuit* disent assez que Pisano
était mort lorsque Fazio écrivait son livre, et si l'auteur ne le
dit pas expressément, c'est qu'il s'était proposé de réunir de
brefs mémoires sur la vie des hommes illustres de son temps
et non de faire une biographie complète de chacun d'eux.
Nous sommes donc en présence de deux documents, celui de
Biondo, qui prouve que Pisanello vivait en 1450, et celui de
Fazio, duquel il résulte que Pisanello était déjà mort en 1450.
Or, si l'on combine ces deux témoignages avec le dire de
Vasari touchant la longévité de l'artiste, on est amené à
conclure que Pisanello dut naître au moins vers l'an 1380.
Quel fut son maître? on l'ignore; mais il est bien établi par
le rapprochement des dates et par la comparaison des styles
que ce ne put être Andrea del Castagno, comme le prétend
Vasari. De plus, le séjour qu'aurait fait Pisano à Florence,
dans sa jeunesse, est rendu très improbable par le caractère
de ses œuvres, qui ont bien peu de rapport avec l'esprit de
l'art florentin en ce temps-là (car elles trahissent un peintre façonné de bonne heure à la miniature) et encore moins
avec la rude manière de Castagno. Les premiers ouvrages
de Pisano dont il soit fait mention dans les mémoires de son
contemporain Fazio sont quelques tableaux qu'il fit à Mantoue et la décoration d'une chapelle. Il faut croire que ces
travaux le mirent en lumière, puisque la Seigneurie de Venise lui donnait à peindre, en 1417, dans la salle du Grand-
Conseil, au palais ducal, la paroi sur laquelle, au dire de
Fazio, il représenta Othon, fils de Barberousse, obtenant sa
liberté des Vénitiens, desquels il était le prisonnier. Dans
cette même salle travaillait en concurrence avec Pisano un

peintre alors fameux, Gentile da Fabriano, qui peignit la bataille livrée contre le fils de Barberousse par les Vénitiens, alliés du pape Alexandre III. Mais ces deux ouvrages de Gentile et de Pisano, bientôt dégradés par l'humidité du lieu, périrent l'un et l'autre dans l'incendie de 1574, qui détruisit la salle du Grand-Conseil (1). Il n'en reste donc qu'un souvenir historique; il en est de même des fresques exécutées par Pisano dans le château de Pavie et qui existaient encore en 1570, lorsque Stefano Beneventano écrivant l'histoire de cette ville disait : « Les salles et chambres sont toutes « voûtées et elles sont ornées de diverses peintures. Sur « un fond de ciel coloré du plus fin azur étaient représentées « différentes espèces d'animaux rehaussés d'or, tels que lions, « léopards, tigres, lévriers, braques, cerfs, sangliers, et la « partie du château qui regardait le parc (et qui fut ruinée par « l'artillerie de l'armée française en 1527) contenait un grand « salon décoré de très belles figures se livrant à la chasse, « à la pêche, à des joutes et autres amusements des ducs et « duchesses de ce pays. » C'est évidemment à ces peintures que pensait Fazio lorsqu'il vantait l'artiste de Vérone pour son aptitude supérieure à peindre les animaux.

Cette supériorité se révéla bientôt d'une manière tout à fait imprévue dans une branche de la sculpture dont Pisanello fut le rénovateur illustre, l'art de modeler les médaillons et les médailles.

Les mots *médaillon* et *médaille* signifient la même chose, à cela près que les grandes médailles s'appellent des médaillons, et les petits médaillons des médailles. Sans pouvoir préciser où s'arrête la médaille, où commence le médaillon, il est

---

(1) Le sénat de Venise, non content d'attribuer à Gentile un salaire d'un ducat d'or par jour, lui conféra le privilège de revêtir la toge des sénateurs. Pareil hommage ne fut pas rendu à Pisanello.

permis de dire que le mot médaille convient aux pièces dont le module ne dépasse pas celui des plus grandes monnaies, et que le mot médaillon s'applique à celles d'un diamètre supérieur. L'un et l'autre de ces deux mots viennent de l'italien *medaglia,* qui vient lui-même du grec μεταλλον. La médaille, en effet, grande ou petite, est une pièce de métal sur laquelle se relèvent en bosse certaines figures faisant allusion à quelque événement mémorable, ou bien l'image d'un État souverain ou du prince qui le gouverne, avec l'indication d'une valeur numéraire. Dans ce cas, la médaille est un moyen d'échange, une monnaie, et comme la monnaie s'appelait en grec νομισμα, la connaissance des monnaies et des médailles s'est appelée *numismatique,* mot qui s'applique d'autant mieux aux deux choses que les médailles antiques, surtout les médailles grecques, étaient, pour la plupart, des monnaies.

Durant le moyen âge, la fabrication des monnaies, si belle encore sous les empereurs romains, était tombée dans la barbarie. On n'y voyait guère que des symboles grossièrement dessinés en relief. Il semblait que les graveurs fussent incapables de modeler une tête quelconque emblématique et à plus forte raison un portrait, car ils ne l'essayaient même plus. Le portrait avait disparu du domaine de la sculpture aussi bien que de la peinture, ce qui peut s'expliquer par deux raisons, la première que l'individu n'était rien ou presque rien dans une société gouvernée par un être collectif comme l'Église, la seconde que les seules personnes qui eussent de l'importance, princes, papes, grands seigneurs, ne trouvaient autour d'eux pour sculpter ou peindre leurs portraits que des artistes qui ne méritaient plus ce nom, parce qu'ils ne possédaient plus les secrets de l'art. Une certaine tradition pourtant s'était conservée dans la gravure des sceaux à l'usage des rois et des souverains pontifes, et dans la ciselure des cachets employés par les plus hauts seigneurs et par les chefs d'abbaye, pour leur tenir lieu de signature et faire reconnaître ainsi leur autorité. « Les empreintes des sceaux en cire, dit Charles Lenormant dans le *Trésor de numismatique et de glyptique,* n'avaient besoin pour être tirées que d'un moule : il arriva souvent et pour des occasions importantes qu'on suspendit aux chartes des épreuves de sceaux en or ; nous possédons aussi des médailles de bronze et d'argent, qui ne sont que des épreuves un peu plus soignées des sceaux ordinaires. Quand, à la renaissance des arts, la vue des beaux portraits des empereurs romains eut inspiré la pensée de reproduire, par un moyen analogue, l'effigie des hommes illustres du temps, on ignorait encore l'art d'enfoncer les coins dans l'acier, l'on ne possédait pas davantage le balancier qui seul a permis aux modernes d'obtenir des épreuves aussi nettes et d'une aussi grande dimension. Aussi les artistes qui, les premiers, entreprirent de refaire des médailles à l'imitation des anciens, procédèrent-ils d'abord par le même moyen que les graveurs des sceaux. Leurs médailles ne sont autre chose que des épreuves coulées dans un moule. Seulement, comme ce moyen ne produisait que des résultats grossiers, inégaux de surface et remplis de boursouflures, les artistes prirent le parti de revoir les épreuves auxquelles ils donnaient une destination plus relevée, et de les ciseler au burin par eux ou par leurs élèves. »

Ce fut, disons-nous, Vittore Pisanello qui eut la gloire de former une école de fondeurs et ciseleurs de médailles, en attendant que l'on s'avisât de les frapper au marteau d'abord comme les pièces antiques, ensuite au balancier. Sa première médaille ou plutôt son premier médaillon, car elle est de très grand format, fut celle de l'empereur grec Jean Paléologue, venu en Italie pour assister au concile œcuménique tenu à

Ferrare en 1437, et à Florence en 1439, en vue de conclure la réconciliation des Églises grecque et latine. Les traits de cet empereur nous sont conservés dans leur individualité observée et serrée de près. Il est représenté avec une coiffure dont la bizarrerie touche au grotesque. La médaille est signée dans le champ du revers, en haut, OPUS PISANI PICTORIS, et, pour que ce nom ne fût pas ignoré des Grecs de Byzance, pour qu'il ne fût pas oublié, le graveur a pris soin de le répéter en grec dans l'exergue du bas. Après avoir modelé cette effigie singulière, Pisanello fit, à la date de 1444, le médaillon de Leonello d'Este, duc de Ferrare, et, l'année suivante, celui de Sigismond Pandolphe Malatesta, seigneur de Rimini et de Fano. Le premier de ces deux portraits est surprenant par sa laideur accusée avec résolution, avec un accent qui ressemble presque aux exagérations de la caricature. Si l'on ne savait que Leonello d'Este avait les meilleurs sentiments pour Pisano, l'on pourrait croire que ce médaillon est une vengeance d'artiste. Son front fuyant, ses lèvres lippues et saillantes, sa tête démesurément développée à l'occiput donnent l'idée d'un homme aux passions brutales, au caractère violent et cruel. Il faut croire que les tyrans de ces petits États d'Italie ne poussaient pas l'humeur despotique jusqu'à vouloir être représentés plus beaux qu'ils n'étaient. De l'estime qu'avait conçue pour Vittore Pisano Leonello d'Este, nous avons une preuve dans la lettre citée par Maffei où le duc de Ferrare, parlant d'un tableau que Pisano lui a promis, l'appelle le plus habile de tous les peintres de son temps, *omnium pictorum hujusce œtatis egregius*. Sigismond Malatesta, fils de Pandolphe, ce guerrier féroce, excommunié et brûlé en effigie pour tous ses crimes par le pape Pie II, mais qui avait aussi par moments la magnanimité d'un héros de Plutarque, est dessiné de profil, avec son nez un peu aquilin, son front couvert, ses lèvres pincées, son menton résolu ; l'artiste n'est préoccupé que d'une chose, la vérité particulière ; il ne pense qu'à exprimer, non pas la beauté, mais le caractère de son modèle, le caractère, c'est-à-dire ce qui fait qu'un homme ne peut pas être confondu avec ses semblables, ce qui constitue, au moral comme au physique, l'individualité, le *moi*. Si Malatesta eût été laid, Pisano, bien qu'il vécût à sa cour et qu'il fût son peintre de prédilection et son hôte, n'eût pas manqué de le modeler et de le ciseler tel quel, car il voulait, avant toute chose, que Sigismond fût reconnu par ses contemporains et connu par la postérité la plus reculée.

Remarquez ce qu'il y a de nouveau dans l'art du médaillon, comme le comprend Vittore Pisanello. En Grèce, les monnaies de la haute antiquité, celles qui sont antérieures au règne d'Alexandre le Grand, celles des rois incertains de la Macédoine qui remontent au sixième siècle avant notre ère, représentent, au commencement, un objet inanimé ou un animal symbolique, par exemple un casque, une chèvre, un cheval en liberté ; ensuite, lorsque les monnaies ont pour type une tête humaine, aucune de ces têtes ne peut être considérée comme une effigie positive. Le roi qui bat monnaie ne songe pas encore à y mettre son portrait. C'est un Jupiter, un Apollon, un Hercule qui sont frappés sur la face de la médaille, ou bien on y voit Pallas ou Proserpine avec des pendants d'oreilles. Le portrait d'Alexandre ne commence à paraître qu'après ses conquêtes en Asie et en Afrique. Encore l'a-t-on divinisé en Hercule en le coiffant d'une peau de lion, ou désigné comme le fils de Jupiter Ammon en lui donnant des cornes de bélier. Ainsi les plus anciennes médailles ou, pour dire mieux, les plus anciennes monnaies qui sont devenues pour nous des médailles, ont représenté une idée avant de représenter un dieu, et un dieu avant de représenter un homme. Au contraire, dans les temps modernes, l'art ressuscité de la médaille ne s'attache plus à figurer un emblème ou une divinité, mais le portrait d'un individu. Antérieurement à l'époque où florissait Pisanello, personne n'étant *quelqu'un*, à moins d'être pape, empereur, roi, souverain, prince ou doge, ce fut une nouveauté singulière que l'apparition dans l'art numismatique de personnages qui étaient de simples humanistes, comme Candido Decembrio, de simples mathématiciens ou grammairiens, comme Victorin de Feltro, de simples architectes, comme Léon-Baptiste Alberti. Il est sensible qu'il s'est élevé des puissances nouvelles dans le monde et que la Renaissance, au quinzième siècle, a créé les barons de l'intelligence, a sacré les nobles de l'art.

« Ces petits monuments, dit M. Benjamin Fillon en parlant des médailles du quinzième siècle, des œuvres de Pisano surtout (1), ces petits monuments, dont l'intérêt est déjà considérable au point de vue plastique, en ont un autre bien plus grand encore pour la philosophie de l'histoire. Ils marquent l'époque précise où l'homme, dégagé, par un côté, de la double compression de l'épée et de l'Église, commence à prendre possession de lui-même... Que sont, en effet, les médaillons des humanistes Pierre Candido Decembrio, Victorin de Feltro, Guarino de Vérone, de l'architecte Alberti, des médailleurs Pisano et Boldù, conçus dans la même donnée, exécutés par les mêmes artistes que ceux d'un empereur de Constantinople, d'un roi de Naples, d'un duc de Milan, d'un marquis de Mantoue, sinon d'éclatantes manifestations des sentiments nouveaux qui venaient d'envahir le cœur humain? « L'homme s'est retrouvé lui-même » après des siècles d'un lourd som-

---

(1) Nous laissons à M. Fillon toute la responsabilité de ses opinions à ce sujet.

après des siècles d'un lourd sommeil. Encore un pas, « et il va s'asseoir dans la justice et la raison ». En attendant il se complaît à la reproduction de son image, dont il exagère peut-être l'importance, à l'égal de la sienne propre, mais qui donne occasion à la sculpture, à la peinture, à la glyptique, de produire des séries d'innombrables chefs-d'œuvre, au niveau parfois de ceux de l'antiquité classique, toujours très différents d'eux au point de vue de la conception et de la forme. Pendant la dernière période du moyen âge, cette image n'était apparue, çà et là, qu'agenouillée et craintive aux pieds d'une madone, prosternée devant un pape ou quelque autre grand de la terre, couchée sur la pierre d'un sépulcre. A l'heure qu'il est, elle se montre vivante, sous son aspect le plus individuel, la tête crânement couverte du chaperon, du bonnet civil ou du mortier, comme s'il s'agissait d'aller aux cours de l'Académie ou de se montrer sur la place publique. Tous ces profils, taillés à vive arête, s'incrustent dans la mémoire comme les figures d'un blason. Ce furent les républiques commerçantes d'Italie qui produisirent, entre 1435 et 1440, les premières de ces manifestations d'indépendance intellectuelle, où la médaille semble avoir précédé le buste et la gravure en pierre fine. La France et l'Allemagne ne suivirent que de loin, le tempérament et l'état social de ces contrées leur étant moins favorables. Les quelques médailles ou pièces de plaisir émises sous Charles VII et Louis XI, entre le Rhin et les Pyrénées, sont toutes royales ou princières. »

Les animaux étaient souvent figurés sur les monnaies antiques, mais à l'état de symbole, pour faire allusion au pays où ces monnaies étaient frappées. Le cheval, par exemple, représentait la Macédoine ; le bœuf, le taureau étaient l'emblème d'une contrée agricole ou habitée par des pasteurs. Signes en quelque sorte héraldiques, les animaux étaient gravés parfois comme les armes parlantes d'un peuple ou d'une cité. C'est ainsi que la chèvre accroupie signifiait la ville d'Ægée, ancienne capitale de la Macédoine, parce que αἴξ, αἴγος est le nom grec de la chèvre. A la Renaissance, les animaux qu'on voit gravés sur les premières médailles, celles de Vittore Pisano, appartiennent moins à l'art emblématique qu'à l'art imitatif. Les aigles, les vautours, les chevaux, ceux notamment que porte le revers de la médaille d'Alphonse d'Aragon, sont copiés sur nature à la ménagerie du prince ou dans ses écuries; la vérité y tient plus de place encore que le style. Le cheval robuste et vigoureusement membré que monte Louis III de Gonzague revêtu de son armure est un de ceux que, dans notre siècle, Géricault eût attelés à un camion, un de ceux que le réalisme moderne ne désavouerait point, tant on y trouve les accents de la nature, les caractères du vrai.

Si Vittore Pisano eût laissé quelques ouvrages sur lesquels on pût juger de son talent comme peintre et comme décorateur, nous en parlerions au moins autant que de ses médailles, car la renommée dont il jouissait de son vivant tenait encore moins à ses médailles qu'à ses peintures. Mais il ne reste rien de ce grand artiste, ni de ce qu'il fit dans Rome à Saint-Jean de Latran, où il acheva les fresques commencées par Gentile de Fabriano, Véronais comme lui, ni de la décoration qu'il peignit à Venise dans la salle du Grand-Conseil, ni des travaux qu'il avait exécutés à Mantoue, à Ferrare, à Rimini, à Milan, ni de ces figures d'animaux qu'il peignit à Pavie, sur les murs, les plafonds et les voûtes du château de cette ville, et dont la peinture était si lisse et si brillante (sans doute à cause du vernis qui les recouvrait) qu'on pouvait s'y mirer, dit l'anonyme de Morelli. Un portrait dans la National-Gallery à Londres, et un *Saint-Georges à cheval, foulant aux pieds le dragon,* à Ferrare, dans la galerie Costabili, sont les deux seuls morceaux qui n'ont point péri ; du moins il nous reste, de Pisano, quelques dessins qui ont eu l'insigne honneur d'être attribués à un maître de la plus haute lignée. Plusieurs de ces dessins sont au Louvre, d'autres, appartenant à des amateurs, ont été exposés naguère à l'École des Beaux-Arts. On y voit des études pour des médailles qui n'ont pas été modelées, des figures d'apôtres mêlées à des croquis d'oiseaux, tels que cigognes et grues, une chasse au sanglier et des costumes de cour d'une suprême élégance, portés par des dames et des damoiseaux que le peintre avait vus se promener dans les jardins des ducs d'Este à Ferrare et dans le palais des Malatesta, à Rimini. Quel plus grand éloge peut-on faire de ces dessins que de rappeler qu'ils furent souvent attribués à Léonard de Vinci ?

CHAPITRE IV.

Les rivaux et les élèves de Pisanello. — Matteo da Pasti, médailleur de Sigismond Malatesta et d'Isotta de Rimini ; Amadio et Pietro de Fano, Antonio Marescotti, Guidizani, Jean Boldù, etc. — Vittore Camelo, inventeur du balancier.

Vittore Pisano a illustré à jamais les personnages dont ses médailles montrent les profils ciselés comme à l'emporte-pièce, et il a lui-même acquis un nom impérissable pour avoir renouvelé un art qui, sous sa main, atteignit d'emblée à la perfection, telle que la comprend le génie moderne. Sa gloire a été, non pas seulement d'avoir du premier coup créé des chefs-d'œuvre dans cet art dont il était le rénovateur, et d'avoir fait les honneurs de la médaille aux notables de l'intelligence, mais d'avoir écrit dans ses ouvrages les principes de la numismatique et de la glyptique : la gravure en médailles veut un style laconique et concentré qui abrège le modelé des formes et n'en donne que l'essence.

Quelle que soit la différence entre les médailles grecques et les médaillons de la Renaissance italienne, les premières étant imprimées au coin de la vérité typique, les seconds étant marqués à l'empreinte de la vérité individuelle, on peut voir que Pisanello et ses élèves ont obéi à la même loi que les artistes antiques. Les uns et les autres ont sacrifié les détails sans importance à la vérité ressentie des traits caractéristiques. Ils ont insisté ceux-là sur la beauté, ceux-ci sur la laideur, mais ils ont mis une pointe d'exagération dans l'accent des formes expressives : Pisanello en particulier, a chargé quelque peu le rendu de ses profils, aimant mieux aller au delà du caractère que de rester en deçà. En somme, une chose demeure commune à l'école des médailleurs antiques et à celle des modernes, c'est qu'ils ont compris à merveille que la première condition de ce petit art, ou plutôt de cet art en petit, était justement la grandeur. Tout doit y être à l'état de concentration, à l'état d'essence. Le mot concision qui vient de *concisus,* taillé, et que nous appliquons seulement au style littéraire, semble fait exprès pour exprimer le style qui convient à la gravure en médailles. De même que le tranchant des mots incisifs marque le laconisme de l'écrivain, de même le laconisme doit caractériser le langage de la glyptique. Nous disons tous les jours d'un morceau de Tacite, d'un passage de Montaigne ou de Montesquieu qu'ils sont frappés comme une médaille, ou qu'ils sont sculptés en style lapidaire; ce mot appliqué comme un éloge à la pensée écrite rappelle les qualités de concision que demande la pensée gravée dans une pierre fine ou dans le métal.

Ces lois de la glyptique sont gravées trop clairement dans les monnaies antiques pour qu'un artiste tel que Vittore Pisanello n'ait pas su les y découvrir. En supposant d'ailleurs qu'il les ait devinées, il les enseigna magistralement dans ses ouvrages, et il eut tout de suite des élèves et des rivaux. Nous avons déjà parlé de Matteo da Pasti qui était à Rimini auprès de Malatesta dans une position exceptionnelle; grâce à la faveur dont il jouissait auprès de Sigismond, il avait pu marier sa fille à un gentilhomme du pays. Matteo avait déjà modelé des médaillons à l'exemple de Pisanello lorsque Léon-Baptiste Alberti fut appelé à Rimini par Sigismond pour donner les dessins du temple que ce jeune prince ambitieux, violent et fier, voulait ériger à sa propre gloire sous prétexte de l'élever « à Dieu immortel ». Après avoir donné les dessins et commencé les constructions, l'Alberti, qui était employé à Rome comme architecte par le pape Nicolas V et qui avait eu besoin de l'assentiment du Saint-Père pour aller à Rimini, ne pouvant y prolonger son séjour, avait laissé à la tête des travaux en qualité de *proto-maestro* ce même Matteo da Pasti auquel nous devons de si belles médailles; nouvel exemple de la merveilleuse aptitude, commune à tant d'artistes italiens de la Renaissance, pour cultiver toutes les branches de l'art, depuis l'architecture jusqu'à la médaille. Matteo da Pasti a modelé, fondu et ciselé huit médailles de Sigismond Malatesta avec différents revers, et six médailles d'Isotta de Rimini, maîtresse de Sigismond, devenue sa troisième femme en 1456.

Ces derniers ouvrages ne sont pas les moins curieux, par cela seul qu'ils nous donnent plusieurs effigies d'une femme célèbre par sa beauté et par le rôle viril qu'elle a joué dans l'histoire des Malatesta. Bien que ces profils ne soient pas tous ressemblants entre eux, ils donnent tous l'idée d'une personne intelligente et capable de séduire surtout par son esprit et par ce qu'il y a de plus beau dans une femme, par sa grâce. Pour dompter ce Sigismond moitié artiste, moitié bandit, qui avait en lui du héros et du scélérat, pour en faire son mari après l'avoir eu pour amant, Isotta dut certainement posséder beaucoup de souplesse et en même temps beaucoup de tenue dans le caractère. Son caractère n'est pas accusé de la même manière dans toutes ses médailles. Ici elle paraît spirituelle et fûtée, et l'expression de sa bouche pincée répond à celle d'un nez fin, légèrement retroussé à la Roxelane. Là elle est plus résolue, ses traits indiquent plus de fermeté et sa bouche aux coins relevés une intention d'ironie. Ces diverses effigies sont cependant modelées dans la même année 1446.

Les médailles ne sont pas seulement des objets d'art, ce sont aussi des monuments historiques. Les événements y sont marqués plus sûrement que dans les livres, et leur témoignage, sans être irrécusable, est plus naïf et plus authentique, plus sûr que celui de l'histoire, parce qu'il ne faut qu'un instant et un trait de plume pour écrire une erreur ou un mensonge, tandis qu'il en coûte tant de peine et de jours pour les modeler et les fondre, encore plus pour les graver! Chaque médaille est un abrégé de la petite histoire écrite en marge de la grande, et qui est celle des individualités marquantes, dont les traits sont désormais transmis à la postérité par la main du sculpteur ou du graveur.

Mais la figure d'Isotta appartient presque à la grande histoire. Jusqu'à la mort de Sigismond elle eut une part au gouvernement de son mari. Devenue veuve en 1468, elle chargea Valère et Salluste, fils naturels de Sigismond, de maintenir l'ordre dans la ville, et elle se retira dans la citadelle. De là, elle dépêcha un courrier à un autre fils naturel, légitimé, de Sigismond, Robert Malatesta, qui était alors au service de Paul II ; mais le pape, qui prétendait recueillir la succession des Malatesta en Romagne par suite de l'extinction de la ligne légitime, s'opposait au départ de Robert. Celui-ci ne put échapper que par la ruse. Il séduisit le Saint-Père par une fausse confidence ; il lui montra la lettre d'Isotta, promettant de trahir sa belle-mère et de la livrer avec toutes ses forteresses aux officiers du pape. Paul II accepta ce honteux marché ; il avança mille florins à Robert pour les frais de l'expédition, lui promit les seigneuries de Sinigaglia et de Mondivi et lui fit prêter serment qu'il exécuterait sa promesse. Garantie bien faible que le serment, remarque Sismondi, quand l'objet même du traité est une perfidie et un parjure! Robert ne tint qu'un serment : celui qu'il s'était fait à lui-même de manquer de parole au pape. A son arrivée à Rimini, en 1468, il était proclamé seigneur, et, une fois en possession de sa principauté, il faisait assassiner ses deux frères naturels, Valère et Salluste. On le soupçonna véhémentement d'avoir empoisonné sa belle-mère Isotta, qui mourut en 1470, célébrée par les écrivains et les artistes du temps, chantée par tous les poètes, qui lui savaient gré, les uns d'avoir cultivé les lettres et composé des élégies, les autres d'avoir aimé les arts et d'avoir été belle.

Comme Pisanello, Matteo da Pasti sut modeler à merveille des animaux dans les revers de ses médailles. L'éléphant qu'il y a dessiné était une des devises (*imprese*) de Sigismond. Il avait pour cimier de ses armes un casque orné d'éléphants. Celui que Matteo a gravé est fort bien caractérisé dans sa pesanteur formidable. Matteo da Pasti, comme Vittore Pisanello, donna les honneurs de l'art numismatique à des hommes d'intelligence, de génie ou de savoir, à de simples humanistes tels que Decembrio, qui fut un moment président de la république milanaise, Victorin de Feltro, qui apprit les mathématiques et la haute littérature aux Gonzague de Mantoue et aux Montefeltro d'Urbin, à des hellénistes tels que Guarino de Vérone, traducteur de Strabon, Platon et Aristote sur l'invitation du pape Nicolas V, et enfin à des artistes, tels que le grand architecte Léon-Baptiste Alberti, dont la médaille porte au revers un œil ailé au milieu d'une couronne avec la légende *Quid tum?* signifiant sans doute : « quand l'œil d'Alberti, si clairvoyant sur la terre, aura contemplé les choses divines, qu'arrivera-t-il »?

Les ouvrages de Matteo da Pasti lui avaient fait une réputation en Italie, et il faut croire que quelques exemplaires de ses médailles avaient passé les mers, car le sultan Mahomet II, monté sur le trône en 1451, voulut connaître l'artiste. Sigismond le lui envoya muni d'une lettre écrite en latin par l'ingénieur Roberto Valturio, l'illustre auteur du traité *De re militari*. Cette lettre nous a été conservée dans le quatrième livre des miscellanées de Baluze. Voici la traduction d'un fragment de cette lettre :

« C'est pourquoi plusieurs princes d'Italie et de France ont désiré avoir auprès d'eux Matteo Pasti, Véronais, qui, depuis plusieurs années, est attaché à ma maison et qui est un artiste admirable. Je n'ai consenti pour personne à me séparer de lui. J'y consens pour vous seul, puisque vous me le demandez pour faire votre portrait, et je vous l'envoie avec son acquiescement spontané (*sua etiam sponte, mittendum curavi*). En toutes choses, il s'est montré à moi d'un caractère loyal et sûr, d'une singulière modestie et d'un savoir sans pareil de notre temps, aussi l'ai-je comblé d'honneurs et de bienfaits. »

Le dernier ouvrage exécuté à notre connaissance par Matteo da Pasti porte la date de 1450. C'est justement la médaille commémorative de l'inauguration du temple édifié sur les dessins de Léon-Baptiste Alberti. Après son départ pour Constantinople, on n'entend plus parler de lui. Peut-être mourut-il en Turquie ; en tous cas, il faut croire qu'il inspira au sultan une vive admiration pour l'art italien, puisque Mahomet II, lorsqu'il eut imposé la paix aux Vénitiens, en 1479, fit demander à la seigneurie de lui envoyer le peintre qu'elle estimerait le meilleur de Venise. Ce fut Gentil Bellin que l'on choisit. Il est surprenant que l'artiste véronais, parti pour aller faire le portrait de Mahomet II (*ad te pingendum effingendumque,* dit la lettre de Sigismond), ne nous ait laissé aucune médaille du Grand Turc, et que Gentil Bellin, un peintre, ait modelé pour la première fois l'effigie de Mahomet II, quelque trente ans plus tard.

Mais, sous l'influence de Pisanello et de Matteo da Pasti,

il se forma dans la haute Italie toute une école de graveurs en médailles qui exercèrent leur art à Milan, à Ferrare, à Mantoue, à Venise, à Padoue, à Vérone. Amadio et Pietro da Fano, tous deux Milanais, Antonio Marescotti et Lixignolo, tous deux Ferrarais, Guidizani et Jean Boldù, Vénitiens, furent les premiers à illustrer l'art numismatique à la suite de Pisanello et de Matteo da Pasti ; ils furent suivis eux-mêmes par Sperandio de Mantoue, Caradosso de Milan, Francesco Laurana, Andrea de Crémone, Guaccialotti de Prato, Antonio Pollaiuolo de Florence et bien d'autres encore parmi lesquels nous ne pouvons oublier Andrea della Robbia et Filippino Lippi, qui fit la médaille de Lucrèce Borgia, et Vittore Camelo, qui fit celle de Gentil Bellin.

Bientôt il y eut des graveurs en médailles à Parme, à Florence, à Urbin. Grâce à eux, nous possédons une quantité innombrable de médailles intéressantes, représentant les personnages les plus illustres du quinzième siècle, non seulement ceux dont le rôle est marqué dans l'histoire des querelles qui déchiraient alors l'Italie, par exemple les Sforza, les Gonzague, les d'Este, les Montefeltro, les Bentivoglio, et les fameux condottieri Robert de San-Severino, Nicolas Piccinino, Bartolommeo Colleone, et les papes de la seconde moitié du siècle, Nicolas V, Calixte III, Pie II, Paul II, Sixte IV, Innocent VIII, et les doges célèbres parmi lesquels l'infortuné François Foscari, mais encore les jurisconsultes éminents, les médecins renommés, les musiciens, les savants, les artistes, les poètes, Platina, Strozzi, Jean et Gentil Bellin, Boiardo, l'auteur de l'*Orlando innamorato*, l'Arioste, Pic de la Mirandole : à cette galerie de célébrités il faut ajouter celle des plus belles femmes de l'Italie, gravée par Pastorino, de Sienne.

Cependant, vers la fin du quinzième siècle, il parut un artiste, un de ceux que nous venons de nommer, Vittore Camelio, qui, au lieu de fondre et de ciseler les médailles, inventa de les graver en creux dans l'acier et de se servir de ce creux comme d'une matrice pour en tirer des empreintes au moyen d'un balancier. Cette invention fit abandonner peu à peu l'usage de fondre les médailles. Le balancier donnant des épreuves sans boursouflures, sans balèvres et d'une netteté parfaite, on fut dispensé de les réparer, de les ciseler. Les empreintes furent toutes exactement pareilles entre elles, et pareilles au coin original. Malheureusement, l'invention du balancier fut plus utile au monnayeur que favorable à l'artiste. Les pièces antiques, lorsqu'elles n'ont pas été coulées, ont été frappées au marteau sur un disque renflé au centre, en forme de lentille, et le génie du graveur se faisait sentir dans la frappe aussi bien que dans la gravure. Le bras de l'homme n'a pas sans doute la précision d'une machine, mais c'est un instrument délicat, sensible, intelligent, qui obéit aux plus subtiles intentions de l'esprit, qui se conforme aux plus fines nuances du sentiment. Il en est d'une médaille frappée au marteau comme d'une planche de cuivre ou d'acier imprimée au moyen d'une presse à bras. L'imprimeur habile achève la beauté des gravures qui lui sont confiées d'abord en essuyant sa planche plus ou moins, suivant les effets de finesse ou de vigueur qu'il veut obtenir, ensuite en modérant la pression ou en y insistant, au contraire, et ainsi les épreuves ont entre elles certaines différences légères dont l'observation fait la joie des amateurs et des artistes. De même les médailles que nous ont laissées les artistes de l'antiquité se ressentent de la manière timide ou résolue, discrète ou violente, adoucie ou forte, dont elles ont été frappées par le graveur; le marteau était encore dans ses mains un instrument de l'art : il nuançait l'expression de sa volonté, il était le dernier mot ou plutôt le dernier coup de son éloquence. Depuis l'invention de Camelio, c'est une machine inconsciente, brutale, fatale, d'une obéissance aveugle, d'une monotonie mathématique et inexorable, qui est substituée aux fibres nerveuses de l'artiste, aux intentions présentes de son esprit, aux légères variations de sa manière de voir et de sentir.

« L'invention du balancier, a dit M. François Lenormant dans la *Gazette des beaux-arts,* si précieuse pour la fabrication des monnaies courantes, dont il faut produire le plus grand nombre possible dans le temps le plus court, marque, au point de vue de l'art, une date funeste dans la numismatique moderne. On peut en observer les effets immédiats dans les séries monétaires de presque tous les pays de l'Europe, mais nulle part ils ne sont accusés plus fortement que dans les monnaies de la République d'Angleterre, *du Common-wealth.* La pièce d'or dont le coin a été gravé par Briot a été fabriquée au marteau, et elle peut être considérée comme le plus beau produit de l'art monétaire des siècles modernes ; la monnaie d'argent a été gravée par Blondeau, les coins en sont presque aussi beaux que ceux de l'or, mais elle a été frappée au balancier, et cette circonstance seule suffit pour qu'elle ne puisse pas supporter la comparaison. Après l'invention du balancier, celle du bélier hydraulique, perfectionnement matériel, a marqué une nouvelle phase de décadence pour l'art. Il suffit de comparer une médaille du règne de Louis XIV avec une de celles que la monnaie de Paris frappe aujourd'hui, pour juger de la différence des résultats. Et si l'on veut faire porter le parallèle sur des espèces destinées à la circulation, combien les belles pièces de cinq francs à l'Hercule de la première République française, chef-d'œuvre du second Dupré, ne sont-elles pas supérieures même à celles de la République de 1848, les plus élégantes qui aient été produites de nos jours ! »

Ajoutons à ces remarques dont on ne saurait nier la justesse, que les graveurs en médailles pourraient s'affranchir de la nécessité qui s'impose aux graveurs de la monnaie. Ceux-ci sont tenus de maintenir l'épaisseur du type exactement au niveau des bords, afin que les pièces d'or, d'argent ou de cuivre puissent être empilées et que l'égalité des piles permette de les compter à vue d'œil. Ceux-là, au contraire, sont libres de laisser à leurs ouvrages, au droit et au revers, le plus ou moins de relief qui répond au caractère préconçu du type gravé et au sentiment de douceur ou d'énergie qu'ils y veulent mettre, et dès lors ils auraient la liberté dont jouirent les graveurs antiques.

Depuis le quinzième siècle jusqu'à nous, depuis les médaillons de Vittore Pisanello et de Matteo da Pasti jusqu'à ceux de David d'Angers, l'art numismatique a suivi des phases diverses qui ont toutes été marquées par des chefs-d'œuvre. Après l'accentuation du caractère vint la dignité du style. Les animaux modelés sur les revers, quelquefois dans un raccourci d'une hardiesse étonnante, furent remplacés par des figures symboliques, nues ou drapées, comme par exemple dans une médaille anonyme représentant Robert de San-Severino, la belle femme vue de profil qui présente une couronne de la main droite et tient de l'autre le pan de sa robe. Au seizième siècle, les raccourcis furent abandonnés et la médaille fut encadrée dans un grenetis. En France, sous Louis XIII et Louis XIV, les médailles furent poussées au dernier degré du rendu. Les Dupré, les Warin, non contents d'imprimer dans leurs coins le caractère personnel des effigies, s'attachaient à exprimer quelque chose de plus encore : la nature des chairs, la morbidesse. Après eux, l'art français tomba dans une mollesse et un affaiblissement dont il ne fut relevé que sous la première République française par le génie d'Augustin Dupré. Enfin parut David d'Angers dont les médaillons sont une des merveilles de notre art. Celui-là certifie le tempérament physique et moral de son modèle, il fait palpiter la chair, étinceler la vie, et, de plus, il trouve dans la manière de coiffer ses profils, dans le tour donné aux chevelures, un moyen d'expression qui chez lui tient du prodige.

Pour en revenir aux médaillons de la Renaissance, la qualité qui les distingue des médailles antiques, c'est le caractère, je veux dire l'individualité franchement accusée, sans flatterie pour les princes, sans ménagement pour la laideur, sans atténuation, sans merci. Les anciens recherchaient la beauté, les modernes se sont attachés au vrai. Et ce qui prouve bien que la beauté tient à la vertu des formes génériques, c'est qu'on l'abandonne fatalement pour tomber dans le caractère dès qu'on veut individualiser les formes et particulariser les visages. Cette tendance du génie moderne à tout caractériser a été justement un des grands traits de la Renaissance. Par là, elle diffère sensiblement de l'antiquité. Si l'on compare une médaille antique à une médaille italienne, on est sur-le-champ frappé de la différence. Les Grecs s'élevaient au-dessus du caractère pour atteindre à la beauté, les modernes sacrifient la beauté au caractère. Les uns mettent en lumière cet être collectif et souverainement beau, qui est un dieu ; les autres célèbrent cet être individuel, beau ou laid, qui est un homme.

CHAPITRE V.

Apparition à Venise du génie de la couleur. — Les travaux de Vittore Pisanello et de Gentile da Fabriano au Palais-Ducal. — Gentile Bellini.

C'est à Venise maintenant qu'il faut nous transporter pour y voir s'accomplir une des grandes évolutions de la peinture, un progrès si considérable et si désirable que l'on est surpris de le voir se produire un siècle et demi seulement après la renaissance de l'art : la connaissance et le sentiment de la couleur. On peut s'étonner, en effet, que, le coloris étant ce qui distingue particulièrement la peinture des autres arts, les lois de la couleur aient été si longtemps inconnues aux maîtres italiens, surtout à ceux de Florence, alors que, depuis Giotto jusqu'à Filippo Lippi, ils avaient déjà porté si loin l'expression de la peinture par le dessin ; mais la notion et le sens des couleurs ayant été de tout temps le privilège des Orientaux, il était naturel que les premiers coloristes italiens fissent leur éducation à Venise, puisque cette ville de marchands et de navigateurs était constamment en rapport avec l'Orient et que sa population indigène, originaire de l'Asie, en avait apporté l'amour du faste, le goût des brillants costumes, des riches étoffes, des armes rehaussées de pierreries, des chamarrures et de tout ce qui comporte la variété et l'éclat des couleurs. En voyant chaque jour débarquer sur le quai des Esclavons des tissus de l'Inde, des tapis de Perse et de Turquie, des porcelaines de la Chine, des armes de Damas, les artistes vénitiens devaient être

portés à l'étude et à l'imitation de ces objets, magnifiquement et harmonieusement colorés.

Il y avait encore d'autres raisons pour que Venise fût la
patrie des coloristes. On a dit que, pour les former, le climat
des lagunes était plus favorable qu'un autre, et il y a certainement beaucoup de vrai dans cette observation. Un pays sec,
brûlé par le soleil, présente des couleurs plus tranchantes,
et l'œil s'y habitue facilement à les supporter dures et crues.
A Rome, l'âpreté du coloris est un des caractères de la nature
extérieure ; les tons entiers et violents n'ont rien qui choque
les Romains ni les paysans de la campagne romaine, on les
voit, dans leurs costumes, associer les couleurs avec une cru-
dité brutale. Là, au contraire, où règne dans l'atmosphère
une certaine humidité, les couleurs se tempèrent, s'estompent
légèrement et s'harmonisent. D'autre part, les lignes sont
moins sèchement écrites, les contours se fondent, se perdent,
et ainsi les formes tournent mieux dans l'air ambiant. L'artiste qui vit en un tel milieu est amené à voir le ton qui colore
les objets plutôt que le trait qui les circonscrit et les détache,
et la seule étude de la nature fait de lui un coloriste plutôt
qu'un dessinateur. Il est à remarquer, du reste, que les climats
humides, comme les Pays-Bas et l'Angleterre, ont été une
mine de coloristes, que la Belgique a produit le plus brillant
de tous, Rubens, tandis que sous les climats arides, comme
celui de l'Attique, l'art le plus florissant a été celui qui relève
essentiellement du dessin, la sculpture.

Depuis le onzième siècle, on ne connaissait guère à Venise
que la peinture en mosaïque, telle que l'avaient importée les
mosaïstes grecs, telle que l'avaient pratiquée et la prati-
quaient encore à Saint-Marc, dans le style byzantin, les Vénitiens disciples des Grecs. Mais, au commencement du
quinzième siècle, la peinture sur panneau ou sur toile était

exercée par Luigi Vivarini, premier du nom, avec une vivacité pittoresque et un certain naturel qui tranchaient sur la raideur du dessin hiératique et solennel des mosaïstes byzantins. Cependant la république de Venise ayant voulu, dans ce temps-là, faire décorer le palais ducal, employa deux artistes étrangers, l'un qui venait de l'Ombrie, Gentile da Fabriano, l'autre, Vittore Pisano, qui était de Vérone. On leur adjoignit cependant le Vivarini et Antonio Veneziano. Les peintures que ces deux maîtres exécutèrent dans la salle du Grand-Conseil et dont l'une représentait la bataille livrée par le doge Ziani contre le fils de Barberousse, n'existent plus, mais nous savons que Gentile et Pisano, le premier surtout, furent comblés d'honneurs et magnifiquement récompensés. Bien que profondément religieux, le style de Gentile da Fabriano n'est rien moins qu'austère. Ses tableaux sont ornés de draperies brodées, d'accessoires voyants, rehaussés de dorures et précieusement rendus. On y voit des chevaux couverts de riches harnais, des personnages élégamment vêtus de costumes orientaux, des femmes charmantes, des oiseaux, des chiens, des paysages, tout ce qui appelle la variété des tons, tout ce qui peut tenter un coloriste et séduire les yeux. Gentile da Fabriano était donc, par le caractère de sa peinture, prédestiné à être en quelque sorte le fondateur de la pompeuse et brillante école de Venise. C'est de lui que procède en effet Jacopo Bellini qui fut son élève et qui fut le père des deux peintres illustres Giovanni et Gentile, dont les prénoms et les noms ont été francisés et que nous appelons Jean et Gentil Bellin. — Jacopo, par affection pour son maître avait donné le nom de Gentile à l'un de ses fils. — C'est par eux que la peinture proprement dite commence à prendre une saveur que les Florentins n'avaient jamais su lui donner. Une fois initiés au plaisir que peut pro-

curer l'art de peindre, les Vénitiens crurent s'apercevoir que
les décorations exécutées depuis un demi-siècle au palais
ducal par Gentile da Fabriano et Vittore Pisanello appartenaient à un style déjà suranné. Ces décorations, du reste,
rongées par l'humidité, se détachaient de la muraille et il
fallait songer, non pas à les restaurer seulement, mais à les
refaire. Les frères Jean et Gentil Bellini en furent chargés,
comme le constate ce passage des annales de Malipieri,
écrites en dialecte vénitien : « 1474. *Està principià a restau-
rar la depentura del conflitto de l'armada de la Signoria con
quelli de Ferigo Barbarossa in sala del grand Consegio, per
che la era cascà del muro da humidita e vechiezza* ».

Giovanni et Gentile déployèrent dans leur peinture les
qualités qui allaient devenir caractéristiques de l'école vénitienne, le mouvement, la couleur, l'imitation des choses
extérieures, l'éclat de l'exécution, l'effet. Lisez plutôt ce
qu'en écrivait Vasari au seizième siècle, environ trente ans
avant que la salle du Grand-Conseil et une partie du palais
ducal fussent dévorées par l'incendie de 1577. Dans cette
bataille navale, il y avait encore plus d'invention que dans
les autres morceaux de Gentile. Vasari attribuait à Gentile
seul l'ouvrage des deux frères. « On y voyait, dit ce biographe,
une multitude de galères engagées, enchevêtrées dans le
combat (*nella battaglia intrigate*) avec un nombre infini de
soldats et de matelots, des barques dessinées en perspective,
la fureur des abordages et l'énergie de la défense, le clapote-
ment des eaux agitées, le sillage des navires, tous les genres
d'armures, toutes les manières de se battre et de mourir,
enfin une diversité incroyable d'épisodes, chacun bien traité,
mais tous fondus dans l'ensemble d'une composition bien conçue et bien agencée. »

Telle que l'exerçait Gentil Bellin, la peinture vénitienne

s'attachait à la pompe du spectacle plutôt qu'à l'expression de l'âme; mais Jean Bellin, plus intime, plus profond que son frère, plus pénétré de la dignité de son art, savait associer les sentiments d'un spiritualisme élevé aux attraits d'une belle exécution, à tout ce qui charme le regard. Les toiles de Gentil étaient plus décoratives, celles de Jean plus expressives. Toutefois l'un et l'autre avaient un goût marqué pour le côté pittoresque de l'histoire, et par ce mot pittoresque il faut entendre ce qui s'arrange à souhait pour le plaisir des yeux. Les sujets que les deux frères avaient à peindre, soit pour compléter ce que le vieux Vivarino, en mourant, avait laissé inachevé sur les murs du palais ducal, soit pour remplacer les décorations dépéries du Pisanello, se prêtaient à merveille à la peinture voyante et fastueuse inaugurée par les Bellin. Ici, le fils de Barberousse, Othon, était représenté à genoux devant le pape Alexandre III, — celui dont les Vénitiens avaient épousé la cause dans sa querelle avec l'empereur, — en présence du doge de Venise environné de soldats armés, tandis que le cortège du souverain-pontife se composait de cardinaux et de gentilshommes. Dans le fond se dessinaient les navires de Venise vus par la poupe et la galère capitane surmontée d'une Victoire en or, portant une couronne sur la tête et tenant un sceptre à la main. Là, c'était Barberousse assis sur un trône, recevant son fils Othon agenouillé devant lui, au milieu d'un grand nombre de seigneurs vénitiens peints au naturel en leurs plus beaux atours. Plus loin, c'était le pape, qui, au moment de célébrer la messe dans la basilique de Saint-Marc, entre l'empereur et le doge, sortait du chœur, revêtu de ses habits pontificaux, entouré des princes de l'Église, et annonçait une indulgence plénière et perpétuelle à ceux qui visiteraient à certains jours la basilique.

A Venise comme à Florence, l'amour de la nature avait conduit au goût du portrait; mais tandis que les artistes florentins introduisaient le portrait dans leurs peintures religieuses ou historiques, les peintres vénitiens commençaient à faire du portrait une étude particulière, un genre à part. Un des premiers qui s'en avisèrent fut Jean Bellin. Un portrait de sa main ayant été porté à Constantinople par des marchands de Venise, ou par l'ambassadeur de la Sérénissime République, fut présenté à Mahomet II qui en fut étonné et ravi. C'était une telle nouveauté qu'un portrait, dans un pays où la loi du Prophète a prohibé les représentations de la figure humaine! Le sultan voulut connaître l'auteur de cette merveille ou du moins posséder à sa disposition un peintre qui pût en faire autant. Il en fit écrire à la seigneurie de Venise. On lit, en effet, dans la chronique de Marino Sanuto, sous la date de 1479 : « Le 1er août est venu un ora-« teur juif, porteur des lettres du sultan : Sa Hautesse demande « qu'on lui envoie un bon peintre; elle annonce à la Seigneu-« rie le prochain mariage de son fils en invitant le Doge à « honorer de sa présence la cérémonie des fiançailles. On a « remercié le Grand-Turc et on lui a envoyé Gentil Bellin, « excellent peintre, qui s'est embarqué le 1er septembre et qui « voyagera aux frais de la République (*e la signoria li pagò le* « *spese*). »

Gentil, l'aîné de son frère, avait alors cinquante-trois ans, étant né en 1426. L'accueil le plus gracieux l'attendait à Constantinople. Présenté à Mahomet II, il lui offrit un tableau qui excita l'admiration du sultan. Il paraissait prodigieux à ce héros barbare qu'on pût, avec un pinceau et des couleurs, simuler le relief des corps sur une surface plane et y exprimer la vie. Il soupçonnait là-dessous quelque puissance magique, *qualche divino spirito adosso*. Un jour, il demanda au peintre s'il serait capable de faire son propre portrait; Gentil répondit qu'il le ferait volontiers pour être agréable à Sa Hautesse, et quelques jours après il se peignit, au moyen d'une glace, avec une vérité qui mit le comble à l'étonnement du Grand-Seigneur. Ridolfi ajoute à la narration de Vasari une anecdote déjà racontée par un écrivain d'une véracité suspecte, Benvenuto Cellini, anecdote qui, sans être absolument invraisemblable, peut être regardée aussi comme un de ces contes dont les anciens biographes se plaisaient à assaisonner leurs récits. « Entre autres peintures, dit Ridolfi, que Gentil montra au sultan, il s'en trouvait une représentant la tête coupée de saint Jean-Baptiste, personnage qui, en sa qualité de prophète, est en grande vénération parmi les musulmans. Mahomet fut charmé de ce morceau : toutefois il fit observer à l'artiste qu'il avait commis une erreur; que, la tête une fois tranchée, le cou devait disparaître par la contraction qui s'en suivait, et, comme Gentil semblait surpris d'une telle remarque, le sultan fit venir un de ses esclaves et donna ordre qu'on lui coupât la tête en présence du peintre, lequel put ainsi vérifier sur l'heure la justesse de l'observation. »

Le voyage de Gentil Bellin à Constantinople ne fit que développer son goût pour la peinture purement décorative. Tout ce qu'il peignit depuis ce voyage porte le caractère de cette prédilection qu'il avait déjà manifestée pour les toiles à grand spectacle, telles que la *Procession sur la place Saint-Marc* et *le Miracle de la Croix,* que l'on conserve à l'académie de Venise, la *Prédication de saint Marc à Alexandrie,* qui est à Milan au musée Brera, la *Réception d'un ambassadeur à Constantinople,* que nous avons au Louvre. Ces tableaux sont pleins de lumière et pleins de monde; pour y faire entrer des multitudes, le peintre a soin d'y grouper

des figures petites dans un cadre démesuré. On y peut observer la variété des physionomies, le naturel des attitudes ou
des mouvements, de riches costumes en satin, en velours, en
damas, des fonds accidentés et pittoresques, des architectures
en perspective, des objets rehaussés d'or, des armures, des
bannières, tout ce qui peut amuser l'œil et satisfaire la curiosité du spectateur; mais l'esprit et le cœur sont absolument désintéressés devant ces compositions d'apparat.

Dans la *Réception d'un ambassadeur,* où Gentil Bellin s'est
représenté lui-même en simarre rouge, reçu à la porte du
sérail en plein air, ce qui occupe l'attention, ce n'est pas tant
l'objet principal du tableau que les figures et les choses secondaires, le turban à cinq pointes du grand visir et le divan
sur lequel il est à demi couché, les robes des oulémas et autres
dignitaires, ceux-ci rangés cérémonieusement dans la cour,
ceux-là s'y promenant à leur aise, le pacha qui entre à cheval
accompagné de ses gardes, les animaux dont l'artiste a étoffé
sa composition, deux chameaux, un singe, un cerf, une biche,
enfin les coupoles et les minarets de la ville orientale, et les
murailles couronnées de merlons en pyramides à degrés. Tout
cela paraît aussi essentiel à Gentil Bellin, tout cela occupe
dans son tableau autant de place que la réception même de
l'ambassadeur.

Que doit-il résulter, cependant, de cette tendance à la peinture simplement imitative? Que le peintre sera conduit à re-
chercher la couleur, car il faut bien que le ton local spécifie
tant d'objets divers, les simarres, les turbans, les cafetans
et les hongrelines, les damas violets ou cramoisis, le pelage
des animaux, la teinte fauve des murs, les étendards, les armes, le paysage. Du moment que les peintres vénitiens se
préoccupaient de la couleur, il leur était facile d'en trouver
es lois, d'en découvrir les secrets dans la seule observation

des personnes et des choses qui chaque jour leur venaient de
l'Orient. Chaque jour, en effet, sur la place Saint-Marc, au
pied de la basilique, sur la Piazzetta et le long des portiques
du palais ducal, ils pouvaient voir des Turcs, des marins de
l'Archipel, des Grecs, des Corfiotes, des Égyptiens, des nègres,
promener au soleil leurs habits aux couleurs voyantes, leurs
robes pourpres, leurs cafetans de drap violet soutachés d'or,
leurs mouchoirs aux éclatantes rayures, leurs ceintures vertes,
leurs fustanelles d'un brun chaud, leurs babouches d'un jaune
citron. Tout chatoyait, tout brillait à Venise. Tout conseillait
au peintre la couleur assaisonnée d'oppositions vives. Ici, le
citadin passait revêtu d'une robe en taffetas blanc ; là, se glis-
sait une femme voilée, portant un masque de velours noir.
L'architecture elle-même était revêtue de tons rares ; les
tours de l'arsenal étaient roses comme l'aurore ; la façade du
palais ducal, en marbre blanc doré, paraissait rayée de losan-
ges en brocatelle couleur saumon ; la basilique de Saint-
Marc était, sur sa face latérale, plaquée de marbres, décorée
de mosaïques, incrustée d'émaux, et du côté de la grande
place elle reluisait des dorures dont on avait rehaussé les
clochetons, les rinceaux, les statues et les fameux chevaux de
Corinthe, qui n'ont plus aujourd'hui que le ton du bronze. Ses
coupoles, lamées de plomb, semblaient revêtues d'argent ;
ses porches en plein cintre couronnés d'ogives étaient soute-
nus par plus de trois cents colonnes de porphyre, de granit,
de serpentin, de pentélique et de marbre vert de mer. Le formidable lion de Saint-Marc se dessinait sur un champ d'azur
étoilé. Enfin, sur la place, en avant de la basilique, se dres-
saient des mâts auxquels les Vénitiens arboraient des pavil-
lons armoriés aux couleurs des îles vaincues et soumises,
Chypre, Candie et Négrepont. Ce n'est pas tout : les marchandises apportées de l'Orient et déballées journellement sur le

môle, les tapis et les damasquines de l'Asie mineure, les tissus de l'Inde étaient autant de révélations pour un peintre coloriste. Il pouvait y saisir le rapprochement des couleurs qui s'exaltent mutuellement, de celles que nous avons appelées depuis les *complémentaires* : le rouge et le vert, le violet et le jaune, le bleu et l'orangé, l'apaisement des contrastes par l'intercalation des teintes analogues ou des teintes neutres, l'art de concilier l'harmonie des couleurs avec leur intensité, l'espèce de vibration que les Orientaux savent obtenir par le ton sur ton, c'est-à-dire en variant les valeurs d'une même teinte, du clair au sombre. Tout conspirait donc à rendre les artistes vénitiens amoureux de la couleur; mais il va de soi qu'une école ne saurait atteindre du premier coup à la plénitude des talents qui la distinguent, au point culminant de sa gloire. Un siècle devait s'écouler avant que la peinture vénitienne, dans la personne de Véronèse, fût en possession de tous les trésors du coloris.

Le caractère de l'École vénitienne s'explique, du reste, par des considérations de nature à surprendre. Bien que Venise eût une origine orientale, et que ses plus anciens artistes fussent les élèves des mosaïstes grecs, bien que cette ville de marchands et d'armateurs fût constamment en rapport avec la Grèce, elle répugnait au génie antique, elle était incapable de comprendre les idées et les sentiments du paganisme et les ouvrages de l'art païen. Venise, quoique voisine par la navigation de l'Attique et de la Morée, était une cité essentiellement chrétienne et moderne; cela tenait peut-être à ses relations commerciales bien suivies avec l'Allemagne et les Pays-Bas. L'élément germanique et flamand s'était implanté à Venise dès qu'elle avait été assez prospère, assez active, assez riche pour rayonner dans les contrées septentrionales de l'Europe. Elle était un but constant de pèlerinage pour les artistes d'Anvers et de Bruges, les miniaturistes de Gand, les peintres de la Westphalie, de la Saxe et de la Bavière. Elle était visitée au quinzième siècle par les précurseurs d'Albert Dürer, comme elle le fut au seizième par Albert Dürer lui-même. De là le caractère mystique et légendaire de la peinture vénitienne, telle que l'exerçaient les contemporains de Gentil et de Jean Bellin, Mansueti, Sebastiani, Vittore Carpaccio ; mais ce caractère ne devait pas persister. Il devait arriver et il arriva un moment où l'amour du plaisir, naturel aux villes opulentes, le goût du luxe et de l'ostentation qui se développe si aisément chez un peuple de marchands enrichis, ramèneraient l'art vénitien dans la voie qu'avait ouverte Gentil Bellin sans en avoir eu conscience. Ce qui se produisait en peinture dut se produire aussi dans la musique. Une fois en possession de la langue musicale que lui avait enseignée un Flamand, Willaert de Bruges, Venise s'en servit pour traduire le mouvement extérieur de la vie, le rayonnement de la lumière, l'éclat des fêtes, les accents de l'amour et de la sensualité. C'est à Venise que triomphèrent les promoteurs du drame lyrique, les grands maîtres de l'instrumentation, qui colore, qui nuance la mélodie, et la Sérénissime République, où allaient bientôt fleurir les coloristes de l'orchestre, fut d'abord le théâtre où brillèrent les coloristes de la peinture.

CHAPITRE VI.

Importation à Venise de la peinture à l'huile. — Antonello de Messine. — Jean Bellin.

Des livres et des mémoires sans nombre ont été imprimés sur la question de savoir quel fut le véritable inventeur de la peinture à l'huile. Les uns, à la suite de Vasari, en attribuent la découverte au Flamand Jean Van Eyck, dit Jean de Bruges, les autres la font remonter jusqu'au moine Théophile qui florissait au onzième siècle, quelques-uns même jusqu'aux anciens Romains. Il en est enfin qui en revendiquent l'honneur pour un Italien, Antonello de Messine. Il serait oiseux de revenir aujourd'hui sur ces longs débats, d'autant plus que l'objet sur lequel a porté la discussion est en lui-même assez peu intéressant. Il n'importe guère, en effet, de connaître le nom de celui qui le premier s'avisa de mêler ses couleurs avec de l'huile, au lieu de les détremper dans de l'eau; ce qui importe, c'est de savoir quel fut le premier ouvrage mémorable produit par cette manière de peindre et quel fut l'auteur de cet ouvrage. Dans les régions de la philosophie, une vérité n'appartient pas à celui qui la trouve, mais à celui qui la prouve; il en est ainsi dans le domaine de l'art où une invention ne date véritablement que du jour où elle a été mise en œuvre par la main d'un maître. Des interminables disputes auxquelles a donné lieu l'invention de la peinture à l'huile se dégagent quelques faits certains, désormais acquis à l'histoire. Le procédé qui consiste à mélanger les couleurs avec de l'huile est mentionné par un auteur italien, Eraclio, antérieur au moine Théophile, dans un livre sur les arts et les couleurs des Romains : *de coloribus et artibus Romanorum*, où il consacre un chapitre aux couleurs détrempées dans l'huile, *coloribus cum oleo distemperatis*. Vient ensuite le moine Théophile qui, au 26° chapitre de son premier livre, *Diversarum artium schedula*, décrit ainsi la manière de peindre à l'huile : « Prends les couleurs que tu veux employer, « en les broyant dans l'huile de lin, sans eau, et fais-en, pour « les chairs et les vêtements, la mixture que tu faisais au- « paravant avec de l'eau, et tu peindras à volonté les bêtes, « les oiseaux et les feuillages dans leurs teintes variées. » Or il faut croire que les méthodes enseignées par Théophile n'étaient pas perdues au quatorzième siècle, puisque le fameux sculpteur Ghiberti, dans ses *Commentaires*, dit de Giotto : *Costui fu copioso in tutte le cose : lavorò in muro, lavorò a olio, lavorò in tavola.* (Giotto, habile en toutes choses, peignit sur mur, peignit à l'huile, peignit sur bois.) En 1437, plusieurs années avant que le tableau de Van Eyck, dont il sera parlé plus bas, fût envoyé au roi de Naples, Alphonse d'Aragon, un peintre florentin, Andrea Cennini, écrivait un livre dont Vasari lui-même a parlé, et dans lequel est enseignée la manière de traiter les couleurs avec l'huile de lin cuite, *cocendo l'olio della semenza di lino*. Il est donc bien constant que Jean de Bruges n'est pas l'inventeur de la peinture à l'huile. Ce qu'il inventa, ce fut un notable perfectionnement de ce genre de peinture. Comment il y fut conduit, Vasari l'a raconté, et son récit, à supposer qu'il ne soit pas vrai, est au moins très vraisemblable et, comme disent les Italiens, *ben trovato*.

Vasari commence par dire que, « les artistes italiens cherchaient depuis longtemps une manière de peindre qui fût meilleure que la détrempe, parce qu'il manquait à celle-ci une certaine vivacité, une certaine morbidesse, qu'ils auraient obtenue par une plus grande facilité à unir ensemble les couleurs. Ils regrettaient que les figures n'eussent pas sur le tableau la solidité qu'elles avaient sur la muraille (c'est-à-dire dans la peinture à fresque) et qu'on ne pût les laver sans enlever en même temps la peinture. Ce désir de trouver une méthode moins défectueuse, ajoute le biographe, était partagé par tous les peintres de France, d'Espagne, d'Allemagne et autres pays, lorsqu'un artiste flamand, Jean de Bruges, habile dans la pratique de son art, et qui se plaisait à l'étude de l'alchimie, ayant un jour terminé un tableau avec beaucoup de soin et beaucoup de peine, y passa le vernis et mit son panneau à sécher au soleil, suivant la coutume ; mais, soit que la chaleur fût trop forte, soit que le bois fût mal assemblé ou qu'il ne fût pas suffisamment sec, les ais du panneau se déjoignirent, au grand chagrin de l'artiste. Voyant le dommage qu'avait fait à son tableau la chaleur du soleil, Jean de Bruges s'ingénia pour composer un vernis qui pût sécher à l'ombre. Il essaya de plusieurs corps, il tenta plusieurs mélanges, et à la fin il trouva que l'huile de lin et l'huile de noix étaient les plus siccatives de toutes les matières qu'il avait expérimentées ; en effet, ces huiles, après avoir été cuites avec ses autres mixtures, lui firent le genre de substance que lui et tous les peintres du monde avaient longtemps désiré. Mélées avec ces sortes d'huiles, les couleurs formèrent une peinture corsée (*molto forte*), qui, une fois sèche, non seulement ne craignait pas l'eau, mais exaltait les tons, tout en les unissant beaucoup mieux que la détrempe, et d'elle-même leur donnait du lustre sans le secours du vernis. »

A supposer même, disons-nous, que Vasari l'ait imaginé, ce récit a du moins ce mérite qu'il explique très bien en quoi consistait l'invention de la peinture à l'huile, et qu'il rend compte des avantages matériels que présentait le procédé de Jean Van Eyck.

Ceux qui font profession de contester tout ce qu'a écrit Vasari, et ceux qui veulent attribuer à un Italien la découverte du peintre flamand s'étaient prévalus du silence gardé sur cette prétendue découverte par tous les écrivains, flamands ou autres, contemporains de Van Eyck; mais on leur a prouvé qu'ils s'appuyaient sur un fait inexact; que Bartolomeo Fazio, dans son livre *De viris illustribus,* écrit vers 1456, peu d'années après la mort de Van Eyck, avait mentionné l'invention de l'artiste brugeois; et, de plus, le dernier et savant commentateur de Vasari, M. Milanesi, en lisant avec attention le traité d'architecture de Filarète, resté manuscrit à la bibliothèque Magliabecchiana, y a trouvé ce passage que personne encore n'y avait remarqué : « Les cou- « leurs peuvent encore s'employer à l'huile, et cette autre « méthode est très belle quand on sait la pratiquer aussi bien « que maître Jean de Bruges et maître Roger, qui ont su « manier dans la perfection les couleurs à l'huile. — Mais « comment travaille-t-on de cette manière? quelle est cette « huile? c'est l'huile de graine de lin *(l'olio è di seme di lino).* » Ainsi parle Filarète dans son traité écrit en 1460. Voilà donc deux contemporains de Van Eyck, et, ce qui est plus remarquable, deux Italiens, qui témoignent de la réputation qu'il a eue de son vivant sous le rapport du ménagement des couleurs et en particulier comme inventeur de la peinture à l'huile, ou, du moins, comme étant celui de tous les peintres modernes qui avait le mieux pratiqué ce mode de peinture, avant lui mal connu et mal employé, et qui l'avait porté à sa perfection, *adoperato optimamente.*

Il nous paraît donc bien établi que Vasari, cette fois, ne s'est pas trompé, et que l'anecdote du panneau fendu par la chaleur du soleil, si elle est imaginée, a été simplement une forme de discours, une manière choisie pour rendre plus saillant et plus clair ce qu'il voulait faire comprendre.

Comment les procédés de Van Eyck furent-ils révélés aux Italiens? Vasari le raconte ainsi : Des marchands florentins, qui faisaient le commerce entre Naples et la Flandre, ayant envoyé au roi Alphonse Ier un tableau peint à l'huile par Van Eyck, ce tableau excita l'admiration du roi et fit grand bruit, non seulement parce que les figures en étaient belles, mais à cause de la nouvelle manière dont les couleurs y étaient ménagées et unies. Les artistes accoururent de tous les côtés pour voir la peinture de Van Eyck. Parmi eux se trouvait un peintre sicilien, Antonello, dit de Messine, très habile déjà dans son art qu'il avait pratiqué à Rome et qu'il exerçait alors à Messine, sa ville natale. Étonné de voir dans le tableau flamand des couleurs à la fois si intenses et si bien fondues, il voulut savoir par quel procédé l'auteur avait obtenu cette harmonie et cet éclat. Il prit donc la résolution de partir pour la Flandre, toute affaire cessante, et il se rendit en effet à Bruges. Là, il rechercha l'amitié de Jean Van Eyck, qui était déjà vieux, et il parvint à apprendre la manière d'opérer qu'il désirait tant connaître. Jean Van Eyck étant mort peu de temps après, Antonello s'en retourna dans son pays, demeura quelques mois à Messine et alla s'établir à Venise, ville de plaisirs, où il espérait trouver des femmes charmantes et mener une vie conforme à ses goûts (*come persona desita a piaceri e tutta venerea*). Telle est, en ce qui touche Antonello de Messine, la version de Vasari; mais il faut reconnaître qu'elle s'accorde peu avec la vérité chronologique.

Né en 1384, Alphonse Ier, roi d'Aragon, ne monta sur le trône de Naples qu'en l'année 1442. C'est donc dans cette année ou dans une des années suivantes que le tableau de Jean Van Eyck fut envoyé au roi par les marchands florentins et qu'Antonello put voir cette peinture dont la nouveauté fit sur lui une impression si profonde; mais, à cette date de 1442, Jean Van Eyck était mort depuis deux ans, car il est certain aujourd'hui, d'après les documents irrécusables trouvés par M. Stoop dans les archives de l'ancienne cathédrale de Saint-Donat, à Bruges, que l'illustre peintre mourut en 1440. Il n'est donc pas possible qu'Antonello de Messine, si tant est qu'il ait fait le voyage de la Flandre, ait connu par Jean Van Eyck le secret de la peinture à l'huile, à moins qu'on n'établisse qu'il avait eu connaissance du tableau qui excita son enthousiasme avant qu'Alphonse d'Aragon ne devînt roi de Naples, et lorsque René d'Anjou était encore en possession de son trône. Ce qui ferait écrouler tout l'échafaudage des faits racontés par Vasari. Du reste, Antonello de Messine, sans aller de Naples à Bruges, put se faire enseigner les procédés de la peinture à l'huile par un élève de Jean Van Eyck, Roger Van der Veyden, connu aussi sous le nom de Roger de Bruges, qui était alors en Italie. Roger, venu à Ferrare en 1449, y peignit pour Leonello d'Este un triptyque représentant une *Descente de croix*, et, sur l'un des volets, *Adam et Ève chassés du paradis terrestre*. L'année suivante, il se rendit à Rome pour y assister à la célébration du jubilé, comme en témoigne l'historien Fazio : c'est là peut-être qu'Antonello de Messine connut Roger de Bruges. Nous savons, en effet, par Vasari qu'Antonello habita longtemps Rome (*Atteso molti anni al disegno in Roma*), et bien que le biographe parle du séjour d'Antonello à Rome comme ayant précédé le voyage qu'il fit à Naples pour voir la peinture envoyée au roi, rien ne s'oppose à ce que l'artiste sicilien se trouvât à Rome en 1450, puisque le règne d'Alphonse Ier se prolongea jusqu'en 1458, et qu'ainsi le tableau de Van Eyck put être vu et admiré par Antonello après l'année 1450.

Il est certain, en tout cas, qu'après avoir peint dans son pays des morceaux qui sont aujourd'hui dans les musées de Berlin, de Vienne, d'Anvers, Antonello alla s'établir à Venise, on ne sait au juste en quelle année, mais, selon toute apparence, en 1473 ou 1474, car dans les années qui précèdent il peignait en Sicile des tableaux signés et datés, l'un de 1465, une *Tête de Christ* (aujourd'hui à Londres, dans la National-Gallery), l'autre un *Ecce homo*, daté de 1470, (à Naples, en la possession du sieur Gaetano Zir). Le premier ouvrage d'Antonello de Messine à Venise fut un tableau d'autel représentant une madone avec saint Michel, qu'il fit pour l'église de San-Cassiano et dont parlent avec les plus grands éloges deux écrivains contemporains, Matteo Colaccio et Sabellico. Le premier de ceux-ci était un Sicilien établi à Venise, où l'on a imprimé de lui plusieurs ouvrages. Dans une lettre écrite à Messer Antonio, Sicilien comme lui et directeur d'un atelier d'artistes à Padoue (*rettore degli artisti nello studio di Padova*), Colaccio, énumérant les peintres modernes les plus illustres, s'exprime ainsi : « Mais notre âge possède Antonello de Sicile, auteur d'une peinture qui est placée dans l'église San-Cassiano, à Venise, où elle excite la plus vive admiration... *Magnœ est admirationi.* » Le second des écrivains, Sabellico, dans sa description de Venise (*De situ Urbis*) préconise en ces termes le même tableau : « Nous « avons dans l'église San-Cassiano un ouvrage du peintre « messinois, auquel, pour exprimer ce qu'il a voulu, rien « n'a manqué, si ce n'est l'âme qu'il n'a pu donner à ses « figures. (*In Cassiani templo tabula est Messenii pictoris,* « *cui ad exprimenda quæ voluit, nihil videtur, præter ani-* « *mam, quam dare non potuit, defuisse*). »

Nous ne connaissons malheureusement que par ces magnifiques éloges la madone de San-Cassiano, car ce tableau, existant encore à sa place à la fin du seizième siècle, avait disparu lorsque Ridolfi écrivait son livre des *Maraviglie dell'arte,* en 1646. Mais les portraits d'Alvise Pasqualino et de Michele Vianello qu'Antonello de Messine peignit en 1475, et qui sont décrits par l'anonyme de Morelli, durent faire à Venise une impression plus vive encore. Ces deux portraits, plus petits que nature, figuraient au seizième siècle dans le palais d'Antonio Pasqualino, fils d'Alvise. L'un, celui de Michele Vianello, le représentait vêtu de rose avec un capuchon noir sur la tête; dans l'autre, celui d'Alvise Pasqualino, le personnage était peint en habit écarlate, le capuchon noir sur les épaules, mais la tête nue. On peut se faire une idée de la sensation que produisirent ces deux tableaux sur les artistes vénitiens, si l'on a vu au Louvre le *Portrait d'un inconnu* par Antonello de Messine, acheté à la vente Pourtalès, et le portrait de Michele Vianello, qui, heureusement conservé, bien que rogné dans le bas, se trouve maintenant à Rome, dans la galerie Borghèse. A vrai dire, Antonello n'est un peintre supérieur que dans le portrait. Il y accuse au plus vif la personnalité du modèle, son tempérament, son caractère, et nous trouvons que Sabellico s'est trompé lorsqu'il a dit qu'Antonello savait tout exprimer, sauf qu'il ne pouvait donner l'âme, c'est-à-dire la vie à ses figures. Il est impossible, en effet, de mieux peindre, par l'accent de la physionomie physique, la physionomie morale d'un homme que ne l'a fait le peintre Messinois dans le portrait du Louvre. A voir ce masque développé en largeur, ce grand œil ouvert, perçant, clair et dur, ces pommettes écartées et saillantes, ce nez droit, ces lèvres serrées que particularise une cicatrice, ce menton proéminent et cette mâchoire carrée sur un cou de taureau, ou devine aisément que le modèle était un homme d'action, un homme de guerre, quelqu'un de ces rudes *condottieri* qui faisaient trembler leurs propres soldats autant que leurs ennemis. Quelle force de volonté ! quelle concentration d'énergie ! quelle âme, oui, quelle âme profonde et terrible, au besoin cruelle, trahit ce visage sèchement dessiné, comme à l'emporte-pièce, et haut en couleur, ce visage dont la peau laisse transpirer si bien le sang et la vie !

Dans une ville où commençait à naître le goût des portraits, ceux d'Antonello de Messine devaient surtout inquiéter les artistes, auxquels ils commandaient l'admiration non seulement par l'accentuation du caractère, mais encore par les qualités nouvelles d'une peinture qui ne ressemblait point à la leur. Ce qui échappait aux gentilshommes, jaloux de posséder leur effigie de la main d'un tel maître, ne pouvait échapper aux artistes vénitiens, à savoir que les couleurs d'Antonello avaient une intensité et un fondu qu'il leur était impossible à eux d'obtenir avec les moyens ordinaires de la peinture en détrempe. Ils se demandèrent s'il avait suffi au peintre de mêler ses couleurs dans l'huile au lieu de les délayer dans l'eau gommée ou collée ou dans le mucilage de l'œuf pour arriver à produire de pareils effets. Ils soupçonnaient quelque substance inconnue, quelque subtilité cachée dans les procédés matériels. Il faut croire, au surplus, qu'Antonello ne s'empressa point de divulguer son secret, ce qui d'ailleurs serait contraire à la nature humaine et en particulier à la nature des artistes. On connaît l'anecdote racontée par Ridolfi touchant la manière dont s'y prit Jean Bellin pour surprendre le secret du peintre Sicilien. « Ayant revêtu, dit-il, la simarre vénitienne, Bellini se présenta chez Antonello comme un gentilhomme qui désirait avoir son portrait. Antonello s'étant mis à l'œuvre, Bellini observa sa manière d'opérer, et voyant qu'il trempait son pinceau dans l'huile de lin, il devina tout le reste. » Ce récit est regardé comme une historiette du genre de celles qui abondent dans les anciennes biographies, et pourtant il n'est pas invraisemblable qu'un artiste veuille connaître tout ce qui peut l'aider à atteindre la perfection, dans son métier comme dans son art. On a dit, pour établir que l'anecdote était controuvée, qu'Antonello n'avait pas fait mystère de son procédé, puisqu'il l'avait ouvertement enseigné à Venise, dans une école suivie par un grand nombre d'élèves ; mais cela même ne serait pas une preuve, car s'il est vrai qu'Antonello ait livré à tout le monde ce que lui avait appris Van Eyck, il est extrêmement probable qu'il ne le fit point dès son arrivée à Venise et qu'il n'y fut décidé que plus tard, lorsque le sénat de Venise lui donna une pension pour l'attacher comme peintre au service de la Républi-que, « *ob mirum hoc ingenium Venetiis aliquot annos con-ductus vixit,* » dit un écrivain contemporain du Messinois, Maurolico. Le mot *conductus* signifie stipendié, pris à louage. Maurolico ajoute qu'Antonello jouissait aussi d'une grande réputation à Milan, d'où il semble résulter qu'il y séjourna quelque temps ; ce ne fut peut-être qu'après son retour à Venise que le Sicilien y ouvrit une école.

Il est douteux pour nous qu'en important la peinture à l'huile chez les peintres vénitiens, Antonello ait rendu un grand service à l'école de Venise en particulier, et que l'art en général lui soit redevable d'un avantage aussi précieux qu'on le dit. Assurément, la peinture à l'huile est celle qui convient le mieux aux coloristes parce qu'elle augmente l'effet du tableau en permettant de creuser dans la toile des ombres plus profondes, en donnant ainsi au jeu du clair-obscur plus de puissance, plus de ressort. Il faut convenir aussi que la peinture à l'huile n'exigeant pas la promptitude d'exécution que demande la fresque laisse à l'artiste le loisir d'étudier sur nature les variétés, les finesses, les localités de la couleur, sauf à les ramener ensuite à un ensemble harmonieux. On doit reconnaître également que la peinture en détrempe ou à fresque, outre qu'elle ne peut feindre des surfaces obscures, a le désavantage matériel de ne pas se prêter, comme la peinture à l'huile, à la méthode des glacis, sorte de frottis légers, voile mince, *velatura,* contenant très peu de matière colorante, qui non seulement nuance la couleur qu'il recouvre en la laissant transparaître, mais contribue à l'harmonie en accordant des teintes qui seraient disparates, et, de plus, faisant l'office de vernis, redonne aux couleurs l'éclat que leur avait enlevé l'embu. Tout cela est vrai, mais la peinture à l'huile, sans parler de l'inconvénient qu'elle a d'altérer les teintes en s'obscurcissant et d'exiger dans les clairs des empâtements qui les rendent opaques, la peinture à l'huile a plutôt amoindri que perfectionné l'art de peindre, elle l'a matérialisé en lui offrant des moyens de rendre la variété infinie des substances, d'imiter plus fidèlement les phénomènes de la nature, les effets de la lumière sur les corps et en général tout ce qui tombe sous l'empire des sens, et qu'ainsi elle a eu pour résultat final de faire un art d'imitation de ce qui était autrefois un art d'expression.

Qu'il nous soit permis de faire ici, par anticipation, une remarque que nous aurons plus tard occasion de développer. Les plus fameux ouvrages des plus fameux maîtres ont presque tous été peints à fresque ou en détrempe. Dans la simplicité de leurs moyens, la détrempe et la fresque ont suffi à Giotto lorsqu'il a décoré le sanctuaire d'Assise et l'Arena de Padoue; à l'Orcagna, lorsqu'il a peint le Jugement dernier sur les murailles du Campo-Santo de Pise; à Masaccio, lorsqu'il a inauguré le mariage du style avec la nature dans la

chapelle des Brancacci, au Carmine de Florence. La peinture
à l'huile n'a été nécessaire ni au moine de Fiesole pour ses
figures angéliques, ni à Luca Signorelli pour ses tragiques
peintures au dôme d'Orvieto, ni à Mantegna pour ses augus-
tes toiles du triomphe de Jules César, ni à Raphaël pour
s'exprimer en un langage de la plus haute éloquence dans
les chambres du Vatican, ni à Michel-Ange pour être sublime dans la Chapelle-Sixtine. Seuls parmi les plus grands
maîtres, Léonard de Vinci et Titien ont usé des ressources
de la peinture à l'huile ; le premier y a trouvé les mystères et
la poésie des ombres, le second s'en est servi avec une autorité qui ressemble à du génie ; mais il est incontestable que
l'importation des procédés flamands en Italie n'y a pas donné
plus de grandeur à l'art et n'y a causé aucun perfectionnement esthétique, c'est-à-dire aucun progrès qui intéresse le
sentiment. Aussi l'école florentine, qui s'est plue aux limpidités
de la fresque ou aux clartés de la détrempe, est-elle restée supérieure à l'école vénitienne qui a recherché les saveurs de
la peinture à l'huile. L'une a été expressive, élégante et fière,
l'autre a été somptueuse, sensuelle et brillante. Venise a plus
de charme, Florence plus de style. Si l'on prend pour type de
l'école florentine Michel-Ange, et pour type de l'école vénitienne Paul Véronèse, on sentira tout de suite la différence
qui existe entre la pompe et la grandeur, entre la profondeur
de la pensée et la magnificence du décor, entre le peintre qui
a le merveilleux talent de séduire et l'artiste qui a eu le pouvoir souverain de s'imposer.

CHAPITRE VII.

Alliance du sentiment et de la couleur. — Jean Bellin, Marco Basaïti, Vittore Carpaccio.

Les commencements de la peinture vénitienne furent admirables. Portée à l'étude de la couleur, elle trouva dans la peinture à l'huile un procédé qui semblait inventé tout exprès pour les coloristes ; mais elle ne s'en servit pas encore pour exprimer, comme elle le fit plus tard, les choses purement extérieures, l'apparence des corps et leur enveloppe, la richesse des costumes, les phénomènes de la lumière et les colorations qu'elle engendre : elle fut représentée, du vivant d'Antonello de Messine, par quelques artistes en qui le sentiment l'emporta sur l'amour de la nature et de la couleur, ou plutôt se concilia le mieux du monde avec les qualités qui enchantent le regard. Ces artistes furent Jean Bellin, Marco Basaïti et Vittore Carpaccio.

Jean Bellin n'était pas, comme son frère, un décorateur, jaloux de composer ses tableaux d'apparat d'une multitude de figures et de les faire valoir sur des fonds d'architecture ou de paysage, semblables à ceux qu'on emploie dans les théâtres pour fermer la perspective du décor. Il était, lui, un peintre recueilli, intime, qui voulait toucher l'âme du spectateur sans songer à l'amusement des yeux, quoique, cependant, né ou devenu coloriste, comme tous les Vénitiens, il ajoutât au caractère expressif de ses tableaux la beauté du ton et le charme d'une exécution nourrie, onctueuse et, suivant l'expression italienne, savoureuse. Jusqu'à l'âge de quarante-

cinq ans, il avait peint en détrempe, comme son frère Gentil
Bellin, comme les peintres Vivarini et quelques autres, mais
depuis que les procédés de la peinture à l'huile lui avaient été
enseignés par Antonello de Messine, il maniait ce genre de
peinture avec une maîtrise qui étonna le révélateur lui-même
et ne fut pas sans exercer sur lui une influence visible, car
Antonello de Messine finit par donner un caractère bellines-
que à ses ouvrages.

Venise, avons-nous dit, était, au quinzième siècle, une ville
essentiellement chrétienne et moderne. Malgré ses relations
constantes avec la Grèce et avec l'Archipel, d'où lui venaient
facilement des marbres et des bronzes antiques, elle ne se
laissait point pénétrer par le génie de l'art païen, elle était
absolument religieuse, elle poussait même la dévotion jusqu'à
la superstition la plus naïve. Chaque église avait eu son
miracle, chaque communauté avait sa légende, les artistes
étaient pleins de foi autant et plus que les autres enfants de
la république. L'incrédulité ne se fit jour que plus tard, au
seizième siècle, lorsque l'Arétin devint le familier des artistes
de Venise et l'ami intime du Titien. Au temps de Jean Bellin,
lui, son frère Gentil, les Vivarini, Mansueti, Carpaccio,
Cima da Conegliano, Lazzaro Sebastiani étaient tous des
croyants, à en juger du moins par leurs peintures. Celles
de Jean Bellin, en particulier, sont empreintes d'une religion profonde, où l'austérité du sentiment n'empêche pas
le luxe matériel de l'exécution, ni la richesse d'un coloris
qui ne sera point surpassé par celui des plus illustres maîtres vénitiens de la génération suivante. Il règne dans ses
tableaux une mélancolie tendre qui gagne le spectateur, bien
que l'expression en soit timide et ne fasse, pour ainsi dire,
qu'effleurer les visages; les figures de la Madone et de l'enfant Jésus, malgré une légère teinte de tristesse, semblent

impassibles, comme si l'artiste eût craint de leur donner une physionomie trop humaine. A toutes nos visites à Venise, les peintures de Jean Bellin nous ont fait la même impression ; toujours nous avons été surpris de voir un coloris si riche, si intense et si varié revêtir des pensées mystiques et se marier à des sentiments de dévotion intime, de renoncement et de piété austère. Le plus souvent, ses tableaux se composent de trois ou quatre figures, la madone et l'enfant Jésus avec deux anges. Lorsqu'il met en scène un plus grand nombre de personnages, il les range symétriquement à droite et à gauche de la Vierge. Ils paraissent tranquilles, mais émus au fond du cœur. Rarement ils sont nus, et seulement lorsque leur nudité est motivée par la légende, comme pour les figures de saint Job, par exemple, et de saint Sébastien percé de flèches, qui se tiennent debout au pied du trône où la Vierge est assise, dans la célèbre toile de l'académie de Venise, que Jean Bellin peignit pour l'église de San-Giobbe. Il est impossible de voir des nus plus savants, des chairs modelées avec plus de vérité, sans minutie, sans aucune pauvreté, sans aucune mesquinerie de détail : Titien lui-même n'y eût pas mis un plus beau ton. Les autres figures du tableau sont habillées ; ce sont deux moines dans leur froc et un évêque, saint Augustin, qui est revêtu de ses ornements pontificaux. Sur les marches du trône sont assis trois petits garçons qui font de la musique. On dirait les pages de l'enfant Jésus. L'un d'eux a une expression séraphique ; la Vierge est d'une tristesse si calme qu'on la dirait insensible et au-dessus des douleurs terrestres.

Chose remarquable, bien que l'œil soit charmé, le tableau parle encore plus à la pensée qu'au regard. Au milieu du fracas que font les tableaux de la décadence vénitienne, cette douce musique va au cœur. Quand on a parcouru Venise où tant de belles choses sollicitent l'attention et se font admirer, où abondent les peintures d'apparat, les décorations d'un style théâtral et magnifique, on en revient toujours aux ouvrages de Jean Bellin ; et ce sont ceux-là qui se gravent encore le plus profondément dans la mémoire.

Jean Bellin peignit *la Vierge et quatre saints,* pour l'église San-Zaccaria (1), son chef-d'œuvre peut-être, à l'âge de quatre-vingts ans, et ce n'était pas son dernier ouvrage, car il avait encore onze ans à vivre. Un an avant sa mort, en 1515, il peignait la prétendue Vénus qui est maintenant au Musée du Belvédère à Vienne, ou, pour mieux dire, une jeune Vénitienne nue ou presque nue, vue jusqu'aux genoux, et occupée à se peigner devant un miroir qu'elle tient à la main, dans une chambre dont la fenêtre donne sur un paysage. Ce beau nu, d'un caractère mondain et giorgionesque, est presque une exception dans l'œuvre de Bellini. L'année précédente, à la demande d'Alphonse d'Este, duc de Ferrare,

(1) Il me souvient qu'un jour, étant entré dans cette église, je fus tellement frappé, tellement touché, que je demeurai en contemplation devant le tableau jusqu'après la fermeture des portes. Il fallut appeler à grands cris le sacristain qui ne m'avait pas aperçu dans la chapelle de Saint-Jérôme, ou qui m'avait oublié. Dans le silence de cette église déserte, faiblement éclairée par les derniers rayons du couchant, la peinture du vieux maître s'animait, ses personnages semblaient par instant avoir remué. Voici la note que j'écrivis au crayon sur mon calepin de voyage : « Peinture tranquille, recueillie et grave : aux pieds de la Vierge on admire un petit ange qui joue du violon, motif charmant qui revient toujours dans les *madones* de Jean Bellin et qui toujours intéresse par une expression de naïveté séraphique et d'innocence. Une jolie fille blonde, sainte Agathe, vue de profil et richement vêtue, offre une bourse à l'enfant Jésus : la Vierge est sur un trône. Son visage est empreint d'une mélancolie grave et prophétique. La profondeur, l'intimité du sentiment sont ici admirables ; la tristesse en est gracieuse et la grandeur ingénue. Le peintre touchait à ses quatre-vingts ans, qui le croirait ? lorsqu'il peignit ce tableau, daté de 1505. Il l'exécuta cependant avec beaucoup de fermeté, de sûreté et de relief dans la manière savoureuse de Giorgione qui était son élève et dont il avait subi l'influence ; mais l'excellence du faire, la morbidesse des carnations, le modelé puissant, la chaleur ambrée du ton n'empêchent point que la poésie religieuse ne soit le côté le plus frappant de ce tableau sublime. »

C'est ainsi que fut exprimée un peu vivement sans doute, mais naïvement, en présence même de la peinture, l'impression qu'elle nous fit, et nous aurions bien peu de chose à changer, après plus de vingt ans, à cette note de voyage. (*Note de M. Charles Blanc.*)

il avait peint pour un cabinet d'étude une Bacchanale qui est restée une de ses plus belles peintures, chose incroyable chez un artiste de quatre-vingt-neuf ans. Dans ce morceau fameux, qui a été transporté de Rome en Angleterre et appartient aujourd'hui au duc de Northumberland, le peintre vénitien s'est départi de son austérité. Ce que les autres sont dans leur jeunesse, il l'a été, lui, dans sa vieillesse la plus avancée. Pour la première fois, il a emprunté de l'antique le motif de son tableau. On y voit Silène ivre essayant de monter sur son âne, un enfant qui tire du vin d'un tonneau, des ménades lascives qui sont assises ou couchées sur l'herbe, en compagnie de Mercure et de quelques bacchants avinés à qui des nymphes portent des fruits, la scène se passe au bord d'un ruisseau, sous les arbres d'un paysage héroïque aux lointains sauvages, aux ombres profondes et mystérieuses : ce paysage fut ajouté par Titien à la composition que son maître, surpris par la mort, n'avait pas eu le temps de finir. Il est extrêmement curieux de voir un peintre, qui avait exprimé avec tant de gravité le sentiment religieux, s'engager sur ses vieux jours dans les bois sacrés de la Grèce antique et faire son dernier chef-d'œuvre sous l'inspiration des bacchantes.

Cependant le génie de la Renaissance, qui devait donner à l'individu son importance, et à la liberté son essor, avait fait naître à Venise le goût du portrait. Selon le dire de Vasari, Jean Bellin fut le premier qui fit un genre à part du portrait. La vérité est qu'Antonello de Messine, avant 1479, c'est-à-dire avant que Gentil Bellin fût envoyé à Constantinople à l'occasion d'un portrait fait par son frère, avait peint l'étonnant portrait qui est au Louvre, daté de 1475, et que l'on croit être celui d'un condottière. Toujours est-il qu'à partir de cette époque tous les patriciens de Venise voulurent se faire peindre, et que la peinture vénitienne se ressentit bientôt des effets que devait produire, dans une école portée à la couleur, l'habitude de faire des portraits. S'il eût été possible de surpasser dans ce genre Antonello de Messine, Jean Bellin en aurait eu la gloire ; peut-être même faut-il convenir que, sous le rapport de la variété et de la finesse des tons, le portrait de Léonard Lorédan (à Londres, dans la National-Gallery) émane d'un artiste dont la palette était plus riche que celle d'Antonello. Lorédan est représenté avec la corne ducale, et, comme il fut élevé en 1501 à la dignité de doge, l'ouvrage de Jean Bellin ne peut être antérieur à cette année-là. Il faut renoncer, croyons-nous, à voir un morceau où la nature ait été serrée de plus près par un maître supérieur. Lorédan est un vieillard en qui la vie s'est cramponnée, pour ainsi dire, et persiste encore énergiquement, malgré son grand âge. Sa pâleur bronzée, son visage émacié, sa peau sèche sont rendus avec une volonté, avec une attention, avec un art qu'on ne peut trop admirer. Sous la toge dont il est revêtu, on sent la maigreur de son buste osseux, de ses épaules pointues. Ses yeux, au regard fixe et pénétrant, sont caves, retirés en dedans et rapetissés par la vieillesse. Le peintre en a compté les cils ; il a détaillé les plis des paupières, il a regardé au fond de la rétine. Il a fait sentir l'aridité de l'épiderme, ici, collé sur les os du front et des pommettes, là, ridé par l'absence des dents et par le retrait du tissu cellulaire. Il a montré combien les lèvres minces du modèle avaient dû être avares de paroles. Le fond n'est pas d'une teinte unie, mais d'un bleu vert qui, variant d'intensité, devient vibrant par l'artifice du ton sur ton. Les ramages du manteau, argent et or, ses boutons bruns, les chamarrures de la corne ducale, tout est accusé d'un pinceau délicat, précis et précieux, incisif parfois comme un scalpel, et qui, toujours glissant dans les ombres, ne s'épaissit un peu que dans les lumières.

Rien ne manque à la vérité, au réel de l'imitation, et pourtant le caractère moral du personnage, son invincible opiniâtreté, indiquée par le développement des mâchoires et par la carrure du menton, son intelligence dont il ne reste plus qu'un éclair au fond de l'œil, sa pensée qui paraît concentrée sur un seul point, rivée à un souvenir unique, voilà ce qui frappe, voilà ce qui reste, non pas gravé seulement, mais sculpté dans la mémoire, de telle façon que ce buste si prodigieusement imité, modelé, fouillé, scruté, rendu, exprime avant tout la vie de l'âme, survivant à la momification du corps.

En cette année 1501, Gentil Bellin mourut âgé de quatre-vingt-six ans; son frère Jean, suivant la belle expression de Vasari, en resta comme veuf, *rimase vedovo*. Cependant, pour échapper à l'isolement où le laissait la mort de son frère, il avait la ressource de compter à Venise beaucoup d'amis, et des plus illustres, surtout parmi les lettrés et les poètes, notamment Sabellico, l'auteur de l'*Histoire de Venise*, Girolamo Merula, savant latiniste, sorte de Cicéron vénitien, Pierre Bembo, qui n'était pas encore cardinal, et l'Arioste. Ce poète a fait entrer dans ses vers de l'*Orlando furioso* le nom de Bellini avec ceux de Léonard de Vinci et de Mantegna, et cela seul eût suffi à rendre immortel le nom d'un peintre qui a d'ailleurs pourvu lui-même à sa propre immortalité. Bembo, après avoir été amoureux, à Ferrare, de Lucrèce Borgia, l'était devenu, à Venise, d'une Morosina; il obtint le portrait de cette femme adorée, et ce fut par l'entremise du futur cardinal que l'artiste fut mis en rapport avec le duc de Ferrare qui était le mari de Lucrèce Borgia, et pour lequel il peignit la *Bacchanale*.

Lorsque Jean Bellin mourut à quatre-vingt-dix ans, il s'était formé une génération nouvelle d'artistes éminents ou illustres, pour la plupart ses élèves; mais de son vivant floris-

saient des maîtres, tels que Marco Basaïti et Vittore
Carpaccio, qui auraient pu rivaliser avec lui si les circonstances l'avaient voulu et qui méritaient eux aussi d'être célèbres. Le premier, né de parents grecs dans le Frioul, est
un artiste plein de sentiment et de dignité, qui nous émeut
profondément parce qu'il a été lui-même profondément ému.
Quand on voit à l'Académie de Venise son *Christ au jardin,*
on est surpris que la gloire ait oublié un tel peintre. Les fabriciens de l'église San-Giobbe, pour laquelle il fit ce tableau
d'autel, en concurrence avec Carpaccio et Jean Bellin, lui
avaient imposé la condition d'y représenter les quatre saints
François, Dominique, Marc et Louis; mais comment faire
entrer ces personnages, avec les habits qui devaient les rendre
reconnaissables, dans le jardin de Gethsémani? L'artiste a
imaginé de percer au milieu de sa composition une arcade
dont l'architecture simulée semble faire partie de l'autel. A
travers cette arcade, on aperçoit à distance Jésus en prière et
les apôtres endormis, et de plus, en avant des pilastres, les
quatre personnages dont la présence était obligée. En mémoire du pays accidenté et pittoresque où il était né, Basaïti
a creusé là un paysage montagneux, au fond duquel on aperçoit une ville fortifiée sur des rochers. Plus charmant encore
est le paysage qui représente le lac de Tibériade avec des
barques de pêcheurs, et, sur le devant, Jésus appelant à lui
Simon-Pierre et les fils de Zébédée. Il nous souvient d'avoir
remarqué dans ce tableau l'observation d'une convenance
qui alors était nouvelle et qui n'a été connue ni de Carpaccio
ni de Jean Bellin ni de son frère. Au lieu de répandre sur
l'ensemble de sa composition une lumière égale et diffuse,
Basaïti s'est avisé de concentrer une lumière dominante sur
le principal personnage, sur le Christ. Il n'y a qu'un vrai
peintre pour avoir innové ainsi en devinant ce qu'ajouterait

de sentiment à la peinture la distribution esthétique du clair et des ombres. Tout en s'appropriant, comme le fit Jean Bellin sur ses vieux jours, quelque chose de la manière savoureuse et du succulent coloris dont Giorgione donna l'exemple à la fin du quinzième siècle, Basaïti semble avoir craint de sacrifier au luxe matériel, aux richesses optiques de la couleur, l'expression des mouvements de l'âme et cette fine fleur de spiritualité qui, exquise encore dans les œuvres de Carpaccio, allait bientôt se perdre à Venise.

Quant à ce dernier, peintre admirable, on sait de lui peu de chose (Vasari ignorait même son vrai nom, car il l'appelle Scarpaccia), mais on sait qu'il avait une âme et qu'il en a rempli ses peintures. On sait également qu'il eut toutes les qualités, tous les talents qui font aimer un peintre, la grâce, la naïveté, une imagination poétique, une composition abondante et conçue en décor, une couleur attrayante, chaude et lumineuse, et une exécution un peu sèche et mince, il est vrai, mais délicate et sentie.

Nous n'avons pas à recommencer ici la notice des ouvrages de Carpaccio, que nous avons écrite dans l'*Histoire des peintres,* mais nous devons parler de la légende de sainte Ursule qu'il a développée en une suite de neuf tableaux, faisant partie maintenant du musée de l'Académie, à Venise. Quiconque n'a pas vu ces compositions légendaires ne peut avoir une idée de ce que fut Carpaccio. Réunissant les mérites de Jean et de Gentil Bellin, il a montré dans la légende de sainte Ursule que l'intimité du sentiment n'était pas incompatible avec le goût des magnificences extérieures. Nous ne nous arrêterons ici qu'aux plus charmants morceaux de cette charmante suite, qui sont le premier, le quatrième et le sixième. Les ambassadeurs du roi d'Angleterre viennent demander à Deonato, père d'Ursule, la main de sa fille pour le fils de leur roi. Ce premier tableau se divise en trois compartiments ; celui du milieu est une magnifique tribune à degrés et à balustrade, toute resplendissante d'or et vue de profil. Le roi breton Deonato reçoit les hommages des ambassadeurs, qui sont à genoux sur les degrés et qui portent des joyaux, des chaînes d'or, des manteaux chamarrés. Dans le fond s'ouvre une vaste perspective, celle d'une ville où s'élèvent de belles fabriques et une église surmontée d'une coupole. A la gauche du spectateur, sous un ciel bleu, qui s'évanouit dans le lointain, on aperçoit une mer glauque et profonde, portant les vaisseaux qui ont amené les ambassadeurs. Du même côté, sous des arcades en perspective, séparées du compartiment central par une colonne, passent ou attendent les gardes du roi breton, ses varlets, ses pages au costume élégant, et ainsi les deux parties du tableau sont reliées entre elles ; mais le compartiment de droite présente une scène tout à fait distincte, une scène d'intérieur. On y voit ou plutôt l'on y revoit le roi breton assis dans la chambre de sa fille, et se concertant avec elle sur la réponse qu'il fera au roi d'Angleterre. Ursule plaide la cause du célibat devant son père qui en est attristé. Elle y met autant de chaleur qu'une autre fille en mettrait à demander un époux. Avec une ingénuité pleine de grâce, elle énumère sur ses doigts les motifs qui s'opposent à son mariage avec un prince païen. Ce groupe est digne de Fra Angelico pour la grâce mystique et l'ineffable sainteté de l'expression.

La loi des trois unités n'était pas encore appliquée aux drames de la peinture. Tant de science n'entrait pas dans les âmes naïves des artistes du quinzième siècle ; mais en dépit de ces synchronismes qui font paraître plusieurs fois le même personnage dans le même cadre, les tendres scènes de Carpaccio ne peuvent être regardées sans une douce émotion, particulièrement la quatrième, où le prince anglais, entouré de gentilshommes et monté sur un esquif garni de beaux tapis, rencontre sainte Ursule qui, elle aussi, est escortée de damoiselles jolies, blondes, sveltes, toutes remplies de charme, quelques-unes animées d'un peu de malice. L'entrevue des deux fiancés est vraiment touchante, ils se jurent la chasteté comme d'autres se jurent l'amour. Quelle tendresse dans l'austérité! Quelle grâce dans l'ascétisme! L'ardeur, la sincérité du sentiment chrétien sont exprimées ici avec un cœur d'or. Mais le plus ravissant tableau de la suite est encore celui où sainte Ursule, couchée sur son lit de jeune fille et endormie du sommeil des vierges, paraît plongée dans le ravissement d'un songe. Elle rêve qu'elle est en paradis et qu'elle voit arriver dans sa chambre immaculée un ange, qui entre d'un pas léger, sans réveiller par le frôlement de ses ailes un petit chien endormi au pied du lit, sans déranger les petites mules qui attendent les petits pieds de la sainte. Comment dire le parfum de modestie, d'innocence, que respire cette peinture adorable! Comment décrire le chaste mobilier de cette demeure virginale qui n'est visitée que par des anges! Encore une fois, de pareilles peintures font penser à la douceur séraphique de Fra Angelico; elles rappellent aussi la délicatesse exquise de Memling. Qui sait même si Memling, le fameux peintre de Bruges, et Carpaccio ne se sont pas connus à Venise, le voyage de Memling en Italie étant extrêmement probable, surtout s'il faut lui attribuer les miniatures qui ornent le fameux bréviaire du cardinal Grimani? N'est-il pas remarquable, en tous cas, que le Vénitien et le Flamand ont peint, l'un et l'autre, la légende de sainte Ursule avec la même expression de pudeur, de naïveté et de grâce? Lorsque les neuf tableaux de cette légende décoraient l'église de la confrérie qui les avait commandés, et qui était la *Scuola di Sant' Orsola*, les plus ignorants parmi les fidèles en étaient touchés autant que les connaisseurs et plus encore peut-être. Zanetti raconte qu'il lui arrivait quelquefois de se cacher dans un coin de la chapelle ornée de ces peintures légendaires pour observer les bonnes gens qui venaient y faire leurs dévotions, et qu'après une courte prière, ou même avant de l'avoir faite, les pieux spectateurs demeuraient ébahis et comme en extase devant les figures de Carpaccio, *restano sospesi il volto e la mente.*

Lorsqu'il termina, en 1495, la légende de sainte Ursule, à laquelle il travaillait depuis six ans, Carpaccio avait encore un peu de sécheresse dans son exécution, il insistait sur le contour, il cassait à plis anguleux ses draperies à la façon des incunables, ou peut-être par imitation des Tudesques et des Flamands; il ne connaissait pas la dégradation des couleurs dans les couches successives de l'air, cette indécision progressive des choses à mesure qu'elles s'éloignent de nos regards, ce qu'on appelle, en un mot, la perspective aérienne. Ce ne fut que dans les premières années du quinzième siècle qu'il s'assimila quelque chose de la manière giorgionesque, de cette peinture généreuse, abondante, effumée, de la *sfumatura* qui estompe les contours pour faire tourner les formes et atténue les tons des objets qui doivent fuir. Mais, alors même qu'il eut perfectionné sa touche et donné à sa couleur plus de vaguesse, il sut maintenir dans ses tableaux la prééminence de la pensée, il sut y faire dominer la qualité première de l'artiste, l'expression, comme les Bellin, comme Basaïti, comme Cima da Conegliano, peintre excellent qu'on peut ranger aussi parmi les primitifs de l'École vénitienne. Carpaccio a su concilier la pompe matérielle des représentations avec les délicatesses du cœur, les sentiments d'une aimable austérité avec la richesse d'un coloris qui met en lumière et en valeur les accessoires voyants et brillants : robes chamarrées, bijoux, colliers, mîtres des évêques, banderolles des bannières, costumes de la dernière élégance comme ceux des chevaliers de la Calza dans le tableau du *Patriarca di Grado,* sans parler des fonds de paysages, des édifices en silhouette sur le ciel, et de ces gondoles vénitiennes, qui, en ce temps-là, n'étant pas condamnées à être uniformément noires, se peignaient des plus vives couleurs. Carpaccio a été magnifique à la surface et, intérieurement, ému jusqu'au fond de l'âme; il a été décorateur et poète tout ensemble, bien différent en cela des Vénitiens de la troisième race, qui, tout entiers au sensualisme de l'art, finiront par n'être que d'insignifiants coloristes, de simples rhéteurs.

CHAPITRE VIII.

Les arts à la cour d'Urbin. — Les ancêtres de Frédéric de Montefeltro. — Luciano da Laurana et Baccio Pontelli architectes du palais-ducal d'Urbin. — Bibliothèque réunie par Frédéric. — Travaux de Josse de Gand et de Francesco di Giorgio.

Au milieu des faits odieux que présentent les annales des républiques et des tyrannies italiennes on éprouve un sentiment de repos et de bien-être lorsque, en voyageant à travers le passé, on peut s'arrêter quelques instants dans une maison hospitalière comme celle de Frédéric de Montefeltro, à Urbin, et y trouver des hommes occupés de travaux de l'esprit, des artistes amoureux de leur art, des érudits jaloux de bien dire, des femmes aimables, quoique savantes, et capables de parler avec grâce, même en latin.

La famille de Montefeltro avait été représentée au treizième siècle par le comte Guido, que Dante a immortalisé dans le vingt-septième chant de l'*Enfer*. Rappelons en peu de mots les événements d'une authenticité douteuse auxquels fait allusion ce passage du poète. Guido de Montefeltro, seigneur gibelin, avait commandé en Romagne l'armée de son parti, en guerre avec le pape Martin V. Ses talents militaires lui avaient acquis une grande réputation. C'était un homme capable et brave, mais sans scrupules. La république de Pise, qui était par excellence le boulevard des Gibelins, ayant à combattre les Guelfes de Lucques réunis à ceux de Florence, avait appelé et mis à la tête de son armée cet illustre capitaine, devenu bientôt, en récompense de ses services, le seigueur des Pisans, comme il était déjà le comte d'Urbin. Mais, attaqué à son tour sur ses terres par les Malatesta de Rimini, Guido perdit en 1296 une bataille, et sa défaite le plongea dans un découragement si amer qu'il résolut de faire pénitence de tous les péchés pour lesquels il avait été deux fois excommunié. Il prit l'habit des Franciscains.

Un jour, suivant la version du poète gibelin, le pape Boniface VIII alla visiter ce moine dans sa cellule. Il venait lui demander conseil, à lui qui avait été un homme de guerre consommé, sur la manière dont il pourrait s'emparer de Palestrina. « Tu sais, lui dit le pape, que j'ai deux clefs, l'une pour ouvrir et l'autre pour fermer le ciel. Tu peux revenir un instant aux choses du monde : je t'absous d'avance. » Guido suggéra au pape une perfidie ; il lui conseilla de tromper ses ennemis par des promesses frauduleuses. C'est là ce que raconte Guido de Montefeltro à Virgile et à Dante qui l'ont rencontré en enfer. « Quand je fus mort, dit-il, saint François vint me prendre ; mais les noirs chérubins de l'enfer me saisirent par les cheveux et me conduisirent à Minos qui me condamna au feu dont je suis enveloppé, dont je suis vêtu : *Questi è de' rei del fuoco furo... E si vestito, andando mi rancuro.* (Celui-ci est un de ces coupables qu'il faut cacher dans le feu. Et, ainsi vêtu de flammes, je vais gémissant.)

Cent cinquante ans après, un des descendants de Guido, le comte Odd' Antonio de Montefeltro, reçut du pape Eugène V le titre de duc d'Urbin. Perdu de débauches et horriblement cruel, comme l'est souvent le débauché, ce premier duc d'Urbin se fit exécrer de tout le monde. Un de ses pages, qui servait à table, ayant oublié d'apporter de la lumière à heure dite, le duc, pour que le fait ne se renouvelât plus, fit enduire de poix et brûler vif cet enfant sous les yeux de ses courtisans, et dans la salle même où il allait souper avec eux. Odd' Antonio fut assassiné par les siens : c'était le seul moyen de se délivrer de cette bête féroce. Après cette exécution, Frédéric, fils naturel du dernier comte et frère d'Odd' Antonio, fut proclamé duc par le peuple, et alors commença une ère de prospérité, de science et d'art que ce petit État n'avait pas encore connue ni espérée. Mais, pour le dire en passant, le vœu populaire qui conférait la souveraineté à Frédéric ne fut pas exprimé sans conditions. Le peuple d'Urbin formula ses volontés d'un style assez rude, dans un acte écrit en latin, conservé aux archives de l'État, et dans lequel sont consignées les demandes et les réponses. Les principales concessions exigées étaient : une amnistie générale, le rétablissement des prieurs qui seraient élus désormais tous les deux mois ; le contrôle des citoyens sur la surveillance et la garde des propriétés, la révocation des privilèges accordés à la noblesse, la réduction des impôts de 5 sous et demi à 4 sous, la réforme des mesures du sel, l'institution de deux médecins tenus d'assister tous les contribuables et payés par la communauté, l'abolition des péages qui empêchaient la circulation des marchandises, le payement intégral des dettes contractées par les derniers souverains d'Urbin. A presque toutes ces demandes, Frédéric répondit *oui*. Quant à l'amnistie, elle fut l'objet d'un serment que le nouveau seigneur dut prêter avant qu'on ne lui ouvrît les portes de la ville.

Frédéric avait fait à Mantoue son éducation philosophique et littéraire, ses « humanités », comme on disait autrefois. Il avait eu là pour maître Victorin de Feltro, savant grammairien, helléniste, moraliste profond, esprit d'élite et homme de bien qui tenait une école célèbre où il comptait parmi ses disciples les princes de la maison de Gonzague et de la maison d'Este, et où lui venaient des élèves, non seulement de l'Italie, mais de la France, de l'Allemagne et même de la Grèce. Bien qu'il fût enfant naturel, Frédéric n'avait trouvé aucun obstacle à son élévation, nouvel exemple de la faveur dont jouissaient, en Italie, les bâtards des grands seigneurs et des princes : *i bastardi fortunati,* heureux les bâtards! disait le proverbe.

Dans les *Mémoires concernant la cité d'Urbin,* Monsignor Baldi, architecte et commentateur de Vitruve, s'exprime ainsi : « Le duc Frédéric, se trouvant un des plus grands « princes de son temps et ne possédant pas à Urbin un pa- « lais digne de lui, résolut d'en construire un qui fût propor- « tionné à la grandeur de sa famille et que pussent habiter « avec honneur les ducs d'Urbin qui lui succéderaient. Mais, « comme il était aussi prudent que magnifique, il commença « par s'adresser aux divers princes de l'Italie, pour leur de- « mander un architecte capable et dont ils eussent éprouvé « le mérite. Le roi de Naples (ce devait être alors Alphonse, « roi d'Aragon, dit le Magnanime) lui envoya un artiste « nommé Luciano, originaire de Laurana, en Esclavonie, le- « quel avait déjà bâti à Naples le Poggio Reale. Frédéric, à « qui l'architecte avait plu, lui donna la direction de tous « ses bâtiments, ainsi qu'il résulte d'une patente qui est en- « core aujourd'hui (en 1724) dans les mains de descendants « de Luciano. »

La capacité de cet artiste, qui s'était révélée à Naples dans la construction du Poggio Reale (aujourd'hui disparu), se mon- tra également dans celle du palais d'Urbin. Il donna aussi des preuves de son habileté en peinture par plusieurs petits ta- bleaux de sa main, qu'il signa de son nom écrit en caractères esclavons : *con caratteri e linguaggio Schiavone.* Mais d'autres disent que Luciano ne fut pas le seul à conduire les travaux du palais; ils appuient leur dire sur ce fait que l'église de San-

Domenico, à Urbin, contient la sépulture de l'architecte florentin Baccio Pontelli et que l'inscription gravée sur le mausolée atteste qu'il fut l'architecte du palais d'Urbin. « Moi « qui ai vu la patente octroyée par Frédéric à Luciano, dit « Baldi, et qui pense que la renommée n'est pas toujours « menteuse (*ed ho la fama non in tutto per falsa*), j'estime « qu'il n'est pas impossible que Baccio Pontelli ait été, en « effet, l'architecte du palais commencé et laissé inachevé « par Luciano. »

Plusieurs veulent, ajoute-t-il, que Léon-Baptiste Alberti, s'étant retiré à Urbin lorsqu'il fut exilé de Florence, ait eu aussi quelque part aux travaux du palais, ou qu'il ait donné tout au moins ses conseils au duc d'Urbin et à son architecte (*e vi disse anco sopra il parer suo*).

Le palais d'Urbin, bien qu'irrégulier dans son plan et un peu bizarre dans la distribution des pleins et des vides, contient de belles parties et des ornements qu'on croirait inventés au seizième siècle et qu'on s'étonne de trouver déjà dans le quinzième. C'est le premier palais, croyons-nous, où l'on retrouve les traditions antiques dans la décoration des portes et des fenêtres, soit que Luciano eût été frappé dès sa jeunesse des ornements qu'il avait vus en Dalmatie, où il existait plusieurs monuments de l'architecture romaine des empereurs, soit qu'il eût trouvé à Naples quelques vestiges des arabesques qui avaient orné les demeures de Pompéia : cette ville était encore ensevelie sous les cendres, mais Naples en était si proche qu'elle avait dû connaître et imiter les peintures pompéiennes. Les parties les plus anciennes du palais d'Urbin sont des ouvertures en arcades géminées, avec un œil-de-bœuf dans le tympan; le reste de l'édifice présente des fenêtres rectangulaires avec frise et corniche dans le goût de la belle antiquité romaine. Les ornements

des chambranles sont, le plus souvent, des files de perles et un
rang de feuilles d'eau, séparés par une partie lisse; quelquefois le montant est orné d'arabesques dans le genre de celles
que Raphael a imitées au Vatican. On y voit des dauphins
entrelacés par la queue mordre le pied d'un candélabre imaginaire, orné de couronnes et de rubans et terminé par une
figure d'oiseau. Sur l'architrave, des volatiles monstrueux,
des oies à queue de poisson, ouvrent leur bec comme pour
s'entre-dévorer. Ici, un buste de femme ailée se dresse sur une
coquille, entre deux vases qui alternent avec des poissons à
tête humaine. Là, ce sont des chiens fantastiques, à queue
de marsouin, qui gardent des armoiries. Certaines portes
ont leurs chambranles ornés de trophées. On y voit des casques, des boucliers, des haches d'armes, des instruments de
siège, tels que béliers et catapultes, des pots à feu, des tentes,
des drapeaux, le tout mêlé d'animaux chimériques; sur les
vantaux sont gravées des figures d'enfants qui tiennent des
festons, des sphinx adossés, des personnages nus, debout
sur des piédestaux tourmentés, et à pieds de bouc. Parfois,
la frise est ornée de rinceaux dont l'élégance n'a pas été surpassée et qui semblent avoir inspiré un de nos plus fameux
ornemanistes du dix-huitième siècle, Salembier. Les pilastres
qui soutiennent les linteaux de la porte sont aussi décorés de
feuillages imaginaires.

Mais ce qu'il y a de plus nouveau peut-être dans la décoration architectonique du palais d'Urbin, c'est la variété sans
fin des chapiteaux. Les vieux ordres ionique et corinthien y
sont modifiés par une fantaisie souvent heureuse. Un de ces
chapiteaux reproduit la corbeille dont l'histoire est connue
de tout le monde depuis que Vitruve l'a racontée, la corbeille
qui suggéra l'idée de l'ordre corinthien à Callimaque. Tantôt
la volute ionique est roulée de bas en haut, et formée alors

par des queues de dauphin retroussées. Tantôt ce sont deux cornes d'abondance qui vont soutenir avec grâce les coins de l'abaque ; quelquefois des têtes d'animaux prennent la place des volutes corinthiennes, ou bien ce sont des serpents enroulés, ou bien encore un aigle qui étend ses ailes dont le bout touche les petites caulicoles. Enfin il est tel chapiteau où l'on a sculpté l'écu de Frédéric, comte d'Urbin (il n'était pas encore duc), et cet écu, portant les initiales F. C., est attaché et suspendu à des rubans entre deux festons. Ainsi tout ce que le seizième siècle a employé d'ornements capricieux dans l'architecture se trouve déjà en germe, et plus qu'en germe, en première floraison, sur les chapiteaux, les chambranles, les linteaux et les frises du palais d'Urbin.

Il en fut de ce palais comme de tous les grands édifices élevés en Italie dans ce temps-là. Il avança lentement, il occupa plusieurs générations, et finalement il resta inachevé. Luciano de Lauranna, mort en 1482, cessa d'y travailler en 1481, car à cette date un autre architecte était chargé de la continuation du palais : c'était Baccio Pontelli. Mais, bien que l'édifice ne fût pas fini encore, on en parlait déjà beaucoup en Italie : la preuve est que Laurent de Médicis, par son chancelier et par l'architecte Giuliano da Majano, de passage à Urbin, fit demander à Baccio le plan et les élévations du palais. Baccio répondit en adressant les dessins qu'on lui demandait : comme excuse du retard à les envoyer, il faisait valoir le temps qu'il lui avait fallu pour prendre toutes les mesures. C'est une preuve que Baccio n'avait pas été, dans le principe, l'architecte du palais, puisqu'il ne possédait pas le plan original qui l'eût dispensé de mesurer à nouveau toutes les parties de l'édifice, chambre par chambre (*stantia per stantia*). Les dessins de Baccio furent envoyés à Laurent de Médicis avec la permission de Frédéric d'Urbin, qui, dans la forme complimenteuse familière aux Italiens du temps, et encore à ceux d'aujourd'hui, écrivait à Laurent : « Vos désirs sont pour moi des ordres, et je ne regrette qu'une chose, c'est de ne pouvoir vous envoyer avec les dessins de mon palais le palais lui-même, dont vous disposeriez en maître, à votre convenance. »

Le prince qui écrivait avec une politesse aussi raffinée était un condottière de profession, mais imbu de sentiments chevaleresques : il avait passé une partie de sa vie dans les camps ; il avait fait la guerre avec vigueur tantôt au service de François Sforza, duc de Milan, en qualité de capitaine général, tantôt à la tête de l'armée florentine, dans les combats qu'elle eut à soutenir contre Alphonse, roi de Naples, tantôt enfin comme lieutenant général des forces ecclésiastiques, en lutte avec Sigismond Malatesta, excommunié et brûlé en effigie par le pape Pie II. Les peintres ont représenté Frédéric de profil, parce qu'il avait perdu l'œil droit dans un tournoi qu'il fit publier à l'occasion de son avènement à la principauté d'Urbin. Par une singularité qui se remarque aussi dans la personne de Malatesta, le plus cruel ennemi de Frédéric, le duc d'Urbin se trouva aussi capable de faire fleurir les arts de la paix qu'il était rompu au métier des armes. Sa vie fut un modèle de munificence et de goût. Sa maison se composait de trois cent cinquante-cinq personnes, parmi lesquelles on comptait cinq chevaliers de l'Éperon d'or, cinquante gentilshommes, quatre professeurs de grammaire, de logique et de philosophie (l'un d'eux était le célèbre Philelphe, traducteur de la Cyropédie de Xénophon, de la rhétorique d'Aristote et de quelques vies de Plutarque) ; cinq ingénieurs et architectes, auxquels fut adjoint Baccio Pontelli, à savoir Luciano de Lauranna, Francesco di Giorgio, qui a si bien écrit sur l'architecture et sur la fortification, Pipo le Floren-

tin, Fra Carnevale, qui était aussi un peintre en renom, et
Sirro de Castel Durante; cinq lecteurs pour les heures de
repas; des organistes, des chanteurs, vingt-deux pages, et
quatre scribes chargés de transcrire les manuscrits pour la
bibliothèque du prince, sans parler des copistes qu'il employait au dehors.

La bibliothèque formée par le duc d'Urbin mérite une mention particulière. Elle était contenue dans deux beaux salons,
mesurant chacun quarante-quatre pieds de long, sur vingt-
deux de large et vingt-trois de hauteur. Le premier de ces
salons renfermait les manuscrits arabes, grecs, hébreux et
en d'autres langues; le second, les livres imprimés que le
duc faisait acheter au fur et à mesure qu'ils paraissaient et qui
étaient rares au commencement, puisque l'invention de l'imprimerie était encore récente, mais qui ne tardèrent pas à
composer une collection nombreuse. De hautes fenêtres ou-
vertes du côté du nord répandaient dans cette bibliothèque
une lumière égale, tempérée et tranquille qui invitait à l'é-
tude. Au centre du salon des manuscrits, se dressait un aigle
magnifique en bronze doré, servant de pupître, qui plus tard
fut porté à la bibliothèque du Vatican, pour être ensuite res-
titué à la ville d'Urbin où il fut placé dans le chœur de la
cathédrale. Un cabinet attenant au salon des livres était orné
de panneaux en marqueterie dorée, sous lesquels un peintre
d'Urbin, Timoteo della Vite, peignit, un peu après la mort
de Frédéric, des figures de Minerve avec son égide, d'Apollon avec sa lyre, et des neuf muses, caractérisées par leurs
attributs.

Il était alors très difficile et très coûteux de former une bi-
bliothèque de manuscrits et de livres; avant que le duc
Frédéric n'instituât la sienne, il n'en existait que deux en
Italie, celle du Vatican fondée vers le milieu du quinzième

siècle par le savant Thomas de Sarzane, devenu le pape Nicolas V, et celle de Saint-Marc, commencée par Côme de Médicis avec les conseils de ce même Thomas de Sarzane qui avait dressé la liste des ouvrages à colliger, liste qui servit de guide à Frédéric pour son catalogue. On citait parmi ses livres, entre autres curiosités, une bible hébraïque énorme, écrite en deux volumes sur parchemin, remplie de précieuses miniatures et couverte d'une reliure en brocart et or, incrustée d'argent. Il fallait deux hommes pour la porter. Les pages en étaient écrites sur deux colonnes pour la prose, sur trois colonnes pour la poésie; elles étaient enluminées d'arabesques et de grotesques composées de petits caractères hébreux. Les marchands juifs offraient 30,000 écus de cette bible qui avait été la seule part de butin réclamée par Frédéric après la prise de Volterra. Elle est aujourd'hui au Vatican, reliée de nouveau en maroquin rouge.

Non seulement Frédéric possédait des ouvrages antiques tels que les poésies d'Homère, de Sophocle, de Pindare, de Ménandre, et les écrits de Platon, d'Aristote et tous les auteurs fameux de la Grèce, Hérodote, Thucydide, Pausanias, Polybe, Démosthène, Eschine, Plutarque, Ptolémée, Hippocrate, Galien, Xénophon, mais il s'était procuré les livres des modernes, Dante, Pétrarque, Boccace, Manetti, Guarino, Philelphe, Poggio, Facius, Francesco Barbaro et autres, sans oublier ceux d'Œneas Sylvius Piccolomini, qui fut le pape Pie II.

On recevait à la cour de Frédéric les jeunes princes qui venaient faire leur éducation de courtoisie et les plus illustres personnages du temps, Giovanni della Rovere, les Orsini, les Colonna, Ranuccio et Angelo Farnèse, André Doria, Jacques Trivulce. La seconde femme de Frédéric, Battista Sforza, qui dès l'enfance savait parler élégamment le latin, faisait les honneurs du palais, entourée de ses dames de compagnie. Frédéric offrait l'hospitalité à tous les hommes de lettres de passage à Urbin, et souvent il leur ouvrait sa bourse. Le Vénitien Caterino Zeno, qui voyageait en Italie comme ambassadeur de la république de Venise et du roi de Perse, pour chercher des alliés au shah contre le sultan, s'arrêta quelque temps à Urbin avec sa suite. Le prince lui fit un accueil magnifique, et comme, en ce temps-là, un artiste flamand, établi à Urbin sous le patronage de Frédéric, Josse ou Juste de Gand, appelé en italien *Giusto da Guanto*, avait été chargé par la confrérie du *Corpus Christi* de peindre un grand tableau de la Cène pour le maître-autel de leur église, le duc d'Urbin fit introduire dans le tableau le portrait de l'ambassadeur et le sien propre. Josse de Gand peignit en effet, parmi les spectateurs de la Cène, ces deux personnages : Frédéric, accompagné de deux gentilshommes de sa maison, et Zeno, qui porte une longue barbe et qui, en sa qualité d'ambassadeur vénitien et persan, est coiffé d'un turban. Ce tableau, transporté, depuis, dans une autre église d'Urbin, celle de Sainte-Agathe, et placé au-dessus d'un retable, à une hauteur où il est difficile de le bien voir, représente le Christ assis, rompant le pain au milieu de ses disciples agenouillés ou debout, d'aspect plus majestueux encore que leur maître. Saint Jean apporte le vin. Judas évite les regards de celui qu'il va trahir. Deux anges vêtus de longues robes blanches planent au-dessus de Jésus et des apôtres. Une circonstance à noter au sujet de cet ouvrage, c'est que la somme de trois cent quarante florins payée à l'artiste pour la peinture et pour les feuilles d'or qui avaient servi à dorer le fond du tableau fut couverte par une souscription publique, dans laquelle le duc d'Urbin figura pour quinze florins d'or. Ce fait, au surplus, ne pouvait être qu'une exception, car le duc d'Urbin n'avait aucunement besoin de mettre à contribution ses sujets pour rétribuer les architectes, les peintres, les sculpteurs qu'il attirait à sa cour. La guerre, qui appauvrit les peuples, l'avait enrichi. Durant trente-quatre ans environ, sauf quelques intervalles de répit, Frédéric avait touché une haute paie comme capitaine général des troupes dont le commandement lui avait été confié par les divers États de l'Italie. Le roi de Naples lui avait compté 8,000 ducats par mois pendant l'année 1453, sans préjudice d'une pension annuelle de 6,000 ducats dont Frédéric fut payé, plusieurs années durant, pour ses anciens services, lorsqu'il n'était pas encore duc d'Urbin. Sur la fin de sa vie, en sa qualité de généralissime de la ligue italienne, formée par les Florentins, le roi de Naples Ferdinand, le duc de Milan, le marquis de Mantoue et la république de Bologne pour défendre le duc de Ferrare contre les Vénitiens et le pape, Frédéric reçut une solde personnelle de 4,500 ducats.

Avec de pareilles ressources jointes à celles que lui fournissait son duché, le duc d'Urbin pouvait donner carrière à son penchant pour les lettres et les arts. En fait d'art, son goût le plus vif était celui de l'architecture; comme la guerre était son métier et que la pensée en était toujours présente à son esprit, il avait étudié l'art des fortifications, et les architectes qu'il employait étaient des ingénieurs militaires, tels que le Siennois Francesco di Giorgio et le Florentin Baccio Pontelli, venus l'un et l'autre à Urbin, le premier en 1477, le second en 1481, dans le temps où Luciano de Lauranna déjà vieux était sur le point d'abandonner ses travaux.

Francesco di Giorgio fut un des grands architectes du quinzième siècle, mais il se distingua surtout dans l'architecture militaire. C'est lui qui avait donné la plupart des dessins de machines et d'engins qui furent exécutés en bas-relief sur

les murailles d'un vaste corridor à l'étage supérieur du palais d'Urbin, exclusivement attribués d'abord à Roberto Valturio. Ces dessins qui représentent des machines militaires,
catapultes, balistes, dragons à battre les murs, mortiers
d'artillerie, béliers, bascules, espontons pour défendre l'entrée des portes, mantelets pyramidaux et coniques, fourches
de fer, chaînes de pont, se trouvent presque tous dans un
magnifique manuscrit du *Traité d'Architecture* de Francesco
di Giorgio, manuscrit sur parchemin aux armes des Della
Rovere, faisant partie de la Bibliothèque royale de Turin.

CHAPITRE IX.

La peinture à Urbin. — Piero della Francesca. — Ses traités de perspective. — Fresques de San-Francesco d'Arezzo. — Le *Baptême du Christ* **de la National-Gallery. — Portraits.**

Le premier de tous les peintres qui florissaient à Urbin au temps de Frédéric et de son fils est Piero della Francesca, génie singulier en qui furent associés étrangement les qualités d'un artiste et l'exactitude savante d'un géomètre. Celui-là aussi était sorti du peuple. Son nom *della Francesca,* c'est-à-dire fils de la Françoise, lui venait de sa mère, pauvre paysanne de Borgo qui l'avait fait élever à grand'peine, on ne sait par quels maîtres. Dans sa jeunesse, Piero s'était appliqué à l'étude des mathématiques, de la géométrie et surtout de la perspective, dont les notions étaient alors nouvelles et dont, le premier, il fit une science, considérée à bon droit comme merveilleuse. En 1438, âgé de quelque vingt ans, Piero della Francesca eut la bonne fortune de connaître, à Pérouse, Domenico Veneziano qui, l'année suivante, l'emmena ou le fit venir à Florence pour l'employer comme collaborateur aux fresques dont il décorait l'hôpital de Santa-Maria-Nuova, ou plutôt l'église de l'hôpital Sant' Egidio. Ce fut une autre bonne fortune pour le jeune peintre que de se trouver à Florence dans le temps où Ghiberti avait déjà terminé la première porte du Baptistère et travaillait à la seconde, dans le temps où florissaient des sculpteurs tels que Donatello et Luca Della Robbia, des peintres tels que Filippo Lippi, ce dernier occupé à peindre une fresque dans cette même église de Sant'Egidio où Piero della Francesca servait de *garzone* à Domenico; dans le temps, enfin, où Paolo Uccello venait de trouver les premières applications de la perspective à la figure humaine.

Combien d'années le fils de la Françoise demeura-t-il à Florence, et à quel moment se sépara-t-il de Domenico? On l'ignore, car sa biographie présente une lacune d'environ douze ans, jusqu'à l'année 1451, où nous le retrouvons à Rimini au service de Sigismond Malatesta. Dans cette fameuse église, Piero della Francesca peignit en cette même année 1451 (c'est-à-dire un an après l'inauguration du temple) la fresque précieuse où Sigismond Malatesta est représenté à genoux devant son patron le roi saint Sigismond de Bourgogne, ayant à ses talons deux chiens couchants de robe grise. Cette fresque, qui a été assez mal gravée, est signée PIERO DI BORGO OPUS M. CCCCLI, Pierre prenant ici le nom du lieu de sa naissance, Borgo - San - Sepolcro; le peintre y a ré- vélé toutes les qualités qui le rendirent illustre, dessin dont la précision et l'exquise finesse seront à peine dépassées par Léonard de Vinci, justesse des proportions dans les figures, et dans le rapport de celles-ci avec les entre-colon- nements de l'architecture qui s'élève dans le fond de la fres- que et qui est d'une assez belle invention pour qu'on l'ait jugée digne de rivaliser avec celles de Léon-Baptiste Alberti lui-même. Comme Alberti, comme Léonard, Piero della Fran- cesca fut à la fois un mathématicien et un peintre, un savant et un artiste. Ce que Brunelleschi et Paolo Uccello avaient déjà trouvé ou plutôt retrouvé, la perspective linéaire appli- quée, par l'un, au dessin des édifices, par l'autre, aux lignes fuyantes du corps humain, en d'autres termes aux raccourcis des figures, Pietro en fit une science, et il en écrivit un traité en bonne forme. Un exemplaire de ce traité existait à l'Ambrosienne de Milan, sous le nom de *Pietro pittore di Bruges,* dans lequel s'était transformé le nom, devenu méconnaissable, de Piero della Francesca, de Borgo. L'auteur y décrit avec beaucoup de soin la loi du *point de distance* et il démontre que ce point est aussi éloigné du point de vue que le spectateur est éloigné du tableau, autrement dit que le rayon visuel perpendiculaire au tableau, si on le rabat sur la ligne d'horizon prolongée, y mesure la distance du spectateur ; en conséquence, toutes les lignes horizontales formant avec le tableau un angle de quarante-cinq degrés vont concourir au point de distance. Le manuscrit de Piero della Francesca n'ayant pas vu le jour, on a pu regarder comme un plagiaire un élève de Piero, le frère Luca Pacioli, religieux conventuel, qui a publié le livre de la *Divina proporzione,* où il a emprunté de Piero della Francesca, non seulement les principes, mais les dessins relatifs à la perspective. Cette accusation de plagiat, lancée par Vasari, a été reconnue injuste, car le frère Pacioli, en plusieurs endroits de son ouvrage, *Summa de Arithmetica,* témoigne hautement de son respect et de sa gratitude pour son maître.

« La perspective, dit-il dans la dédicace de cet ouvrage au duc d'Urbin Guidobaldo, ne serait certainement rien sans le secours de la géométrie, et elle a été pleinement démontrée par Pietro di Franceschi (della Francesca) notre contemporain, et le prince de la peinture moderne. Dans le temps où il était au service de votre famille, il a composé un court traité sur l'art du peintre et sur les effets de la perspective linéaire, traité qui est présentement placé à juste titre dans votre Bibliothèque, si riche en livres de tout genre. » Ce n'est pas là certainement le langage d'un plagiaire.

Les deux traités que signalait Pacioli au duc d'Urbin existent en manuscrits dans la bibliothèque du Vatican (n⁰ˢ 1374 et 632), où ils furent transportés en 1658. Ils sont, tous les deux, écrits en langue latine sur peau de vélin, d'une belle écriture du quinzième siècle, avec des dessins dans la marge. Le premier est intitulé *De la perspective*, mais, en réalité, le sujet du livre est la lumière considérée dans ses effets sur les objets et sur les couleurs. On lit sur la feuille du titre général : « La lumière est aux recherches philosophiques ce que la certitude démonstrative est aux mathématiques. » Ce premier volume porte les armes et les initiales de Frédéric duc. Le second a pour titre : *Des cinq corps réguliers par le peintre Pietro de Borgo : Petri pictoris Burgensis, de quinque corporibus regularibus.* Il est précédé d'une dédicace au duc Guidobaldo, dans laquelle l'auteur dit en substance : « Mes ouvrages ne devant ce qu'ils peuvent avoir de lustre qu'à l'étoile de votre excellent père, le plus brillant de tous les astres de ce siècle, il m'a semblé qu'il ne serait pas inconvenant de dédier à Votre Majesté ce petit livre sur les *cinq corps réguliers dans les mathématiques,* livre que j'ai composé à la fin de ma carrière, pour ne pas laisser mon esprit s'engourdir. Son obscurité recevra ainsi un reflet de votre splendeur, et si vous ne dédaignez point les fruits de peu de valeur que j'ai recueillis dans un champ maintenant en friche, vous placerez ce livre à côté du traité de perspective que j'ai écrit dans ma jeunesse. Aussi bien, sa nouveauté m'assure qu'il ne vous déplaira point ; car bien que le sujet fût connu par les traités d'Euclide et des autres géomètres, je me trouve aujourd'hui l'avoir appliqué pour la première fois à la science mathématique. »

Mais c'est bien moins encore par ses livres que par ses peintures que Piero della Francesca figure dans l'histoire de la Renaissance comme un des plus illustres précurseurs. Comment pourrait-on oublier quand on les a vues, ne fût-ce qu'une seule fois, les fresques exécutées à Arezzo par ce grand artiste dans l'église San-Francesco ! Le peintre y a représenté l'ensevelissement d'Adam, la reine de Saba en prières avec ses suivantes, sa réception par Salomon, la découverte de la croix par sainte Hélène, la bataille d'Héraclius contre Chosroès, roi de Perse, et tout cela avec des qualités naïves et fortes, avec le sentiment de la vie, du mouvement, de l'expression dramatique, de la grâce. La grâce, le peintre l'a rencontrée sans peine, sans recherche, dans les aimables figures des suivantes de la reine, jeunes filles sveltes, aux profils aigus, à la physionomie décente mais futée, joliment coiffées d'ailleurs et vêtues avec une simplicité élégante. De la naïveté, il y en a aussi, et de la plus charmante, dans la figure d'un laboureur en jaquette, qui regarde, appuyé sur sa bêche, des manœuvres occupés à retirer un homme d'un puits au moyen d'une grue. Quant aux expressions que comporte une représentation de bataille, la peur, la bravoure, l'animosité, la rage, l'artiste les a rendues énergiquement et aussi bien qu'aurait pu les rendre Paolo Uccello, le seul peintre de ce temps-là qui fût capable de dessiner en leur désordre et leur violence des raccourcis de chevaux en fuite et de figures renversées, tels qu'on peut les saisir dans une mêlée où s'entassent les blessés, les mourants et les morts. Déjà, sans doute, on avait pu voir des raccourcis de chevaux dans les fresques de Benozzo Gozzoli, au palais de Côme l'ancien, et sur les médailles de Vittore Pisano fondues à Rimini : mais Paolo Uccello et Piero della Francesca y avaient ajouté le mouvement et y avaient imprimé de plus quelque chose de fier ou plutôt de farouche. Cependant ce n'était pas même là ce que présentaient de plus inattendu les fresques du Borghese. La nouveauté de ces peintures consistait surtout dans un effet de clair-obscur, jusqu'alors sans exemple dans l'art de la Renaissance italienne, et qu causa un étonnement dont cent ans ans après l'on n'était pas encore revenu, à en juger par les exclamations de Vasari. La merveille de la *Vision de Constantin* est que l'ange apparaissant à l'empereur couché dans sa tente et endormi est lui-même un corps lumineux. La lumière éclairant la tente obscure y fait étinceler les armes et les cuirasses des soldats qui veillent auprès du lit impérial dont la couverture est d'un ton pourpre. Les côtés de la tente sont teints de rouge, mais d'un rouge qui va se perdre par dégradations insensibles dans l'obscurité de la nuit. Raphael ne s'est-il pas souvenu de ce coup de lumière, lorsqu'il a peint la Prison de saint Pierre au Vatican, et n'est-il pas étrange qu'un artiste qui florissait au milieu du quinzième siècle ait osé un pareil effet de clair-obscur soixante ans avant Corrège, deux siècles avant la venue de Rembrandt, et que son exemple soit resté longtemps sans imitateurs? A vrai dire, ce qui manque à la *Vision de Constantin,* c'est le sentiment mystérieux et idéal que Léonard de Vinci devait mettre un peu plus tard dans le ménagement du clair et de l'obscur. Piero della Francesca n'avait trouvé que la vérité des ombres, il était réservé à Léonard d'en découvrir la poésie.

Quand nous visitâmes Arezzo, nous fûmes affligés de voir ces fresques aussi dégradées qu'elles le sont, mais du moins ce n'est pas à l'incurie des Arétins qu'il faut s'en prendre, puisque les éléments semblent avoir conspiré la ruine de ces peintures. Après avoir été fendus par un tremblement de terre, les murs qui les portent ont été encore ébranlés par des coups de foudre. Dans le triste état où elles se trouvent, elles échapperont du moins à une complète destruction, grâce aux belles copies qu'en a fait exécuter le gouvernement français (1).

(1) Ces précieuses fresques ont été copiées par M. Loyeux lorsque nous avions l'hon-

Après qu'il eut terminé les fresques de l'église San-Francesco, Pietro Borghese revint dans sa ville natale, y fit plusieurs morceaux remarquables, notamment le *Baptême du Christ* qui est aujourd'hui à Londres dans la National-Gallery. Cet ouvrage, dont l'épiderme a été enlevé par des frottements qui l'ont fait reparaître à l'état d'ébauche, « offre beaucoup d'intérêt, dit M. Cavalcaselle, sous le rapport de la méthode toute florentine suivie par Piero dans sa peinture à l'huile ». Nous avons expliqué, en parlant des Peselli, comment ils avaient usé sans art de couleurs visqueuses et luisantes, mêlées avec un nouveau *medium* (gluten). Piero della Francesca donna une nouvelle impulsion à tout le système. Au lieu de peindre les tons de chair d'une certaine valeur monotone, dans laquelle se trahit la difficulté de fondre le passage de la lumière, par des demi-teintes, à une grande surface d'ombres, il profita des successives améliorations en liquéfiant un medium jusqu'alors visqueux. On peut s'en assurer en regardant la peinture de la National-Gallery, aussi bien que des échantillons plus anciens et plus récents dans lesquels les teintes de chair, au lieu de tirer leur lumière du dedans, c'est-à-dire de la clarté du fond que laissent transparaître les tons superposés, reçoivent la lumière de l'extérieur, étant préparées d'abord en une sorte de couleur morte, modifiée ensuite par des demi-pâtes et enfin par un glacis transparent. Les lumières et les ombres sont toujours données sur le ton de chair et sont ainsi plus abondantes sur le panneau, le tout gagnant un aspect gras et brillant. Les couleurs premières du vêtement se tempèrent l'une l'autre à cause de la parfaite proportion de leur valeur dans l'harmonie générale ;

neur de diriger l'administration des Beaux-Arts, et sur notre proposition. Elles sont déposées à l'École des beaux-arts, depuis la destruction inepte du musée fondé au Palais de l'Industrie sous le ministère de Mr Jules Simon. (*Note de M. Charles Blanc.*)

le ciel et le lointain des montagnes, les plaines, les routes, les fabriques, les arbres sont préparés de manière que les parties plus légères (les chemins par exemple), reçoivent leur lumière du fond blanc de la toile, cette qualité étant obtenue par l'usage d'un glacis à peine visible tandis que les parties moins légèrement touchées sont encore moelleuses, aisément étendues, et d'une pastosité très modérée. Il est donc clair que Piero della Francesca a eu connaissance des améliorations qui ont fait la gloire de Van Eyck et d'Antonello, et que, sans révéler aucun contact matériel avec eux, il est arrivé à un notable progrès en usant d'un véhicule moins visqueux, plus maniable et plus pâle que ceux des Pollajuoli et des Peselli. »

Cependant, de Borgo-San-Sepolcro, Piero della Francesca avait été appelé dans le duché d'Urbin au mois d'avril 1469, pour y peindre un tableau d'autel que lui demandait la confrérie du *Corpus Domini*, déjà en possession de la *Cène* de Juste de Gand (1). C'était le moment où Frédéric d'Urbin jouissait de sa plus grande renommée et des richesses qu'il avait acquises dans le métier des armes. Capitaine général des Florentins, alliés du roi de Naples, il venait de remporter, contre les troupes du pape et de Venise, une victoire signalée au profit de Robert Malatesta, qui était devenu son gendre bien qu'il fût le fils de ce Sigismond Malatesta dont Frédéric avait été si longtemps l'ennemi. Il était bien difficile qu'un peintre éminent qui avait déjà travaillé pour le pape Nicolas V, au Vatican, et pour Sigismond, à Rimini, vînt à Urbin sans que Frédéric voulût le connaître et l'employer. Le fait

---

(1) Nous savons, par les archives de la Confrérie du *Corpus Domini*, que Giovanni Santi, père de Raphael, fut chargé de loger et de nourrir le peintre chez lui, et qu'il fut remboursé de ses dépenses par la confrérie qui lui paya, le 8 avril, 40 *bolognini per fare la spesa a maestro Piero del Borgo.*

est que Piero n'exécuta pas, on ne sait par quelles raisons, le tableau pour lequel il était venu, mais qu'il en fit d'autres à la demande de Frédéric. Un de ces tableaux existe encore dans la sacristie du Dôme à Urbin : c'est la *Flagellation du Christ*. L'artiste y a représenté Pilate assistant à la flagellation sous un beau portique vu en perspective, et le Christ attaché à une colonne, que flagellent trois exécuteurs. En dehors du portique, au coin d'une rue, sont groupés trois personnages de distinction, magnifiquement vêtus à la mode du quinzième siècle, qui passent à Urbin pour être les portraits du comte Guid' Antonio et de ses deux successeurs, Odd' Antonio et Frédéric, l'un son fils légitime, l'autre son fils naturel. D'autres ont voulu voir dans ces trois figures les ressemblances d'Odd' Antonio et de ses deux mignons, Tommaso dell' Agrello, de Rimini, et Manfredo de Carpi, protonotaire apostolique — lesquels furent massacrés par le peuple, avec leur infâme maître, en 1444.

D'autres portraits plus intéressants furent peints à Urbin par le Borghese. Ce sont les mêmes que renferme aujourd'hui la galerie des Offices à Florence. Frédéric, duc d'Urbin, et sa femme Battista Sforza y sont vus de profil, en regard l'un de l'autre, sur deux panneaux dont les revers représentent les apothéoses des deux époux. Monté sur un char de triomphe qui porte des figures allégoriques et qui est couronné par une victoire, le duc d'Urbin se détache sur un fond de paysage. Les chevaux du char, conduits par un Amour, sont plus vrais de forme et d'allure que ceux de la bataille d'Héraclius dans la fresque d'Arezzo, mais ils sont encore dessinés d'un main timide et laissent à désirer une musculature mieux sentie, un mouvement plus résolu, ce qu'on trouvera plus tard dans les fiers dessins de Léonard de Vinci, et ce que déjà savait y mettre Andrea del Verocchio. Au revers de l'autre panneau est peinte la duchesse d'Urbin, sur un char de triomphe traîné par deux licornes. Les deux peintures sont tellement limpides, tellement légères, qu'on les prendrait pour des aquarelles, car elles n'ont d'énergie que par la volonté du peintre qui a exprimé comme à l'emporte-pièce le caractère de ses modèles et les a rendus au plus vif, d'un contour serré, précis et subtil, emprisonnant la forme avec une extrême finesse, avec une finesse que Léonard de Vinci lui-même n'a point surpassée.

Le duc d'Urbin ayant perdu l'œil droit ne pouvait être dessiné que de profil. C'est aussi de profil qu'il a été peint avec son tout jeune fils, Guidobaldo, dans un tableau deux fois précieux attribué à Mantegna et qui appartient au prince Barberini, à Rome. En le restituant à Piero della Francesca, M. Dennistoun a fait, ce nous semble, œuvre de saine critique. Il est admirable, ce portrait, quoique nous ne le connaissions que par le dessin colorié qu'en a fait Mercuri dans les *Costumes* de Bonnard. Le duc est couvert d'un manteau de brocart cramoisi, doublé d'hermine et jeté sur une armure d'acier à clous d'or. Il est décoré des ordres de la Toison d'or et de la Jarretière, assis dans un fauteuil vert, à clous dorés, et occupé à lire dans un livre rouge adossé à un pupitre sur lequel est posé son bonnet ducal, en soie jaune. Son fils, un petit garçon de cinq à six ans, se tient debout, appuyant son bras sur le genou paternel : il est vêtu d'une simarre de brocart d'or, garnie d'hermine, et coiffé d'un petit bonnet bordé de perles, avec un joyau sur le front. Sa petite main porte un sceptre, en guise de jouet.

L'âge des personnes représentées dans ce portrait en donne la date. Guidobaldo, né en févier 1472, avait six ans en 1478. Si le tableau est une œuvre de Piero della Francesca, il faudrait en conclure qu'il n'était pas encore aveugle et que, s'il eut le malheur de perdre la vue, comme l'affirme Vasari, ce fut dans un âge beaucoup plus avancé que ne le dit cet écrivain. Il est certain, en tous cas, dit M. Milanesi, que Piero travaillait encore en 1478. Nous n'avons pas à refaire ici la biographie des peintres de la Renaissance. Il nous suffit de marquer en quoi Piero del Borgo contribua aux progrès de la peinture en cette brillante époque du quinzième siècle, et ce qu'il y mit du sien. La perspective trouvée avant lui par Paolo Uccello et Brunelleschi, le Borghese la réduisit en méthode et il en composa un savant traité. Quant aux effets de clair-obscur, il en eut, avant Léonard de Vinci, le pressentiment; il fut, croyons-nous, le premier qui se fit des modèles en terre et qui s'avisa de les habiller pour étudier sur nature les plis de la draperie motivés par tel ou tel mouvement et pour mieux s'assurer, non seulement des ombres portées, mais de la manière dont se tenaient dans l'espace les figures qui devaient composer son tableau. La peinture à l'huile, Piero l'a exercée de la même façon que Domenico Veneziano, dont il avait été l'élève ou plutôt le collaborateur, c'est-à-dire avec une telle limpidité, du moins dans tous les ouvrages de sa main que nous avons vus, qu'on les croirait peints à l'eau.

Il est pourtant avéré qu'il peignit à l'huile la bannière que la confrérie de la *Nunziata,* d'Arezzo, lui avait demandée par un messager quand il s'était réfugié, pour éviter la peste, dans la ville de la Bastia, près de Borgo : les termes mêmes du contrat lui imposaient l'obligation de peindre la bannière à l'huile (*lavorato a olio*).

CHAPITRE X.

Diverses phases de la sculpture en Toscane. — Agostino di Duccio. — Décoration de la façade de San-Bernardino, à Pérouse. — Antonio Rosellino. Mausolées du cardinal de Portugal et de Francesco Nori. — Bernardo Rosellino. — Matteo Civitali, de Lucques. Tombeaux de Pierre Noceto et de Carlo Marsuppini. Buste de Domenico Bertini. Le saint Sébastien du dôme de Lucques.

Nous avons eu déjà l'occasion de remarquer, dans le cours de cette histoire, non seulement que la renaissance de la sculpture avait précédé en Italie celle de la peinture, puisque Nicolas Pisano était antérieur à Giotto et même à Cimabue, mais que la sculpture, accomplissant des progrès plus rapides que la peinture, s'était plus vite approchée de la perfection. Ce fut un sculpteur, Ghiberti, qui trouva l'art de distribuer librement les groupes dans une grande composition, et de la remplir sans l'encombrer, avant que cet art fût déployé par Raphael dans les fresques du Vatican. Ce fut un autre sculpteur, Donatello, qui exprima dans le marbre la vérité des formes, les sentiments de la résolution, du courage, de la douleur, et les palpitations de la vie, avant que la peinture n'atteignît, du moins avec la même intensité, à ces diverses expressions : Raphael devait avoir également son précurseur dans la personne du sculpteur Luca della Robbia, avant de l'avoir dans son maître, le peintre Pérugin. Oui, ce style aimable et pur, également éloigné du naturalisme de Donatello et de l'idéal farouche et violent des Pollajuoli, ce style d'une haute élégance, doux sans mollesse, imposant et digne sans aller jusqu'au terrible, ce style enfin d'une moyenne exquise qui allait être, en peinture, celui de Raphael, il avait été en sculpture, soixante ans auparavant, celui de Luca della Robbia. A la suite de ce gracieux maître qui avait tenu à distance toutes les exagérations et qui avait choisi et saisi dans la nature les rapports de la forme avec les sentiments délicats et tendres, plusieurs artistes toscans tels que Agostino di Duccio, Mino da Fiesole, Antonio Rosellino, Benedetto da Majano et Matteo Civitali, de Lucques, se firent un nom qui ne peut être passé sous silence ni même être mentionné légèrement dans l'histoire de la Renaissance italienne.

Vasari, en disant d'Agostino qu'il était le frère de Luca della Robbia, a commis une erreur, facilement rectifiée par les commentateurs florentins du biographe, d'après les registres du cadastre tombés entre leurs mains, car on ne trouve aucune mention ni d'Agostino, ni d'un autre prétendu frère de Luca, Ottaviano, dans la déclaration faite par Simone di Marco, le père de Luca, en 1427, lorsque Luca son second fils avait déjà vingt-sept ans. Mais si Vasari a regardé Agostino comme un frère de Luca della Robbia, c'est qu'il y avait au moins une évidente parenté de style entre Luca et Agostino. Nous savons du reste fort peu de chose de cet Agostino di Duccio; mais nous connaissons le plus beau de ses ouvrages, cette décoration sculpturale en terre cuite et en marbres de couleurs variées qu'il a faite à Pérouse sur la façade de l'église San-Bernardino, devenue la confrérie de la Justice. Nous avons vu cette façade, il nous en souvient comme si c'était d'hier, par une belle journée de septembre, après avoir traversé, pour m'y rendre avec mon compagnon, une ville qui se ressent encore de son ori-

gine étrusque et de laquelle on aperçoit à chaque bout de rue
un coin de l'Ombrie, un beau paysage montagneux et boisé,
qui invite l'imagination aux lointains voyages. La façade
décorée par Agostino consiste en un grand portail cintré qui
enveloppe dans sa courbe deux petites portes en plate-bande,
séparées par l'axe de l'édifice. Ce portail est flanqué à droite
et à gauche d'un large pilastre où sont creusées deux niches
superposées, et il est couronné d'un fronton en pente douce.
En exceptant Donatello et peut-être Luca della Robbia, il
serait difficile de trouver, même en Italie, de plus charmants
bas-reliefs, une sculpture plus émue et plus émouvante que
celle d'Agostino. Imaginez des anges, un peu dans le goût
de Botticelli, et dont les robes, à demi serrées à la ceinture,
sont légèrement gonflées dans le bas par un souffle du Ciel.
Les uns jouent de la viole, les autres touchent les cordes du
psaltérion, ceux-ci ébauchent un sourire, ceux-là sont péné-
trés de dévotion ; tous, ils sont adolescents, sveltes, ingénu-
ment aimables, animés de sentiments humains, et divins seulement par leurs ailes et par leur grâce. Ils accompagnent
la figure de saint Bernardin, qui est au milieu d'une gloire
de langues enflammées. Dans les niches, on remarque des
figures de femmes, une entre autres qui est ravissante, la
Chasteté. On la reconnaît au bouquet de lis qu'elle tient à
la main, et mieux encore à son modeste visage, à la pureté
de ses traits et à la pudeur de ses draperies abondantes qui ne
laissent voir que ses pieds nus. Les plis n'en sont pas cassés
comme ceux du Pérugin, de manière à former des bouillons
tuyautés et uniformes : ils sont coulants et souples sans fa-
deur. Ils présentent de jolis détails dominés par de grandes
lignes. En vérité, il faut inscrire le nom d'Agostino di Duccio
parmi ceux des plus aimables sculpteurs de l'Italie.

    La même justice est due à Antonio Rosellino, frère du

grand architecte Bernardo Rosellino, que nous retrouverons
à Rome, au service de Nicolas V, en collaboration avec Léon-
Baptiste Alberti. Bien qu'il fût élève de Donatello, Antonio
Rosellino s'écarta du naturalisme parfois excessif de son
maître, pour étudier de préférence la manière de Ghiberti,
qui était toujours naturelle avec grâce et vraie avec élégance.
Vasari, dans son style aisément tourné à l'hyperbole, a dit
d'Antonio qu'il était estimé plus qu'un homme et presque
adoré comme un saint. Le fait est que toutes les œuvres
de ce sculpteur respirent une douceur évangélique, une
suavité charmante, et, aussi bien dans les sentiments que
dans l'exécution, quelque chose de tendre qui attire et qui
plaît. Le plus important de ses ouvrages est le tombeau du
cardinal de Portugal que nous avons vu plus d'une fois à
Florence, dans l'église San-Miniato-in-Monte. Ce cardinal
était un jeune prince de la maison de Bragance élevé à Pérouse. Modèle d'humilité chrétienne et de charité, il avait
passé sa vie, non pas à lire l'imitation de Jésus-Christ, mais
à la pratiquer, et bien qu'il eût été ambassadeur de la République florentine auprès du roi d'Espagne, la part qu'il
avait dû prendre aux affaires ne l'avait pas empêché de vivre
dans un absolu renoncement, aimé des pauvres auxquels il
donnait tout son bien et des riches qu'il édifiait par la modestie de ses vertus. Il mourut à vingt-six ans, presque en
odeur de sainteté, et demanda par testament d'être enterré
dans la chapelle qu'il avait fait construire à San-Miniato-in-
Monte, à gauche du chœur. Pour élever un mausolée à ce
doux jeune homme, il n'était pas possible de choisir un artiste dont le caractère fût plus en harmonie avec celui du
mort, et dont le talent fût mieux adapté à un pareil ouvrage.
Antonio toutefois composa son monument avec une certaine
richesse; conformément à une tradition qui remontait au

treizième siècle, il figura des deux côtés du lit funéraire à
courtines, sur lequel est couchée la statue en marbre du cardinal, des génies en pleurs, et, aux extrémités de l'entablement, deux anges agenouillés, tenant dans leurs mains, l'un
la couronne de virginité, l'autre une palme. Mais ce que Rosellino mit de nouveau et de vraiment original dans ce mausolée, ce fut le sentiment. Donatello avait fait entrer dans
le marbre l'expression de la douleur, de l'épouvante, du dé-
sespoir. Rosellino y fit pénétrer la tendresse, la chasteté,
l'innocence virginale, la joie tranquille d'une âme délivrée.
Le jeune lévite semble s'être couché dans sa tombe avec
sérénité, sous la protection de la Vierge et de l'enfant dont
les suaves figures sont sculptées en relief dans un médaillon.
Les anges qui veillent au chevet du mort ont une beauté qu'il
est, non pas difficile, dit Vasari, mais impossible de surpasser. La décoration générale du mausolée se complique, dans
les compartiments de la voûte qui le surmonte, de quelques
terres émaillées, excellents ouvrages de Luca della Robbia,
et, pour compléter l'ornement de la chapelle, l'artiste a disposé, en face du monument, un siège en marbre dont les moulures correspondent à celles du lambris : c'est là que le spectateur doit s'asseoir pour embrasser d'un regard ce tombeau
aimable, qui semble imaginé pour réconcilier les vivants avec
l'idée de la mort, en lui ôtant ce qu'elle a de redoutable, en
lui prêtant l'apparence d'un doux sommeil bercé de doux
songes.

Le tombeau du cardinal de Portugal, terminé vers 1466,
peut-être plus tard, fut admiré de tout Florence, mais en
particulier d'un neveu du pape Pie II, le duc d'Amalfi, qui
avait été marié à Marie d'Aragon, fille naturelle du roi Ferdinand, morte depuis peu. Ce prince conçut le désir de faire
élever dans Naples, à la mémoire de sa femme, un monument

semblable de tout point à celui du cardinal. Le statuaire se rendit à Naples pour y faire la répétition qu'on lui demandait; mais un artiste n'a jamais un goût bien vif pour recommencer un ouvrage dans lequel il a déjà mis tout son sentiment, tout son amour, tout son feu. Antonio travailla si lentement au tombeau de Marie d'Aragon qu'il ne l'avait pas encore fini quand il mourut, quelque douze ans après, en 1478 ou 1479, si bien qu'il existe dans les papiers du monastère de San-Bartolommeo di Monte-Oliveto, à Florence, recueillis aux archives d'État, un acte par lequel le duc d'Amalfi réclame aux héritiers de Rosellino la restitution d'une somme de cinquante florins d'or, avancée à l'artiste sur les travaux que la mort l'avait empêché de finir. Dans la même église de Monte-Oliveto, où se trouve le mausolée de Marie d'Aragon, Antonio Rosellino fit un bas-relief pour la chapelle de la Nativité (du *Presepio*). Ce bas-relief ne nous est connu que par la gravure qu'en a donnée Cicognara : mais, bien que cette gravure ne soit qu'un à peu près, on y peut restituer par la pensée le style élégant de Rosellino et le soin précis qu'il apportait à l'exécution de ses marbres, exécution facile et coulante qui exprimait le sentiment de l'artiste sans accentuer par une touche ressentie les creux et les reliefs de la forme. Au-dessus de l'étable en plein vent, où la Vierge et le nouveau-né sont abrités par un toit de planches, avec le bœuf et l'âne, un chœur de séraphins (*ballo d'Angeli*) chantent les louanges du Seigneur et dansent en se tenant par la main, tandis que l'un des bergers regardant ce merveilleux spectacle met la main sur ses yeux pour ne pas en être ébloui. Vêtus par le sculpteur, comme ils le furent un peu plus tard dans les peintures de Pérugin, les anges d'Antonio Rosellino sont tous pleins d'une grâce naïve et tendre.

La grâce! elle se retrouve dans toutes ses œuvres, en

particulier dans cette Madone aux fines mains qu'il a sculptée à Santa-Croce, sur le tombeau de François Nori, et qui est incrustée dans un médaillon en amande, sur le pilier faisant face au mausolée de Michel-Ange. François Nori avait commandé ce tombeau quelques années avant sa mort, qui eut lieu en 1478, l'année même où, selon toute apparence, mourut Antonio Rosellino. Nori périt assassiné dans la conspiration des Pazzi à Santa-Maria-del-Fiore, de la main de Bandini et sous le poignard qui venait de tuer Julien de Médicis; son dévouement sauva la vie à Laurent, frère de Julien, qui eut le temps de se réfugier dans la sacristie de la cathédrale (1).

Cette circonstance que le tombeau de Nori avait été commandé de son vivant pour lui et les siens (*sibi posterisque Norius posuit*, dit l'inscription) lève toute difficulté sur l'attribution à Antonio Rosellino d'un marbre qu'on attribuait à son frère Bernardo. Bien qu'il fût, avant tout, un architecte éminent, Bernardo ne laissa pas de pratiquer la sculpture : c'est lui qui conçut et exécuta dans la basilique de Santa-Croce le beau monument de Leonardo Bruni, représenté sur un lit de parade que soutiennent deux aigles, au-dessus d'une inscription gravée dans un cartouche et portée par deux anges en bas-relief. Ce qui était de la douceur dans la sculpture d'Antonio devient de la dignité dans celle de son frère, qui donne à ses ouvrages plutôt le cachet du style que le sentiment de la grâce. Il en est ainsi des tombeaux de marbre que l'on voit de lui à Santa-Maria-Novella de Florence et à San-Domenico de Pistoie. Le premier est celui d'une sainte flo-

---

(1) M. Perkins rappelle à ce sujet que Léon X, fils de Laurent, n'oublia point que son père avait dû son salut au dévouement de François Nori et qu'il accorda des indulgences à ceux qui prieraient pour l'âme de François (*Les Sculpteurs italiens*, t. 1, p. 243).

rentine nommée Villana de' Rotti : elle est figurée reposant sur un lit dont les rideaux sont disposés en pavillon, retenus toujours par deux anges. La sculpture est rendue d'un ciseau ferme, les plis de la draperie sont rares et bien cassés. Le second de ces mausolées, érigé à Philippo Lazzari, célèbre légiste, fut commandé par son père à Bernardo Rosellino en 1463, mais Bernardo n'eut que le temps d'en fournir les dessins, étant mort l'année suivante. Il fut remplacé par Antonio qui accepta les conditions faites à son frère aîné par la fabrique de San-Jacopo, conditions dont les principales étaient de finir le monument dans l'espace de 18 mois et de le faire conforme en tout point au dessin présenté à la fabrique, au prix de 220 florins d'or. Bernardo n'ayant encore touché sur cette somme que 20 florins, on en peut conclure que son travail était bien peu avancé au moment de sa mort, mais il faut croire que son frère cadet, respectant le dessin primitif du mausolée, n'y apporta de son propre fonds qu'une exécution plus fine, plus délicate et aussi plus ronde que ne l'aurait été celle de Bernardo, lequel se fût moins éloigné de la manière magistrale de Donatello. Cicognara parle du tombeau de Lazzari comme d'une œuvre d'une haute distinction (*elegantissimo*) qui attira immédiatement ses regards quand il entra dans l'église de San-Domenico de Pistoie, bien que le monument fût placé au-dessus de la porte latérale, à une hauteur telle qu'il aurait pu échapper à son attention.

C'était un usage en Italie au quinzième siècle que les travaux d'art, une fois terminés, fussent soumis à l'estimation d'un artiste étranger à la ville où ces travaux étaient livrés. Les sculptures d'Antonio Rosellino à San-Domenico de Pistoie furent expertisées par Matteo Civitali, excellent sculpteur qu'on fit venir tout exprès de Lucques. Doué des mêmes qualités que Rosellino, mais capable d'entrer plus avant encore dans l'expression des sentiments religieux, Civitali dut être charmé de l'ouvrage qu'on lui donnait à estimer et surtout de l'exécution d'Antonio qui avait beaucoup de rapport avec la sienne propre. La différence qui existe entre Rosellino et Civitali, c'est que le dernier a plus de chaleur dans son style et qu'il y met plus d'âme. Nous n'en voulons pour preuve qu'un morceau de sa main que nous avons vu à Florence, au musée national du Bargello : c'est la figure en haut-relief de la Foi. Représentée assise, tournant la tête et les yeux vers un calice porté par un chérubin, les mains jointes, le visage épanoui, la lèvre pleine d'amour, cette figure touchante et d'une grâce involontaire personnifie, à elle seule, les trois vertus du christianisme, car son mouvement exprime aussi l'espérance, et ce qu'il y a de tendre dans sa physionomie annonce un cœur tout grand ouvert à la charité. Nous avons longtemps admiré non seulement l'expression vraiment admirable de ce marbre, mais encore l'excellence de la draperie, dont les plis sont choisis et disposés avec tant d'art, avec un art si habilement dissimulé qu'on les croirait estampés sur nature. Comparées à celles de Rosellino, les draperies de Civitali présentent des cassures plus résolues, des méplats plus fermes, des plis moins arrondis et plus artistement contrastés dans leur jeu. Cette qualité, qui alors était rare, se fait voir aussi dans les robes des deux anges que Civitali a sculptés pour le tabernacle de la chapelle du Sacrement dans la cathédrale de Lucques, tabernacle dont il avait fourni les dessins à Domenico Bertini, chef de la fabrique. Ces beaux séraphins couronnés de fleurs, qui ont un genou en terre mais semblent portés par un élan d'amour vers le sanctuaire, sont vêtus de la robe fendue des deux côtés depuis l'épaule jusqu'aux talons, c'est-à-dire de la chasuble que portaient les religieux des plus anciens ordres, de sorte qu'ils ont l'air de jeunes camaldules descendus à tire-d'aile des couvents éthérés du paradis.

Civitali, du reste, ne s'entendait pas moins à traiter le nu que la draperie, si bien qu'on peut regarder comme une des plus belles œuvres du quinzième siècle sa statue de saint Sébastien, une de celles dont il a décoré l'autel de San-Regolo, dans la cathédrale de Lucques. La simplicité dans l'élégance, la mesure exquise des proportions, le sentiment de la douleur résignée, un modelé conduit avec délicatesse mais où ne manque pas la fermeté que comporte le rendu des muscles dans une figure de jeune homme, toutes ces beautés sont frappantes, et Pérugin en fut vivement frappé sans doute, car il se les appropria dans le tableau qu'il peignit pour l'église de San-Domenico de Fiesole, aujourd'hui à Florence dans la galerie des Offices, la Vierge entre saint Jean et saint Sébastien. La peinture de Pérugin, faite en 1493, neuf ans plus tard que la statue de Civitali, en est une évidente imitation, dans laquelle l'imitateur est resté, ce nous semble, un peu au-dessous du modèle.

Mais où donc avait-il puisé son savoir, ce Matteo Civitali, de qui la cité de Lucques est à bon droit si fière? Ce n'était pas, ce ne pouvait pas être dans l'école de Jacopo della Quercia, comme le disent Vasari et Baldinucci, puisque Jacopo était mort avant la naissance de Matteo. Mais de Lucques à Florence il n'y a pas loin, et l'on peut croire que Civitali, si tant est qu'il soit allé à Florence pour y apprendre son art, n'eut pas de peine à y trouver un maître parmi tant de sculpteurs qui florissaient alors dans l'Athènes de l'Italie, tels que Donatello, Ghiberti et Luca della Robbia, qui tous vivaient encore quand Civitali, né en 1435, avait déjà vingt ans. Nul doute, au surplus, que l'artiste Lucquois n'ait étudié à Florence, car il est sensible qu'il y admira le tombeau de Carlo

Marsuppini que Desiderio da Settignano avait élevé dans la basilique de Santa-Croce, et qu'il poussa l'admiration de ce monument jusqu'au désir de s'en inspirer. En son principal ouvrage, qui est le mausolée de Pietro Noceto, dans la cathédrale de Lucques, Civitali a imité la composition de Desiderio, mais en la rendant meilleure, c'est-à-dire plus calme, plus digne, plus imposante.

Pierre Noceto, que Vasari appelle Nocero, avait été le secrétaire du pape Nicolas V. Il est représenté sur son tombeau comme un homme qui s'est endormi en lisant un livre. Le fond de la couche funéraire est un mur en tablettes de marbre sans ornements, flanqué de deux pilastres, et ce mur porte un entablement couronné d'un fronton cintré dont le tympan renferme une Vierge dans un médaillon circulaire et deux portraits en profil, ceux du fils de Noceto et de sa bru. Sur les acrotères du fronton l'artiste a placé deux figures d'enfants, mais il a supprimé les deux petits anges que Desiderio avait mis au bas de son monument, à droite et à gauche du lit funèbre, et qui appelaient inutilement l'attention. Avec une sobriété magistrale, Civitali a ménagé ainsi des repos qui font valoir les ornements précieux dont il a enrichi la frise du soubassement et celle qui règne au-dessus du fronton. Ces ornements dans le goût le plus pur de l'antique sont des lis marins alternant avec des palmettes, des griffons posant leur patte sur un flambeau et tenant attachées à leurs ailes des guirlandes de fruits et de fleurs. Dans le tombeau de Marsuppini, le fronton, également circulaire, est surmonté d'un candélabre auquel sont suspendus des festons, qui, retenus sur les épaules de deux génies, retombent le long des pilastres jusqu'à la hauteur du sarcophage; Civitali n'a pas voulu compliquer son architecture de ces lignes maigres dont le parallélisme attire l'œil sans ajouter à la beauté décorative. Où il montre un talent supérieur, c'est dans les effigies en profil du fils et de la belle-fille de Noceto qu'il sculpta aux angles du tympan, d'un relief aplati, et qui semblent s'être ainsi modestement effacés auprès d'une madone en plus haut relief.

Comme tous les grands sculpteurs de son temps, Civitali s'entendait fort bien en architecture : ce fut lui qui, à la demande de Domenico Bertini, chef de la fabrique du Dôme, dessina le petit temple octogone où devait être conservé le *Volto Santo*, la Sainte Image en grande vénération chez les Lucquois. Il en dirigea la construction et tous les ornements, et il sculpta pour cet élégant édicule la statue de saint Sébastien, dont nous avons parlé plus haut, qui passe pour la première figure nue modelée en ronde bosse depuis la renaissance de l'art. Le contrat, daté de 1482, par lequel Civitali s'engageait à terminer en trente mois le petit temple renfermé dans la cathédrale, fixait le prix de son ouvrage à 750 ducats, indépendamment d'un jardin clos de murs et d'une maison à Lucques.

Un buste en marbre de Domenico Bertini, regardé comme un petit chef-d'œuvre, *un tesoretto d'arte,* fut le témoignage de reconnaissance donné par Matteo Civitali à son Mécène. Mais à partir de l'année 1484, qui est celle où le fils de Noceto lui commanda l'autel de saint Regulus, patron des Lucquois, Matteo ne montra plus le même talent ni la même pureté de goût. Les statues qu'il modela pour ce monument élevé par étages jusqu'à la voûte de la cathédrale sont d'un style tourmenté, inégal, et en quelques endroits singulièrement altéré. Les bas-reliefs du gradin, en particulier, ont quelque chose d'un peu barbare et l'on a bien de la peine à y reconnaître la main du sculpteur qui avait fait dans la même cathédrale les œuvres exquises de saint Sébastien et des anges en adoration à l'entrée du tabernacle, et cette ravissante figure de la Foi, maintenant au musée national de Florence.

L'étrange altération qu'avait éprouvée le génie du statuaire se trahit encore dans son dernier ouvrage, exécuté à Gênes pour la décoration de la cathédrale. Au sujet de ces statues nous citerons volontiers ce que dit Perkins : « La plus belle de ces statues, le saint Zacharie, est une noble figure, qui, revêtue du costume de grand prêtre, se tient debout les bras levés vers le ciel, comme s'il officiait devant le Seigneur. Élisabeth se fait remarquer par la beauté des draperies et le grandiose du style ; mais Adam manque de dignité, et la figure d'Ève est grossière, sans expression aucune. »

En dépit de cet affaiblissement qui se manifesta dans le talent de Civitali sur la fin de sa vie, l'artiste Lucquois reste un excellent maître, plein de sentiment, plein de dignité, de chaleur et de délicatesse, un maître qui n'a été surpassé par aucun de ses contemporains, ni par Antonio Rosellino, ni par Bernardo son frère, ni par Benedetto da Majano, ni par Andrea di Piero Ferrucci, ni par Mino da Fiesole, ni par les sculpteurs charmants dont nous allons dire les œuvres.

CHAPITRE XI.

**Mino et Andrea da Fiesole. — Andrea di Piero Ferrucci,
dit aussi Andrea da Fiesole.**

La seconde moitié du quinzième siècle fut, pour la sculpture toscane, une sorte d'âge d'or. L'art était sorti de la période des recherches, des inquiétudes : toutes les difficultés étaient vaincues, tous les progrès désirables semblaient accomplis. La sculpture n'avait plus qu'à jouir paisiblement du domaine qu'elle avait conquis, après avoir poussé sa pointe dans toutes les directions. Pendant que les Pollajuoli préludaient aux études anatomiques, s'attachaient avec ostentation aux accents de la force et préparaient Michel-Ange, il s'était formé une pléiade de sculpteurs qui, se faisant dans le naturalisme une place choisie, également éloignée de tous les extrêmes, cherchaient, comme Rosellino, l'expression de la douceur, de la grâce, des félicités du sentiment religieux, et, au lieu de conserver au marbre sa fierté, ne songeaient qu'à l'attendrir pour lui faire exprimer leur âme.

L'antique ville de Fiesole qui n'est plus aujourd'hui qu'un village entouré de fortifications en ruines, a vu naître ou fleurir dans son sein des artistes dont le caractère ne ressemble pas le moins du monde à celui de la montagne sur laquelle s'élevait la cité étrusque, aux rudes constructions, qui fut leur première ou leur seconde patrie. Sur ces collines abruptes où l'on rencontre à chaque pas des restes de murailles pélagiques, qui sont comme les gigantesques ossements d'une ville morte, vécurent des peintres tels que Fra Giovanni, si bien nommé Angelico, des sculpteurs tels que Mino de Fiesole, Andrea Ferrucci et Cecilia, tous les trois portés à assouplir le marbre et à l'amollir, conformément à la tendresse de leur cœur. C'était du reste un talent particulier aux Fiésolains que celui d'être d'incomparables praticiens et de manier le marbre comme une cire molle : *maneggiando il marmo come se fosse una cera molle,* dit Cicognara. Mino fut, en ce genre de travail, un des plus habiles ; mais la morbidesse de son exécution lui servit à faire entrer dans le carrare des sentiments tendres, et à exprimer non pas tant la palpitation des chairs que les plus doux sentiments de l'âme. Ses principaux ouvrages sont des tombeaux, mais qui n'ont rien de sinistre, rien même d'austère. Ce sont des mausolées rendant l'image de la mort plutôt aimable que redoutable. Un de ces monuments, celui que Mino a élevé à la mémoire de l'évêque Salutati, dans la cathédrale de Fiesole, est justement remarquable par le rendu de la vie que respire le buste du mort. Couvert d'une mître ornée de pierres précieuses et revêtu de ses ornements épiscopaux, ce buste est celui d'un homme qui mitigerait la sévérité de ses pensées par la mansuétude de ses paroles ; la dureté des sourcils est tempérée par un air avenant et par la forme d'une bouche presque souriante dont l'expression est celle d'une ironie sans amertume. Il est placé au-dessous du sarcophage dans une niche à coquille et il porte sur des consoles ornées.

Il est étonnant que Vasari, qui a eu connaissance de ce tombeau et du portrait, aussi vivant que possible, de Salutati (*simile al vivo quanto è possible*), n'ait rien dit du retable qui, dans la même chapelle, fait face au monument de l'évêque. Comment donc a-t-il pu échapper à l'attention du biographe, ce tableau de marbre dont trois figures au moins sont exquises. Il est divisé en trois compartiments, creusés en niches à coquilles, où sont placées les figures de la Vierge et celles de saint Léonard, en diacre, et de saint Remy. Devant ces figures s'avancent des degrés, sur lesquels on voit l'Enfant Jésus assis, tenant une boule, le petit saint Jean, un genou sur la dalle, un vieillard infirme tenant sa béquille, qui est assis sur le plus bas degré, aux pieds de saint Remy. Quand on ne verrait qu'une image fidèle de ce tableau sculptural, il est impossible de ne pas admirer la grâce ineffable de l'Enfant Jésus souriant à saint Jean, la candeur de celui-ci, venant adorer le compagnon de son enfance, et la tendresse de la Vierge qui sourit du bout des lèvres, mais du fond du cœur, à ce spectacle plein de ravissement pour elle, et plein de charme pour ceux qui le contemplent.

Il était dit que ce doux sculpteur, qui savait si bien faire palpiter le marbre et le faire sourire, serait employé surtout à des monuments funéraires. Une seule église de Florence, la Badia, en contient deux. Le plus célèbre est le tombeau élevé à la mémoire du marquis Ugo, qui avait gouverné la Toscane au dixième siècle, comme lieutenant de l'empereur Othon II, et dont la mère avait été la fondatrice de l'abbaye. Le marquis Ugo, que Vasari croyait originaire de Magdebourg, était, paraît-il, italien comme son père Uberto (1). Une légende avait rendu son nom populaire à Florence. On racontait que ce jeune homme, fils naturel du roi, avait mené une vie dissipée, lorsqu'un jour, égaré à la chasse dans une forêt, il avait eu la vision d'un grand feu de forge où des hommes noirs étaient frappés à coups de marteaux comme du fer sur l'enclume. Ayant demandé ce que pouvait signifier cet affreux spectacle, il lui fut répondu que les hommes noirs étaient des damnés, et que la fournaise où on les frappait

____

(1) Commentaires sur le Vasari de l'édition Lemonnier.

était l'enfer. Épouvanté et converti par cette vision, le marquis Ugo fit vœu de fonder sept abbayes dont l'une fut bâtie à Florence. C'est à la mémoire de ce personnage moitié historique, moitié légendaire, que Mino de Fiesole devait élever un monument dans l'église de la Badia. La commande qui lui en fut faite pour la première fois, en 1469, fut renouvelée en 1471, et le prix du travail, qu'il devait terminer en dix-huit mois, fut fixé à seize cents livres.

Sans avoir été l'élève de Desiderio de Settignano, qui était du même âge que lui, à deux ou trois ans près, Mino s'inspira du beau mausolée de Carlo Marsuppini, ouvrage de Desiderio, que Civitali avait déjà imité dans le tombeau de Pietro Noceto, à Lucques. Il y a de la ressemblance, en effet, entre le monument du marquis Ugo et celui de Marsuppini, mais le style n'est pas tout à fait le même. La madone sculptée dans un médaillon circulaire, sur le tympan du fronton cintré, respire cette grâce ingénue, délicate, et même un tant soit peu maniérée, qui caractérise les vierges de Mino. Celui-ci, d'ailleurs, pour varier la composition sculpturale du monument, sinon l'ordonnance architectonique, a placé au-dessus du héros couché sur son lit de mort, une charmante et svelte figure de la Charité, avec deux enfants nus dont la morbidesse est rendue d'un ciseau tendre et, pour ainsi dire, onctueux, tant le marbre de Carrare se pétrit facilement, s'assouplit et se fond sous la main de Mino da Fiesole.

Mêmes qualités dans le tombeau de Bernardo Giugni, en son vivant gonfalonier de Florence. Mais ici une figure de la Justice est substituée à celle de la Charité.

Mino est accusé de monotonie, et il a souvent mérité ce reproche. Ses madones, il est vrai, se ressemblent et elles ressemblent toutes à celle du Louvre. Elles sont toujours ou presque toujours serrées dans leur corsage collant et godant çà et là, retenu par une ceinture et recouvert d'une écharpe croisée sur la poitrine. Elles ont toujours le même type : un masque court, aux pommettes larges, l'œil à peine ouvert, la bouche fine et toujours le même sourire gracieux, mais inerte, en quelque sorte, et stéréotypé; l'enfant que portent les madones de Mino a aussi uniformément l'expression d'une impassible douceur, et une certaine fixité de regard qui tient à ce que la pupille de l'œil est indiquée par un petit trou. Mino a racheté ce défaut, cette monotonie par des inventions heureuses. Il nous souvient qu'en visitant la basilique de Santa-Croce, à Florence, cette église remplie de merveilles, nous nous arrêtâmes avec émotion devant une sculpture de Mino da Fiesole qui décore la chapelle du Noviciat, mais qui peut échapper à l'attention, parce qu'elle est comme éclipsée par l'éclat d'une grande composition, magnifique ouvrage de sept figures en terre émaillée, de Luca Della Robbia, qui surmonte l'autel. Mino n'a sculpté que le tabernacle, et ce morceau touche profondément. Il a représenté la tombe du Christ gardée par des anges rangés deux à deux, à droite et à gauche de la porte du sépulcre. Ces quatre anges, dans leur grâce mystique, ont quelque chose d'émouvant en effet; la répétition de leur attitude inclinée qui exprime l'attendrissement du respect, au lieu de produire l'effet de la monotonie, est d'un imprévu qui saisit. Les deux premiers, les plus rapprochés du spectateur, sont en plein relief, ils portent un flambeau qui passe derrière la tête des deux autres anges. Ils sont vêtus de tuniques aux plis mouillés et rares et aux fines cassures, sous lesquels on sent les formes de dessous. Sans doute, avec un peu plus de sveltesse, ces deux anges auraient aussi plus d'élégance, mais ils perdraient peut-être alors ce quelque chose de naïf, de féminin et de pénétrant, qui va au cœur.

Cet ouvrage, infiniment précieux, Mino l'a répété plusieurs fois avec quelques variantes, notamment dans un tabernacle qu'il exécuta vers 1471 pour le Dôme de Volterre, et dans celui qu'il fit à Santa-Maria-in-Trastevere, à Rome, où il était allé fort jeune chercher fortune sous le pontificat de Nicolas V. Peut-être fut-il amené par le Florentin Nicolas Strozzi, dont il fit le buste en 1454, comme le prouve une inscription tracée au-dessous de ce buste (aujourd'hui au musée de Berlin), inscription ainsi conçue : *Nicolaus de Strozzio in Urbe. A.* MCCCCLIIII *opus Nini* (pour Mini) (1).

Les portraits en ronde bosse ou en bas-relief, Mino les dessinait avec la précision la plus délicate, il y mettait l'accent de la vérité, sans aucune exagération, comme s'il eût compté sur la seule ressemblance des traits, attentivement poursuivie et religieusement rendue, pour exprimer la physionomie morale du personnage représenté. Le buste en léger relief de Galéas Sforza, qui est maintenant au musée national de Florence, et un autre profil, celui d'une dame inconnue, dont le dessin est aux Offices, témoignent de cette disposition d'esprit. Ces médaillons sont vrais, d'une vérité intime et serrée de près. Le sculpteur n'a pas voulu autre chose, il n'y a rien mis du sien, et il a si bien fait que ces petits ouvrages ne laissent rien à désirer. On n'y regrette pas surtout que la prunelle des yeux n'y soit point coloriée comme elle l'est quelquefois dans les figures de Mino et que les cheveux n'y soient point rehaussés de dorures, pratiques singulières, empruntées peut-être des terres émaillées de la famille della Robbia.

Non moins digne d'admiration est le tabernacle sculpté par Mino da Fiesole pour l'église Sant' Ambrogio, à Florence. Une petite armoire contenant un calice, rempli d'un sang

____

(1) *Les Arts à la cour des papes pendant les quinzième et seizième siècles,* par Eugène Müntz, Paris, Ernest Thorin, 1878, 1ʳᵉ partie.

miraculeux, est fermée d'une porte en bronze qui est aussi gardée par des anges. Au-dessous de la porte, sur le gradin, un bas-relief, travaillé avec la délicatesse familière au sculpteur, représente, d'une saillie discrète, l'enfant Jésus sortant d'un calice soutenu par des séraphins et symbolisant, sous une forme palpable et gracieuse, la présence réelle dans l'Eucharistie. On sait aujourd'hui par le nécrologe du monastère de Sant' Ambrogio que Mino, mort le 11 juillet 1484, fut inhumé dans ce monastère, après avoir fait un testament par lequel il laissait à la fabrique de Santa-Maria-del-Fiore le modèle, sculpté en bois, d'un projet de façade pour cette basilique, modèle qu'il estimait valoir 10 florins et qui ne fut pas exécuté.

Ce n'est donc pas dans la maison Canoniale de Fiesole (*Calonica*) qu'il faut chercher, sur les indications de Vasari, la tombe de Mino. Mais, bien que la ville de Fiesole ait donné son nom à cet aimable sculpteur, sans avoir été ni le lieu de sa naissance, puisqu'il est né à Poppi, dans le Casentino, ni le lieu de sa sépulture, Mino n'en conservera pas moins le nom qui est celui du grand peintre Fra Angelico, et de deux sculpteurs d'un rare talent, appelés l'un et l'autre Andrea da Fiesole.

Le premier florissait au commencement du quinzième siècle, le second vers la fin. Ceux-là furent des *Fiesolani*, c'est-à-dire qu'ils eurent vraiment pour patrie une ville dont les habitants apprenaient presque tous, dès l'enfance, à manier le ciseau. Le plus ancien des deux Andrea da Fiesole est l'auteur d'un monument remarquable élevé à Bartolommeo Saliceti, célèbre jurisconsulte, dans l'église San-Domenico, à Bologne. Il ne nous souvient pas de l'avoir vu, absorbé que nous étions par le fameux tombeau de saint Dominique auquel ont travaillé Nicolas de Pise, Niccolo dell' Arca, et Michel-Ange, lorsqu'il était encore jeune. Mais on trouve gravée dans l'ouvrage de Cicognara la frise en bas-relief qui décore ce monument, excellente frise en vérité, à en juger même par cette faible estampe au trait, qui certainement ne donne pas une idée juste de l'original. Au moyen de cette traduction peu fidèle, on peut restituer par la pensée le style dans lequel est sculpté le bas-relief d'Andrea, et ce style est plein d'aisance, de naturel et de simplicité. Les personnages représentés sont les disciples du jurisconsulte, écoutant ses leçons, assis comme lui, à sa droite et à sa gauche, lui au centre. Les physionomies sont si bien variées, les airs de tête si intéressants, et chaque figure est si bien particularisée par son attitude et par sa coiffure qu'on se demande si c'est bien dans les premières années du quinzième siècle que le sculpteur de Fiesole a pu traiter le marbre avec tant de souplesse et de liberté, exprimer si bien la vie et la pensée, modeler aussi habilement les plis de ses draperies, les gonfler, les creuser et les casser d'un ciseau si facile, d'une touche si sûre, d'une main à la fois si preste et si ferme. Si l'on n'avait la date du monument, gravée par l'artiste avec l'inscription *Opus Andree de Fesulis,* on penserait avoir devant les yeux un ouvrage exécuté dans la seconde moitié du quinzième siècle. On se croirait beaucoup plus avant dans l'âge d'or.

Il ne faut pas confondre Andrea da Fiesole, contemporain de Donatello et de Brunelleschi, avec Andrea di Piero Ferrucci, dit aussi Andrea da Fiesole. Celui-ci est un maître, quoi qu'en pense M. Perkins, l'auteur de l'estimable ouvrage souvent consulté et cité par nous, *les Sculpteurs italiens.* Oui, un maître, et qui n'est pas « infiniment inférieur à Mino », mais qui vaut son compatriote et qui a eu d'autres manières d'être charmant (1).

____

(1) Voici en propres termes ce que dit M. Perkins : « On voit au South-Kensington-

On en a pour preuve les grands et petits bas-reliefs de sa main qui décorent les fonts-baptismaux de la cathédrale de Pistoie. « Quand je vis, en entrant dans cette église, les sculptures d'Andrea, sculptures d'une élégance sans recherche et facilement gracieuse, j'éprouvai à peu près la même impression que j'avais ressentie à Pérouse quand je vis pour la première fois la façade de San-Bernardino, sculptée par un artiste qui m'était alors inconnu, Agostino di Duccio. Une agréable surprise me retint à l'entrée de la cathédrale. Non seulement les deux figures de saint Jean et du Christ baptisé, en demi-relief de grandeur naturelle, me parurent bien trouvées et d'une belle manière, comme dit Vasari, mais je m'arrêtai longtemps avec un rare plaisir à considérer les bas-reliefs qui représentent quatre épisodes de l'histoire du saint : sa naissance, sa prédication dans le désert, sa décollation et le banquet d'Hérode. Ces petits tableaux de marbre ont été conçus avec la liberté d'un artiste qui a manié le ciseau comme un peintre eût manié la brosse. Depuis que Lorenzo Ghiberti avait donné l'exemple de traiter les portes du Baptistère de Florence à la manière de peintures en bronze, Andrea de Fiesole et beaucoup d'autres se croyaient permis d'introduire cette licence dans l'art du sculpteur. Mais Andrea l'a fait ici avec discrétion. Il s'est moins souvenu de la faute commise par le grand maître que de la noble tournure qu'il avait su donner à ses personnages. Je vois encore dans l'un de ses bas-reliefs qui décorent la chapelle du baptême, à la cathédrale de Pistoie, un enfant appuyé sur un écusson avec une grâce vraiment exquise, et, comme j'admirais ce morceau, le sacris-

---

muséum un retable de même style, que Ferrucci exécuta pour l'église de San-Girolamo à Fiesole, ainsi qu'un tabernacle dont le caractère ressemble beaucoup à celui des œuvres de Mino da Fiesole, au-dessus duquel Vasari exalte très injustement ce sculpteur, car il lui était infiniment inférieur pour le style. »

tain, qui voulait me faire les honneurs de l'église, me dit avec cette pointe d'exagération familière aux Italiens : « Vous n'êtes pas, Monsieur, le seul étranger qui, venant voir notre cathédrale, soit arrêté dès la porte par les marbres du *Fiesolano*. Tous les visiteurs sont comme vous séduits par la grâce incomparable de ces bas-reliefs étonnants (*stupendi*) (1). »

Avant de s'élever aux grandes difficultés de son art, Andrea di Piero Ferrucci avait appris à Fiesole la sculpture d'ornements. Il avait eu pour maître Francesco di Simone Ferrucci, qui était sans doute son parent, et il était devenu habile à fouiller dans le marbre les rinceaux, les feuillages, les entrelacs, tous ces genres de reliefs qui décorent les vases, les candélabres, ou qui courent sur les frises de l'architecture, quand, sans avoir étudié sérieusement le dessin, et guidé par un sentiment naturel des proportions et des formes, il se mit à sculpter des figures avec l'assurance que lui donnait le maniement du ciseau, qu'il avait pratiqué dès l'enfance d'une main prompte et résolue (*avendo la mano resoluta e veloce*). Il faut croire, du reste, qu'il était connu pour un très habile homme, puisqu'il fut appelé à Naples par un de ses compatriotes, Antonio di Giorgio da Settignano, grand architecte et ingénieur, qui était dans ce royaume, sous le règne de Ferdinand Ier, le directeur général des bâtiments et des choses d'art. Andrea travailla sous les ordres d'Antonio dans le château de San-Martino, situé sur la délicieuse colline où s'élève le fameux couvent des Chartreux, déjà construit au quatorzième siècle. Mais à la mort d'Antonio, auquel le roi Ferdinand fit célébrer des funérailles de prince, Andrea, se trouvant à Naples sans protection et sans ouvrage, se rendit à Rome et de là en Toscane où l'attendaient des travaux dignes de son talent. Ce qu'il

____

(1) Citation textuelle de M. Charles Blanc.

avait de facilité acquise, de naturel dans le sentiment et de souplesse dans l'exécution, il le fit voir en sculptant, pour l'église des Hiéronymites de Fiesole, les bas-reliefs pleins d'expression, de mouvement et de vie où il représente les deux épisodes de la légende locale. Saint Jérôme, rencontrant un lion dans le désert, l'arrête par son regard et par la tranquillité imposante de son attitude ; tandis que l'un des moines qui accompagnent le saint s'enfuit épouvanté, l'autre est frappé de stupeur à la vue de cette bête féroce domptée et en quelque sorte paralysée par l'ascendant irrésistible d'un saint qui a revêtu l'esprit de Dieu. L'autre bas-relief est relatif au miracle de la mule s'agenouillant sur le passage du viatique. L'étonnement, l'émotion des spectateurs y sont exprimés à merveille avec cette modération dans le geste qui est une des hautes convenances de la sculpture.

Deux figures de séraphins aux ailes déployées que Cicognara déclare tellement beaux, tellement fiers dans leur vol qu'on les pourrait croire dessinés par Michel-Ange, couronnent le retable dont nous parlons et témoignent du savoir accompli d'un sculpteur aussi prompt à modeler finement les formes humaines ou animales et les plis d'une draperie bien cassée, que les sentiments de l'âme.

Il y a sans doute pour un artiste quelque danger à posséder, quand il est encore jeune, tous les secrets de son métier. Il peut lui arriver alors de s'en tenir à une facilité qui le dispense d'études sérieuses. Il peut se faire que la main aille plus vite que l'esprit, même dans un art qui s'attaque à des matières pesantes, et dont l'exercice comporte d'inévitables lenteurs. Mais rien n'empêche d'autre part que le sculpteur, rompu de bonne heure aux difficultés manuelles de l'exécution, ne profite du loisir que lui laisse la libre possession de tous les secrets de son métier pour réfléchir plus longtemps à son œuvre, pour la méditer, la mûrir. Sans avoir ce mérite à un haut degré, Andrea Ferrucci n'a pas été seulement un praticien supérieur, comme tous les *Fiesolani :* ce qui le prouverait au besoin, c'est l'estime dont il fut entouré à Florence. Rien n'y était moins rare, cependant, que le talent de tailler la pierre et de sculpter en bois. S'il n'eût été quelque chose de plus qu'un excellent ouvrier en marbre, l'œuvre de Santa-Maria-del-Fiore ne l'aurait pas élu pour président de la fabrique, et ne lui aurait pas confié la statue d'un des apôtres qui devaient être placés sous la coupole de Brunelleschi, à côté de ceux qui avaient été peints sur les fenêtres par Bicci di Lorenzo. Enfin, on ne l'aurait pas choisi pour faire, sur le tombeau de Marsile Ficin, dans la même basilique, la statue à mi-corps de ce célèbre platonicien, qu'il a représenté plein de pensées et plein de vie, tenant dans ses belles mains le livre du philosophe grec.

Les ouvrages d'Andrea de Fiesole nous entraînent jusque dans le seizième siècle. Il a commencé sa carrière dans l'âge d'or et il l'a terminée au moment où la sculpture allait atteindre aux plus hautes cimes, mais où déjà l'on pouvait pressentir une prochaine décadence. Lui-même, dans sa dernière œuvre, qui est le tombeau d'Antoine Strozzi à Santa-Maria-Novella, tombeau qu'il ne put achever, ayant été surpris par la mort en 1526, il annonce, par le ciseau de ses élèves Marco Bossoli et Silvio, un style de draperies qui n'est plus celui du quinzième siècle, et qui sera imité en France par Germain Pilon. Nous parlons de ces draperies mouillées et collantes qui laissent transparaître par places des membres qu'on croirait nus, produisent des plis minces comme le seraient les plis du papier, font étinceler la lumière aux endroits où elle est soutenue par une ombre piquante et courte. De pareilles draperies ne manquent pas de charme ni d'élégance, mais elles manquent de dignité; elles ne conviennent qu'à des figures voluptueuses dans lesquelles le sculpteur trahit l'intention de découvrir justement ce qu'il a voilé et qui ne semblent vêtues que pour mieux faire voir les grâces de leur nudité, de leur morbidesse. La composition du tombeau d'Antoine Strozzi, Andrea l'a conçue en maître. Renonçant au motif banal qui consiste à représenter le mort endormi sous des rideaux et à diviser ainsi l'attention du spectateur entre l'effigie du héros et les figures de la Vierge et des anges qu'il était d'usage de placer au-dessus du lit funéraire, l'artiste a résolument sacrifié le portrait du mort, et il a opposé à un cercueil fermé, de marbre noir, les clartés d'un tableau en marbre de Carrare qui se creuse en niche pour faire place à la Vierge portée sur des têtes de chérubins et accompagnée de deux anges sculptés de haut-relief sous les entablements latéraux. Les anges sont de Bossoli; la Vierge est de Silvio. Mais les deux sculpteurs, originaires de Fiesole comme Andrea Ferrucci, ont dû suivre le dessin de leur maître : si chacun d'eux y a mis du sien, c'est uniquement dans le caractère de l'exécution, qui sous leurs mains a un air de souplesse affectée, nous allions dire de coquetterie, tant ils ont pris plaisir à vaincre la fierté du marbre, à y imprimer des accents pittoresques, à y chercher jusque dans les masques de pur ornement une expression ressentie qui confine à la grimace. Andrea Ferrucci ne serait jamais allé jusque-là.

Singuliers retours de la fortune, dans les régions de l'art comme dans les autres! Au quinzième siècle, Fiesole était une ville animée, remplie d'artistes dont les uns taillaient la pierre, les autres fouillaient le marbre, tandis qu'un grand peintre comme Fra Angelico travaillait dans le silence du cloître, tandis que l'abbaye construite par Brunelleschi aux frais du vieux Côme de Médicis servait de retraite à des sa-

vants, à des poètes tels que Pic de la Mirandole. La ville
fournissait aux Florentins toute une tribu de sculpteurs excellents et de praticiens consommés; aujourd'hui elle n'est
plus qu'un village. Sa cathédrale est déserte, son enceinte
est en ruines, et les étrangers négligent Fiesole, cet ancien
nid de sculpteurs, n'attachant plus d'importance qu'à la peinture, dans un pays où la sculpture avait toujours eu la prééminence et où les grands statuaires ont toujours précédé les
grands peintres.

CHAPITRE XII.

Antonio et Piero Pollajuoli.

Lorsqu'une école de peinture ou de sculpture touche à la dernière période de sa croissance, on y voit se produire avec plus de force que dans les commencements les natures originales et indépendantes, les tempéraments singuliers, par la raison que les artistes, n'ayant plus de temps à perdre à la recherche des moyens, se livrent avec moins de gêne à leur humeur personnelle, et qu'ils expriment librement leur propre manière de voir et de sentir, en employant les méthodes déjà trouvées avant eux. C'est ce qui arriva en Italie vers la seconde moitié du quinzième siècle, particulièrement à Florence dans les écoles de sculpture à jamais illustrées par Lorenzo Ghiberti, Donatello et Luca della Robbia. Cette éclosion de génies prime-sautiers fut d'autant plus remarquable qu'on les vit justement prononcer leur physionomie après avoir reçu l'enseignement des maîtres auxquels ils devaient le moins ressembler. Ainsi, de l'école dont Ghiberti fut le chef, école marquée au coin d'une élégance exquise, naturelle et sans manières, sortit un artiste qui fut orfèvre et sculpteur comme son maître, mais qui apporta dans son art une manière ressentie et violente, un goût décidé pour l'ostentation de la science anatomique, pour l'accentuation des muscles, pour le côté fort des sentiments et des formes. Cet artiste fut Antonio Pollajuolo que l'on peut regarder comme ayant été, avec Luca Signorelli, un des précurseurs de Michel-Ange. Né en 1429, s'il faut s'en tenir à la déclaration faite par son père Jacopo del Pollajuolo devant les officiers du cadastre, Antonio avait quelque seize ans lorsque Lorenzo Ghiberti le remarqua parmi les jeunes gens qui apprenaient l'orfèvrerie chez Bartoluccio, son beau-père. Lorenzo venait de terminer la seconde des deux portes qu'il avait coulées en bronze pour le Baptistère de Florence, celle qui est placée maintenant en face de la cathédrale. Il ne restait plus qu'à y faire un encadrement digne d'un ouvrage aussi fameux et tant admiré. On devait orner de riches festons les châssis, c'est-à-dire les bordures des tableaux de bronze, le chambranle de la porte, c'est-à-dire les jambages et le linteau avec sa corniche, et le seuil. Ces travaux furent conduits par Lorenzo Ghiberti qui sut y employer à merveille les talents de son fils Vittorio Ghiberti et ceux du jeune orfèvre nommé Antonio Pollajuolo. Celui-ci, entre autres morceaux délicats modelés dans les festons du chambranle, représenta une caille sortant d'une touffe de lavande; et il y mit tant de vérité que, suivant l'expression de Vasari, il ne manquait à cet oiseau que le vol.

Ce chef-d'œuvre d'imitation fit parler d'Antonio; mais que les beaux reliefs en bronze dont il avait orné le chambranle et la corniche fussent travaillés par un élève de l'orfèvre Bartoluccio, personne ne doit s'en étonner, car tous les grands artistes florentins de ce temps-là sortaient de l'officine des orfèvres. Bientôt un travail du même genre fut commandé à Pollajuolo, qui devait le faire sous la direction de Ghiberti, et concurremment encore avec le fils de ce grand sculpteur, Vittorio. Il s'agissait de modeler, de fondre et de ciseler les montants et l'architrave de la première porte du Baptistère, celle qu'Andrea Pisano avait fondue en bronze d'un style si grave, si contenu et si expressif. Cent dix ans s'étaient écoulés depuis qu'Andrea Pisano avait achevé son œuvre sans en orner les chambranles, mais, dans l'intervalle, l'art florentin avait marché, la sculpture s'était *naturalisée* sous la main de Donatello, ce qui signifie qu'elle avait regardé la nature de plus près et s'était attachée davantage à l'imitation des formes individuelles. Ghiberti, de son côté, lui avait donné les libres allures d'une composition pittoresque. La grâce, une grâce mondaine était venue remplacer l'austérité du vieux Pisano. L'art concentré, laconique et imposant du quatorzième siècle, cet art qui subordonnait l'exécution au sentiment, la matière à l'idée, avait peu à peu fait place à un art plus vrai, plus imitatif, plus élégant, sans doute, mais aussi plus près de s'égarer à la recherche des moyens, et qui allait mettre dans ses mouvements de l'immodération, dans ses bas-reliefs des plans multipliés, de trop nombreuses figures, et faire aimer, à force de talent, à force de génie, les écarts de la sculpture florentine qui ne savait déjà plus se renfermer dans les limites de son éloquence et dire beaucoup avec peu.

Nous avons vu bien des fois à Florence la première porte du Baptistère, celle d'Andrea Pisano qui occupait autrefois la place d'honneur, faisant face à la cathédrale, et qui a cédé cette place à la porte de Ghiberti, et nous avons toujours trouvé une certaine disparate entre les sculptures si sobres et si sévères du maître pisan, contemporain de Giotto, et les encadrements que leur ont faits les contemporains de Lorenzo Ghiberti. Il faut convenir, en effet, que les jolies gerbes de fruits et de fleurs, si bien fouillées par Antonio Pollajuolo, les entrelacements de feuillages au milieu desquels sautillent des oiseaux, les moulures d'oves, les rangs de perles et les dauphins, alternant avec des acanthes, tous les détails enfin de cette bordure si variée, si brillante, si riche, ne s'accordent guère avec le style pur, avec la simplicité primitive et *giottesque* d'Andrea Pisano.

Ce que fit Pollajuolo dans le Baptistère n'était du reste que l'œuvre d'un jeune homme qui n'avait pas encore révélé la fierté de son humeur et dont le talent ne s'était exercé qu'à la sculpture ornementale. Aussi habile, aussi savant déjà dans la sculpture que dans l'orfèvrerie, émailleur consommé, fin ciseleur, il fut employé plus tard à des travaux qui devaient décorer l'intérieur de ce même Baptistère et mettre en lumière ses diverses aptitudes. On lui donna d'abord à modeler le piédestal d'une croix d'argent qui avait été exécutée par un orfèvre florentin, Betto di Francesco Betti. Cette croix, qui pesait cent quarante-une livres italiennes (environ 48 kilogrammes) était un morceau rare et de grand prix, moins par le style de la figure du Christ, qui manque d'élévation et de beauté, que par la valeur des matières mises en œuvre. Six médaillons étincelants de pierres précieuses, distribués sur le montant de la croix et aux extrémités des bras, renferment de légers bas-reliefs, délicatement ciselés, représentant Dieu le père, la Vierge, saint Jean, le pélican, symbole eucharistique, un saint et une sainte. Ces reliefs étaient protégés par des émaux translucides qui, malheureusement, ont à peu près disparu.

Le piédestal que dut faire Pollajuolo à cette croix se compose principalement de deux volutes dont les enroulements remontent vers la croix et portent deux statuettes, la Vierge et saint Jean, drapées d'un grand goût et fortement empreintes du sentiment de la douleur. Les piédouches de ces figurines sont ornés de médaillons représentant les Évangélistes, et dont le relief discret était recouvert d'émaux translucides (aujourd'hui dégradés) lesquels, superposant un glacis de couleur sur ces fines sculptures, en faisaient de petits tableaux

vivement et mystérieusement colorés. Nous disons mystérieusement, parce que les teintes splendides de l'émail deve-
nant profondes dans les creux du bas-relief, et plus légères
dans les saillies, font voir l'ouvrage du sculpteur comme on
le verrait à travers une couche d'eau qui se serait congelée
en se teignant d'une couleur exaltée et superbe.

Quelles que fussent dans Pollajuolo l'habileté de l'orfèvre,
la dextérité de l'ouvrier émailleur, c'était surtout par l'excellence du dessin qu'il se distinguait parmi les artistes florentins
de sa génération. Un écrivain qui s'y connaissait, Benvenuto
Cellini, en parlant d'Antonio Pollajuolo dans la préface de son
Traité d'orfèvrerie, insiste sur les beaux dessins de ce sculpteur. « Il fit peu de chose, dit-il, mais il dessina merveilleusement, et il s'attacha toute sa vie à ce grand dessin (*a
quel gran disegno sempre attese*), qu'il posséda si bien que tous
les orfèvres de son temps, et même beaucoup de sculpteurs et
de peintres (je dis des meilleurs), se servirent, pour leurs ouvrages, des dessins de Pollajuolo, et s'en firent le plus grand
honneur (*e si feciono grandissimo onore*). »

Quarante ans avant Michel-Ange, Antonio étudia l'ana-
tomie et disséqua des cadavres pour bien connaître la mesure
des os, l'insertion des muscles, les tendons qui les attachent
et leur transmettent le mouvement. Pollajuolo, s'il ne fut pas
le premier à se livrer aux études anatomiques, fut le premier
du moins à s'en prévaloir dans le dessin de ses figures nues,
où il se plaît à faire montre de son savoir. Aussi a-t-il recherché les sujets historiques, héroïques ou religieux qui se pré-
taient au développement des muscles, à l'énergie de l'action,
aux mouvements prononcés de la force, aux expressions vio-
lentes. Il dessinait, par exemple, avec prédilection les travaux
d'Hercule, lorsqu'il tue l'hydre de Lerne, ou qu'il étouffe
Antée, ou qu'il lutte à coups de hache contre les géants, ou

bien le combat de deux centaures dont l'un a le corps d'un
lion, ou bien la rencontre de gladiateurs nus qui se battent
sur la lisière d'un bois. Dans ces dessins, Antonio insistait
sur le contour, il y imprimait des accents pleins de caractère
et de vigueur, et sa manière de dessiner tranchait sur celle
que Giotto avait inaugurée au commencement du quatorzième
siècle et qui enveloppait les figures d'un contour coulant,
prêtait moins de précision aux parties, plus de grandeur à
l'ensemble. Du reste, le modelé d'Antonio était abrégé et
sommaire, au moins dans les milieux, où il n'indiquait que
les grandes formes, les principaux muscles et les grands plans,
tandis qu'il accentuait vivement le trait du contour.

A un dessinateur de cette force, il restait peu de chose à
faire pour devenir un peintre. Antonio avait un frère du nom
de Piero, plus jeune que lui de quatorze ans, qui exerçait la
peinture avec talent et avec vigueur sans y apporter toutefois
la rudesse sauvage de son maître Andrea del Castagno. On
pourrait même dire qu'il y mettait une certaine douceur re-
lative de sentiment et de style, si tant est qu'on doive lui
attribuer l'*Annonciation* peinte à San-Miniato, dans la chapelle où se trouve le mausolée du cardinal de Portugal, composé et sculpté par Antonio Rosellino. En se faisant enseigner
la peinture par son frère, Antonio Pollajuolo exerça sur lui une
influence décisive. Il l'entraîna dans une manière de peindre
qui se ressentait des habitudes contractées par les artistes d'a-
lors, en particulier par Antonio, dans la boutique des orfèvres.
Les deux frères, devenus collaborateurs pour les tableaux
commandés souvent à l'un et à l'autre, donnèrent au modelé
de leurs figures un aspect métallique ; ils les firent ressembler
à des ouvrages en argent ou en bronze. La composition du
sujet, la pantomime des figures, un relief sculptural affecté,
dans le rendu des chairs, par le poli des surfaces que frappe

la lumière, l'arrangement des draperies et les broderies dont elles sont ornées, le précieux du détail combiné avec la largeur des masses, l'emploi des lignes droites ou peu infléchies, la précision des contours allant jusqu'à reproduire la sécheresse anguleuse et le tranchant du métal, tout portait dans leurs peintures l'empreinte d'un art qui relevait de l'orfèvrerie.

C'était, à la vérité, une mode dans ce temps-là, et les peintres les plus célèbres en subissaient plus ou moins l'empire : Botticelli, par exemple, et Andrea Verocchio, qui allait avoir pour élève Léonard de Vinci, et Domenico Ghirlandajo qui devait être bientôt l'instituteur de Michel-Ange; mais les Pollajuoli poussèrent plus loin que les autres le travers dont nous parlons. Ils n'ignoraient point cependant les progrès matériels que les Peselli et les Baldovinetti, peintres florentins, avaient, sinon accomplis, du moins tentés dans les pratiques de la peinture.

La plus fameuse peinture d'Antonio, celle qu'il fit pour la chapelle des Pucci à San-Sebastiano de' Servi, à Florence, est aujourd'hui dans la National-Gallery, à Londres. On y voit peints, nous allions dire sculptés, les archers romains qui percent de leurs flèches saint Sébastien attaché au tronc d'un arbre mort. Toutes ces figures, à l'exception du martyr et d'un archer, sont couvertes d'un vêtement semblable à une chemise longue, formant des plis sans choix et sans goût. Le peintre y a fait parade, dans les nus, de ses connaissances anatomiques et d'un talent dans lequel il dépassait déjà Paolo Uccello, celui de représenter les plus difficiles raccourcis du corps humain en mouvement. Pendant que le saint, lié par des cordes et déjà percé de traits, s'agite et se redresse sur son poteau, et que son corps se révolte contre la douleur, les exécuteurs lancent des flèches au martyr ou s'apprêtent à le

viser, et ces actions donnent lieu aux postures les plus variées. Celui-ci, vu de dos, se penche sur son arc pour l'ajuster;
celui-là, vu presque de face, se baisse également sur son
arbalète et, l'appuyant sur sa poitrine, il emploie toute sa
force à tendre la corde. L'artiste a exprimé, lui aussi, avec
toute la vigueur de son dessin, l'effort du soldat qui retient
son souffle, et la contraction de ses muscles et le gonflement
de ses veines, si bien qu'il paraît impossible de pousser plus
loin, non seulement la beauté, mais la vérité d'un mouvement,
non seulement la fierté, mais la justesse d'un raccourci.

Sur le devant, les archers sont au nombre de quatre. Derrière le saint, on en voit deux autres qui vont lui lancer des
flèches, et dans le lointain des cavaliers admirablement dessinés en perspective et des soldats à pied, sur un fond de paysage fuyant à perte de vue. Ce tableau, dont les figures sont
presque de grandeur naturelle, fut terminé en 1475, dans
l'année même où naquit Michel-Ange, et par un des peintres
qui furent les précurseurs de ce grand homme. On ne saurait méconnaître, en effet, que Michel-Ange s'est inspiré de
Pollajuolo non moins que de Luca Signorelli; nous savons
d'ailleurs par le témoignage de Baldinucci qu'un saint Christophe colossal, peint par Antonio à San-Miniato-in-Monte, et
qui a péri, avait tellement frappé Michel-Ange dans sa
jeunesse qu'il en fit plusieurs fois la copie pour s'exercer à un
dessin mâle et résolu.

CHAPITRE XIII.

Pendant que Jacopo Bellini faisait l'éducation de ses deux
fils, Gentile et Giovanni, qui allaient être les vrais fondateurs
de l'école vénitienne, il se formait tout près de Venise, à Padoue, une autre école de laquelle devait sortir un des plus
grands peintres de l'Italie, Mantegna. Depuis que Nicolas
Pisano avait renouvelé la sculpture, en observant quelques
bas-reliefs rapportés par les navigateurs pisans de l'Asie Mineure ou de la Grèce, deux siècles s'étaient écoulés sans que
les peintres italiens eussent emprunté quelque chose de la
statuaire grecque ou romaine. Il ne paraissait pas même
qu'ils y eussent pris garde, à l'exception de Giotto, qui, en
habillant ses personnages, avait renouvelé de l'antique la gé-
néralisation du vêtement par la draperie. Ce fut seulement
dans la première moitié du quinzième siècle que la peinture
italienne révéla l'étude des marbres grecs et cette évolution
de l'art eut lieu sous l'impulsion d'un Padouan, nommé
Francesco Squarcione, fils d'un notaire, et qui avait commencé sa carrière par le métier de tailleur et de brodeur, *re-
camatore*. Parvenu à l'âge viril, ce brodeur, dont la profession
était alors considérée comme une branche du dessin, se sentit
de la vocation pour la peinture. Dès qu'il y fut un peu ini-

tié, il entreprit un voyage en Grèce afin d'y étudier ce qu'il trouverait de plus beau. La Grèce devait être en ce temps-là bien riche en objets d'art. Athènes n'était pas encore au pouvoir des Turcs. Le Parthénon était presque intact : cela seul donne l'idée de ce qui avait pu être conservé de peintures et de sculptures, en dépit des iconoclastes, qui avaient d'ailleurs exercé leurs ravages beaucoup moins dans la Grèce que partout ailleurs. En parcourant l'Attique, le Péloponèse et les îles de l'Archipel, — car il voulut explorer toutes les contrées de l'art, — Squarcione dessina tout ce qui lui parut digne de mémoire, il fit mouler les marbres les plus précieux, de sorte qu'il rapporta de son voyage une cargaison de dessins et de plâtres d'après l'antique, *cose di gesso*. Revenu à Padoue, Squarcione y ouvrit une école qui eut bientôt une telle vogue qu'on y compta jusqu'à cent trente-sept élèves. Parmi tant d'écoliers, le maître remarqua un enfant de dix ans, Andrea Mantegna, et il fut si frappé de la précocité de ses talents qu'il le prit avec lui dans sa maison et l'adopta. Comme le dit Vasari, Squarcione n'était pas le premier peintre du monde, et il en avait la conscience, mais il possédait le talent le plus précieux dans un chef d'école, l'art d'enseigner. Du reste, les moulages des marbres grecs dont il avait fait une si grande provision auraient au besoin enseigné pour lui. Ce qui est certain, c'est que parmi ses nombreux élèves trois ou quatre seulement, Niccolo Pizzolo, Marco Lappo, Dario de Trévise, Buono de Ferrare, ont laissé un nom. Encore furent-ils bien loin de Mantegna, sauf Pizzolo, qui sembla quelque temps son rival, mais qui fut assassiné lorsqu'il était jeune encore.

En étudiant les statues et les bas-reliefs antiques sur les moulages rapportés par son maître, Mantegna y puisa les premières notions du style, le sentiment de l'élégance et le goût de ces draperies qui accusent les formes qu'elles recouvrent comme si elles étaient mouillées, et dont les plis sont toujours motivés par les saillants et les rentrants de la figure humaine. A l'âge de dix-sept ans, il fit œuvre de maître dans l'église Sainte-Sophie de Padoue, pour laquelle on le chargea de peindre un tableau d'autel. Ce tableau n'existe plus ; mais il s'y trouvait une inscription, qui portait : *Andreas Mantinea Patavinus, annis septem et decem natus, suâ manu pinxit* 1448 : inscription intéressante puisque le peintre, alors âgé de dix-sept ans, nous y donne lui-même la date de sa naissance, 1431.

Quelque temps après, Squarcione, s'étant engagé à peindre la chapelle de Saint-Christophe et de Saint-Jacques, aux *Eremitani* de Padoue, se déchargea de sa besogne sur ses deux élèves, Niccolo Pizzolo et Andrea Mantegna, auxquels il se sentait lui-même inférieur. Ceux-ci peignirent à fresque sur la muraille de gauche, l'un, les quatre docteurs de l'Église et le Père Éternel, l'autre la légende de saint Jacques. Mais Niccolo, qui se plaisait au maniement des armes et s'était fait des ennemis par une humeur provoquante, fut tué un jour qu'il sortait de l'église où il travaillait en concurrence avec Andrea. Celui-ci demeura donc seul dans la chapelle, et seul il en termina la décoration. Sa peinture, emprisonnée dans un contour ressenti, avait un caractère sculptural et, partant, une certaine dureté d'aspect ; mais le dessin en était mâle et le style fier. Pendant qu'il peignait dans la chapelle de Saint-Christophe, il reçut la visite de Jacopo Bellini, qui était venu de Venise à Padoue pour quelques travaux à faire en concurrence avec Squarcione, et qui avait emmené avec lui toute sa famille. En voyant les fresques de Mantegna, dont tout le monde s'émerveillait, Bellini fut plus étonné que personne, et il conçut l'idée de s'attacher l'artiste padouan par des liens indissolubles. Il lui fit connaître sa fille Nicolosia, la sœur de Gentil et de Jean Bellin, et il lui fit entendre qu'il la lui donnerait volontiers en mariage. Squarcione, à l'insu de qui cette union fut conclue, s'en montra profondément irrité, parce qu'il aurait voulu marier lui-même, suivant ses convenances, son fils adoptif. A partir de ce jour, il devint l'ennemi et le détracteur de Mantegna. Après l'avoir complaisamment vanté, il le critiqua vertement, et, plus clairvoyant comme juge qu'il n'était habile comme peintre, il mit le doigt sur le véritable défaut de son jeune élève. Il blâmait en lui l'imitation, poussée à l'excès, des marbres antiques. « La peinture, disait-il, — et il le disait avec raison, — ne doit pas prendre la statuaire pour modèle; » et il reprochait à Mantegna d'exprimer les chairs comme si elles étaient pétrifiées; « à tant faire, ajoutait-il, que de reproduire dans une fresque les effets de la sculpture, il eût mieux valu peindre ses figures couleur de marbre que de les peindre vivantes sans leur donner la vie » (1).

(1) C'est l'erreur commise de nos jours par Louis David, le peintre des *Sabines* et de *Léonidas*. La peinture peut sans doute se rapprocher de la statuaire lorsqu'elle s'élève aux plus hautes régions, celles où ne convient que la vérité typique, le style; mais le peintre n'en a pas moins un autre but que le sculpteur, un autre domaine, d'autres moyens, d'autres ressources, et son domaine, il doit y rester. Tandis que le sculpteur donne à ses figures une réalité cubique, une réalité palpable, le peintre ne prête aux siennes que des apparences et, par cela même, c'est à l'esprit qu'il s'adresse. Visible seulement, mais immatérielle en quelque sorte, la peinture relève, non pas du toucher, qui est la vue du corps, mais de la vue, qui est le toucher de l'âme, et voilà pourquoi elle est devenue l'art par excellence du christianisme.

Imiter en peinture les formes génériques de la statuaire, ses draperies adhérentes, la sobriété de ses gestes, la modération de ses mouvements, on le peut sans doute lorsque le sujet s'élève jusqu'à l'héroïque, mais en toute autre circonstance le peintre ne doit pas restreindre l'étendue des régions qu'il a le droit de parcourir; il n'est pas obligé de s'en tenir à des formes pures, génériques et belles comme celles que demandent le marbre et le bronze, il peut se prévaloir de la variété infinie des modèles et ne pas repousser même la laideur, pourvu qu'elle soit rachetée par la présence de l'âme, c'est-à-dire expressive, éloquente à sa manière, intéressante par la physionomie morale. Au moyen du clair-obscur et de la couleur dont il dispose à son gré, le peintre peut rendre acceptables même certaines difformités qui se dissimuleraient dans le mystère des ombres ou seraient sauvées par le prestige de la couleur. Il y a donc une différence profonde entre la peinture et la sculpture, celle-ci s'attachant à la beauté, celle-là visant à l'expression. Le sculpteur,

Andrea fut d'autant plus sensible à ces critiques qu'il en sentit la justesse ; il se hâta de corriger sa manière dure et marmoréenne, en cherchant les apparences de la vie, non plus dans la statuaire, mais dans la nature, comme le faisaient Gentil et Jean Bellin, devenus ses beaux-frères. Il y parut clairement dans les deux peintures dont il devait décorer le mur de droite et où il avait à représenter le martyre de saint Christophe. Cette fois, passant presque d'une extrémité à l'autre, il composa sa fresque avec des portraits, et, voulant faire disparaître jusqu'au soupçon d'avoir pris pour modèles des statues antiques, il renonça aux draperies romaines dont il avait revêtu ses personnages et prit le parti de les habiller à la moderne, en leur donnant les costumes italiens du quinzième siècle.

Les portraits peints par Mantegna dans la fresque dont nous parlons sont ceux des hommes les plus distingués qui vivaient alors à Padoue : Noferi (corruption d'Onofrio), fils de Palla Strozzi, exilé florentin, Girolamo della Valle, professeur de médecine à l'université de Padoue, Bonifazio Frigimelica, savant légiste, Niccolo, orfèvre d'Innocent VIII, et Baldassare da Leccio, ces deux derniers amis intimes de Mantegna, et un certain évêque de Hongrie, d'humeur étrange, qui, après avoir vagué tout le jour, allait coucher dans les étables, où il dormait avec les bêtes. De plus, le peintre s'est représenté lui-même sous les traits d'un jeune soldat qui se

faisant dans la nature le choix le plus sincère, crée des types et s'élève jusqu'à la dignité du symbole ; le peintre, acceptant l'intérêt que lui offrent des formes individuelles, descend à la familiarité du portrait. Il descend, dis-je, mais il lui est interdit de trop descendre. Peindre la misère de Job, son corps décharné, ses formes amaigries et appauvries, cela est permis sans doute, parce qu'à l'histoire de Job se rattachent des traditions vénérables, des pensées touchantes. Mais représenter le laid pour le laid, se complaire à le peindre et y affecter le luxe de l'imitation, ce serait tomber ou s'exposer à tomber dans les bas-fonds où se précipite aujourd'hui une certaine littérature, celle qui produit les livres immondes dont le nom même ne doit pas être ici prononcé. (*Note de M. Charles Blanc.*)

tient, la lance à la main, auprès de saint Christophe lié à un arbre, et il a peint son maître Squarcione sous la figure d'un archer replet, *corpacciuto*, couvert d'un casque et tenant une épée. On croit reconnaître aussi les deux Bellini, Gentile et Giovanni, parmi certains personnages de la fresque dont les têtes rappellent les effigies de ces deux peintres dans les médailles de Camelio, ce qui donnerait à penser que le mariage de Mantegna avec Nicolosia Bellini avait été célébré dans le temps où il peignait le martyre de saint Christophe : l'on s'explique alors que les deux beaux-frères de l'artiste padouan l'aient détourné de la peinture sculpturale dont ils étaient si éloignés l'un et l'autre.

Elles sont bien endommagées ces fresques de Mantegna : cela nous fit un vrai chagrin de les voir ainsi, dans notre second voyage à Padoue. Non seulement des parties de ciel ont perdu leur ton d'azur, mais des têtes ont disparu à moitié, et des figures presque entières ont été effacées, notamment celle de saint Christophe dans la représentation de son martyre. Le bleu des vêtements est tantôt noir, tantôt pâle et blanchâtre. Certaines parties ont été restaurées à l'huile, d'autres se sont écaillées, laissant voir le dessous de la fresque dessiné en rouge. Heureusement qu'il existe dans le musée de Parme des copies anciennes de ces fresques et qu'on peut ainsi connaître ce qui a été oblitéré, et le rétablir, au moins en pensée. L'impression qu'elles nous firent fut profonde. Nous nous sentions en présence d'un maître puissant par le savoir, par la volonté et par la forte éducation qu'il avait reçue en étudiant l'antique. Il nous semblait qu'un artiste romain des belles époques était revenu au monde, et que, s'étant réveillé chrétien, il s'était employé à peindre dans un temple du Christ les actes des apôtres et des martyrs. En effet, la sculpture païenne, telle qu'elle était exercée à Rome par des Grecs, au siècle d'Auguste, s'anime et remue dans celles des fresques de Mantegna qui représentent l'histoire de saint Jacques le Majeur, sa vocation à l'apostolat, le baptême qu'il confère aux néophytes, sa marche au supplice, interrompue par la bénédiction qu'il donne à un converti, et enfin son martyre. Ce dut être, pour les contemporains de Mantegna, une nouveauté singulière et frappante que cette apparition de l'antique mis en mouvement dans la peinture italienne. Nous-mêmes, nous sommes bien plus sensibles aux qualités imposantes de ces fresques, et à leur accent inusité, qu'aux défauts si amèrement signalés par Squarcione dans l'œuvre de son fils adoptif. Il faut revenir d'un premier étonnement pour reconnaître combien étaient fondées les critiques formulées par le vieux maître padouan. Sans doute les chairs n'ont point la souplesse et le tendre que leur donne la vie. Le sang n'y circule point. Il faut ajouter même aux censures de Squarcione que les draperies sont trop collantes et se refusent par conséquent à l'ampleur des plis désirable dans la grande peinture ; que certains détails sont rendus avec une minutie indiscrète et inutile, — par exemple le grain des pierres dures, dans les édifices qui servent de fond, l'usure des souliers, les têtes de clous dans la figure du converti qui s'agenouille pour recevoir la bénédiction de saint Jacques ; que la fresque est rude et sèche ; que la couleur en est sans charme et sans éclat, bien qu'elle soit harmonisée à distance par un treillis de hachures brunes, semblables aux tailles de la gravure, qu'enfin, le point de vue étant placé beaucoup trop bas, les lignes qui doivent y concourir s'y précipitent d'une manière désagréable pour l'œil, les jambes des figures placées au second et au troisième plan étant cachées, les unes jusqu'aux chevilles, les autres jusqu'au tibia. Oui, tout cela est vrai ; mais quelle superbe tournure, quelle élégance naturelle ont les soldats romains du temps d'Hérode Agrippa! quelle énergie dans la façon dont la pensée se dessine et se formule! Comme elles sont gravées, comme elles sont sculptées, si l'on veut, les expressions de chaque figure, celles de la sérénité dans le martyr qui bénit, de la reconnaissance dans le néophyte, de la compassion dans le légionnaire qui conduit la marche au supplice, quelle incisive et magistrale écriture!

Comme tous les artistes du quinzième siècle, Mantegna ne perd pas de vue la nature, même lorsqu'il s'inspire de la sculpture antique. Chez lui, la jeunesse est observée dans ses vives allures, l'enfance, dans la naïveté de ses gestes et le naturel profond de ses mouvements. Ce qu'on appelait alors la vérité, Mantegna le pousse jusqu'à en faire ce que nous appellerions aujourd'hui le réalisme. Nous voyons encore, dans une de ces fresques, deux petits garçons dont l'un, tenant un melon d'eau, réprime l'enfantine convoitise de son compagnon. C'est aussi de la nature et non cette fois de la statuaire que relèvent les deux fresques séparées par un pilastre et représentant le transport et le martyre de saint Christophe. Ici, le géant est debout, garrotté, il attend son sort, au milieu des archers; et au-dessus d'eux s'élève un grand berceau de verdure où grimpe une vigne appuyée à un édifice couvert de bas-reliefs et d'inscriptions. Là, le corps du saint couvre tout le devant d'une rue; traîné par des cordes, ce corps paraît colossal, bien qu'il soit dessiné dans un raccourci d'une hardiesse étonnante. Le modelé du nu, la présence bien accusée des os, des muscles et des tendons, n'ont plus rien de ce qui rappellerait le marbre. Tout est puisé au sein de la nature, et le style en devient plus humain, plus attrayant, moins tendu, mais aussi, peut-on dire, moins imposant.

Tel qu'il est, avec sa grandeur et ses défauts, avec l'affectation qu'il met à aborder les plus difficiles problèmes du dessin, avec sa science géométrique et ses notions exactes des lois de l'optique, appliquées à la forme humaine aussi bien qu'à l'architecture, Andrea Mantegna a été le précurseur indispensable des maîtres dont le génie a éclaté au seizième siècle, et il n'est rien de plus juste que la réflexion faite à ce sujet par MM. Crowe et Cavalcaselle : « Si nous comparons, disent-ils, le géant saint Christophe avec le David et Goliath et avec la mort d'Abel, que Titien peignit, au siècle suivant, dans la sacristie de la Salute à Venise, nous sentons que le grand Vénitien s'est nourri des œuvres du Padouan, qui, pour sa part, a fixé les règles nécessaires à la future expansion de l'art. Que serait-il advenu de cet art, en vérité, s'il ne s'était pas trouvé quelqu'un pour sacrifier la fin aux moyens, et pour s'appesantir avec une sévère patience et un grave plaisir à la solution des problèmes les plus arides? Il fallait que quelqu'un aplanît la voie qui mène à la perfection, et ce quelqu'un a été justement Andrea Mantegna, lequel, sans avoir ni le jeu de la couleur, ni le sentiment de la grâce spontanée ou idéale, a eu la puissance et la volonté indomptable de Donatello et de Michel-Ange. »

A l'époque où il mettait sans doute la dernière main aux fresques des Eremitani, Mantegna reçut à plusieurs reprises la visite d'un sculpteur florentin, maître Luca Fancelli, l'homme de confiance des Gonzague, qui, de leur part, venait solliciter le peintre padouan d'aller s'établir à Mantoue au service du marquis Louis de Gonzague, deuxième du nom.

Nous savons aujourd'hui, par les documents qu'Armand Baschet a découverts dans les archives de Mantoue, les termes de la négociation entamée à ce sujet par l'agent du marquis vers la fin de l'année 1456. Mantegna hésitait à quitter sa ville natale où ses amis d'ailleurs s'efforçaient de le retenir. Il avait accepté des commandes, une entre autres d'un personnage considérable, le protonotaire de Vérone; mais le marquis de Mantoue, non content des démarches faites par son agent auprès de Mantegna, écrivait au peintre des lettres pressantes, dont la première, celle du 5 janvier 1457, contenait ces mots : « … et par expérience, vous connaîtrez chaque jour et de plus en plus notre bonne volonté envers vous (*la nostra bona volonta verso voi*) », et le marquis ajoute : « Il me paraît bon que vous partiez au plus tôt de là (de Padoue), pour vous rendre chez le protonotaire de Vé- rone. » Le plus difficile en effet pour Mantegna était de quit- ter Padoue. En venant à Vérone, il se rapprocherait de Man- toue, et le marquis n'aurait plus autant de peine à l'y amener. L'hésitation du peintre padouan dura quinze mois, soit que les avantages qu'on lui offrait ne fussent pas de nature à le décider, soit que ses compatriotes, pour le dissuader de par- tir, lui eussent inspiré des craintes sur la manière dont le prince tiendrait sa parole. Voici la très curieuse lettre adres- sée à Mantegna par le marquis de Mantoue, à la date du 15 avril 1458 :

« Notre illustre maître Luca, sculpteur, est revenu : il nous
« a rapporté de votre part les intentions où vous êtes et com-
« ment vous persévérez dans votre première volonté de
« venir ici à notre service. Ce nous a été un grand plaisir de
« l'entendre, et, pour que vous connaissiez bien la bonne vo-
« lonté que nous avons pour vous, nous vous avisons que notre
« intention est toujours d'effectuer avec la meilleure grâce
« tout ce que nous vous avons promis par nos lettres et plus
« encore, c'est-à-dire vous donner quinze ducats par mois,
« une demeure où vous puissiez commodément résider avec
« votre famille, assez de froment toute l'année pour la con-
« sommation de six bouches et le bois suffisant à vos besoins.

« N'ayez aucun doute sur la valeur de ces promesses, et pour
« que vous n'ayez pas à vous occuper des frais à faire pour
« conduire ici votre famille, nous vous promettons avec plai-
« sir qu'au moment où vous serez pour venir, nous vous en-
« verrons une barque pour vous amener avec tous les vôtres,
« de manière que vous n'ayez rien à payer de votre argent.
« D'après ce que nous a dit maître Luca du désir que vous
« avez de demeurer six mois encore pour accomplir le travail
« destiné au révérend sieur le protonotaire de Vérone, et vous
« libérer de vos autres commandes, nous y accédons volon-
« tiers, et si ces six mois ne vous suffisent pas, prenez-en
« sept, huit même, pourvu que vous puissiez mener à fin ce
« que vous avez commencé et que vous nous arriviez avec
« l'esprit reposé : quelques mois de plus ne nous font rien,
« si nous avons la certitude que vous viendrez nous servir.
« Arrivant ici en janvier prochain, vous serez encore à temps,
« mais nous vous prions instamment de ne pas tromper notre
« espoir. Soyez assuré que si nos offres ne vous paraissent
« pas suffisantes, et que vous nous en donniez avis, nous
« chercherons par tous les moyens à vous satisfaire, aussi
« bien, comme déjà nous l'avons écrit, du jour où vous serez
« auprès de nous, vos appointements seront le moindre de
« vos bénéfices. Et quoi qu'en puissent dire telles ou telles
« personnes, nous pouvons affirmer, grâce à Dieu, que nous
« n'avons jamais manqué à nos promesses. Vous êtes jeune,
« vous pourrez donc éprouver notre conduite envers vous, et
« nous vous ferons connaître qui, de ces personnes ou de
« nous, a dit vrai, et si nos actes répondront à nos paroles.
« Nous avons donc l'espoir que vous serez, de jour en jour,
« plus content de vous être engagé à notre service. Portez-
« vous bien (*bene valete*). »

« Le marquis de MANTOUE. »

Celui qui écrivait cette lettre de créance, comme l'appelait Mantegna, *credenziale*, était ce Louis III de Gonzague qu'on surnomma *le Turc*, à cause de quelques avantages qu'il avait remportés sur les Turcs dans leur guerre contre les Vénitiens, dont il était le général. Comme tant d'autres princes italiens du quinzième siècle, Louis de Gonzague conciliait le goût des arts et des lettres avec une humeur guerrière. Élève du célèbre humaniste Victorin de Feltro, il fut un de ceux auxquels la postérité doit de la reconnaissance pour avoir contribué à la résurrection de la belle antiquité, à la renaissance des arts et de la poésie. Son insistance auprès de Mantegna pour l'attirer à Mantoue ne l'honore pas moins que l'artiste qui en était l'objet. Il y avait du reste une raison pour que Louis de Gonzague désirât vivement avoir auprès de lui un aussi grand artiste que Mantegna, au moment où la ville de Mantoue allait être le siège de la fameuse diète à laquelle le pape Pie II avait convoqué tous les princes chrétiens pour les décider à reprendre une croisade contre les Turcs. Voulant recevoir magnifiquement le souverain-pontife, les princes de l'Église et les grands personnages invités à la diète, Louis de Gonzague dut faire des préparatifs considérables, et, dans de pareilles conjonctures, l'arrivée d'un artiste supérieur était on ne peut plus désirable. Justement le marquis venait de bâtir la chapelle du château, et il se proposait d'en faire achever la décoration suivant les conseils de Mantegna, comme il le lui écrit dans une lettre datée du 4 mai 1459 (*farla compire senon in la forma e modo ch' ordinarete*). Mais en dépit des sollicitations réitérées qu'il adressait au peintre padouan, il ne put le posséder avant l'ouverture des conférences.

Pie II s'était acheminé vers Mantoue avec toutes les pompes de la liturgie romaine, accompagné de soixante évêques et de dix cardinaux parmi lesquels se trouvaient le cardinal Barbo, Vénitien qui devait lui succéder sous le nom de Paul II, et le cardinal Borgia, qui fut plus tard Alexandre VI. Plusieurs princes séculiers s'étaient joints au cortège. Pérouse avait reçu le pape en souverain. Sienne, sa patrie, avait consenti, pour lui complaire, à rappeler sa noblesse exilée. A Florence, sa litière fut portée par Galéas-Marie, fils de Francesco Sforza, duc de Milan, et par les Malatesti qui étaient venus de Rimini au-devant du pape. La République lui rendit les honneurs réservés aux plus grands rois. « Les fêtes destinées aux divertissements, dit Sismondi, auraient mieux convenu à une jeune mariée qu'au père spirituel des fidèles. Un tournoi lui était préparé sur la place de Santa-Croce, un grand bal sur la place du marché neuf, et un combat de bêtes féroces sur la place de la Seigneurie. On vit avec étonnement descendre dans l'arène non moins de dix lions, et la surprise des spectateurs redoubla lorsque parut un animal jusqu'alors inconnu en Europe, une gigantesque girafe. Mais tout ce qu'on fit pour provoquer ces animaux étrangers ne put exciter leur colère et en donner le divertissement à la cour pontificale. » Continuant son voyage, Pie II fit son entrée à Mantoue, le 27 juin 1459, porté dans sa litière par les députés des rois et des princes qui l'attendaient.

Mantegna était toujours à Padoue, et Louis de Gonzague l'attendait avec une patience admirable. En vain de nouvelles démarches furent faites auprès de l'artiste par un de ses compatriotes, Zuane di Padova (Jean de Padoue), architecte du prince, et ensuite par Zacchario di Pisa, autre agent du marquis. Mantegna demandait constamment de nouveaux délais. Non seulement c'était le révérend protonotaire de Vérone qu'il fallait satisfaire; mais un personnage important de Padoue, Giacomo Antonio Marcello, qui, s'adressant

directement au prince, le priait d'autoriser un léger retard
pour que Messer Andrea pût mettre la dernière main à une
operetta commandée et attendue par ledit Giacomo. Enfin,
ce fut en toute apparence dans les derniers mois de 1459
ou au commencement de l'année suivante que Mantegna
se résolut à partir avec toute sa maisonnée (*brigatella*). Une
fois établi à Mantoue, Mantegna allait être auprès des Gonzague ce qu'étaient à la cour des ducs d'Urbin Piero della Francesca, et, à la cour de Rimini, Vittore Pisanello. Durant
près d'un demi-siècle, Mantegna, sauf un voyage de deux ans
à Rome et une excursion à Florence, ne quitta plus la cour
de Mantoue. Nous l'y retrouverons bientôt décorant les
châteaux des Gonzague, leurs villas, leurs églises, leurs palais, renouvelant dans ses peintures le style imposant de la
statuaire romaine et ressuscitant l'antique dans tous ses
ouvrages.

CHAPITRE XIV.

Mantegna, grâce à l'enseignement qu'il puisa dans la collection de moulages formée par son maître Squarcione, se pénétra du génie de l'antiquité, tel qu'il s'était manifesté dans la sculpture grecque. Il crut comprendre que la draperie était, non pas un moyen de cacher les formes du nu, mais une autre manière de les montrer. Il observa que le plus souvent les plis de la draperie, quand elle n'est pas séparée du corps, sont motivés par les éminences et les enfoncements de la forme, de telle sorte que l'adhérence du vêtement aux figures laissant deviner la présence des os, le gonflement et la retraite des muscles, la beauté du nu se révèle, s'accuse avec grâce, même sous les voiles qui le recouvrent. Il y a loin, il faut en convenir, de cette façon toute païenne de dessiner les figures à la modestie toute chrétienne des peintres toscans du quatorzième siècle; à l'inverse des Grecs, ils habillaient leurs personnages pour qu'on ne vît point ces nus qui étaient, aux yeux de la religion, des nudités.

Mais en regardant les marbres antiques avec l'attention profonde dont il était capable, Mantegna ne s'arrêta point aux dehors, aux apparences. Sous le vêtement de la statue grecque, il en pénétra l'esprit, et à force de se familiariser avec les ouvrages de l'art qui avait eu en Grèce la prépondérance, il finit par penser comme un ancien. Et, ce qu'il y a de plus remarquable peut-être en lui, c'est qu'en faisant, par l'étude de la sculpture, son éducation de peintre, il n'oublia point que la peinture est un art plus animé que la sculpture, plus susceptible de mouvement, qu'elle est moins bornée dans son domaine; qu'elle a des ressources qui lui sont propres pour représenter l'espace et toutes ses profondeurs, les illusions de l'optique, c'est-à-dire les deux perspectives, celle des lignes et celle de l'air, le paysage, le ciel, la lumière et l'ombre, la couleur, et que, nantie de ces moyens, elle peut exprimer, non plus seulement les formes typiques, mais les choses intimes, les vérités accidentelles, et faire entrer le portrait dans les spectacles qu'elle donne à l'esprit, même dans l'histoire des temps reculés, des temps héroïques. Voilà ce qui **a** fait de Mantegna un artiste supérieur. Après avoir mis en scène, dans les premières peintures de sa jeunesse, des figures sans vie, des figures marmoréennes, il sentit que la nature agissante devait se marier avec l'art antique ressuscité! Il conserva leur caractère aux draperies sculpturales, mais pour en revêtir désormais des êtres vivants, même des êtres passionnés, et non plus des statues. Reculant, par la pensée, jusqu'aux temps antiques, il se représenta les anciens Romains comme revivant dans la personne des Italiens de son temps, et il résolut de combiner la dignité sculpturale avec le mouvement pittoresque.

Un homme qui s'était ainsi formé lui-même, à l'aide des marbres venus de la Grèce, était merveilleusement préparé à concevoir la magnifique peinture que la maison de Gonzague lui demandait pour décorer le palais de Saint-Sébastien, à Mantoue, du *Triomphe de Jules César*.

Louis de Gonzague étant mort en 1478, son fils aîné Fré-

déric lui avait succédé ; mais Frédéric mourut lui-même en
1484, et, dans ces quelques années de son principat, on ne
sait au juste ce que fit pour lui le maître padouan ; il résulte
seulement de la correspondance du marquis, conservée aux
archives de Mantoue, que Mantegna travaillait lui-même, ou
faisait travailler sous sa haute surveillance à la décoration
des résidences de Gonzague et de Marmirolo. Le dépouillement des lettres écrites ou reçues par Frédéric (1) nous fait
connaître aussi que la renommée de Mantegna s'était répandue en Italie ; que les princes et ceux qu'on appelait alors
dans les républiques les magnifiques seigneurs s'adressaient
au marquis de Mantoue pour qu'il voulût bien céder quelque
chose du monopole qu'il exerçait sur les œuvres du grand
peintre. La duchesse de Milan désirait son portrait de la main
d'un tel artiste, mais elle avait la prétention que Mantegna,
au lieu de peindre ce portrait d'après nature, dût se servir
d'une miniature plus ancienne que lui envoyait la duchesse
de Milan, et qui, naturellement, la représentait plus jeune.
La duchesse de Ferrare priait qu'on permît à Mantegna de
lui peindre une madone. Le préfet de Rome, Jean de la Ro-
vère, aspirait, lui aussi, à posséder quelque ouvrage du maître,
et il le voulait assez important, sans doute, puisqu'il fallait
plus d'un mois pour le mener à bien. Enfin, Laurent de Médicis, sans aller jusqu'à disputer au marquis de Gonzague
les œuvres de Mantegna, avait la curiosité de voir au moins
le peintre. Au mois de février 1483, comme il revenait de
Venise, où il avait été envoyé en ambassade avec une suite
nombreuse, passant par Borgoforte, non loin de Mantoue, il
se détourna de son chemin pour aller rendre visite aux Gonzague, à leur brillante ville et à Mantegna. Le marquis Frédé-

(1) *Gazette des beaux-arts,* 1re série, 1866.

ric n'étant pas à Mantoue en ce moment, ce fut son fils, François de Gonzague, qui reçut l'ambassadeur florentin. Il lui fit les honneurs de la ville, l'accompagna à la messe le lendemain, et de là ils se rendirent ensemble chez Mantegna pour y voir ses peintures et les antiques dont sa maison était ornée. Le Magnifique prit le plus grand plaisir à cette visite; après avoir admiré les œuvres du peintre, il examina curieusement, en sa qualité d'antiquaire, les marbres et les moulages. Ces circonstances nous sont connues par une lettre du jeune François de Gonzague adressée au marquis son père (1). Il est bien regrettable que le prince héréditaire ait été, à ce point, sobre de détails sur une visite aussi intéressante. On serait heureux de savoir quelles paroles furent échangées entre ces deux hommes d'un esprit si élevé, André Mantegna et Laurent de Médicis, l'un et l'autre si profondément artistes, chacun à sa manière.

Mais arrivons au *Triomphe de Jules César*. Il y a tout lieu de croire que cette grande frise, qui mesure vingt-trois mètres de long sur trois mètres de hauteur et qui devait décorer une salle du palais de Saint-Sébastien, fut commandée au peintre par François de Gonzague qui avait succédé à son père en 1484. Il est, en tous cas, bien certain qu'elle avait été commencée avant le départ de Mantegna pour Rome, c'est-à-dire avant le 10 juin 1488, puisqu'au mois de février de l'année suivante le marquis conjurait le peintre de mettre la dernière main au Triomphe : « Que je voudrais, lui écrivait-il, vous voir terminer cette peinture qui, selon votre propre sentiment, est un digne ouvrage (*cosa degna*)! »

(1) Certum significo a la Celsitudine vestra (à votre Hautesse) come il Mᵒ. Lorenzo di Medici, ando heri videndo la terra et hoggi la accompagnai a messa a Sancto-Francisco a pede. De li la sua magnificencia si driciò a casa de Andrea Mantegna, dove la vide cum grande appiacere alcune pitture desso Andrea e certe teste de relevo cum multe altre cose antique, che pare molto sono diletti.

S'il n'est pas douteux qu'un travail aussi considérable et qui demandait tant de recherches pour les armes et les costumes, tant d'études pour les cent personnages qui devaient y figurer, eût été entrepris bien avant l'époque où le marquis de Mantoue en écrivait à Mantegna, il est aussi très probable que la perspective d'aller à Rome, où l'appelait le pape Innocent VIII, fit suspendre à l'artiste l'achèvement de sa grande composition, pour laquelle l'observation des bas-reliefs romains sculptés sur les arcs de triomphe de Titus, de Septime Sévère et de Constantin pouvait lui être d'un si grand secours. La vérité est que le Triomphe ne fut fini par Mantegna qu'après son retour de Rome. On s'aperçoit, du reste, que le peintre a consulté les bas-reliefs de ces monuments et de beaucoup d'autres, sans oublier ceux de la colonne Trajane, pour tous les accessoires qui devaient entrer dans la représentation d'une marche triomphale, qu'il a dû dessiner d'après ces bas-reliefs les enseignes des cohortes, les manipules, les aigles, les trophées d'armes, la forme des chars, les harnais des chevaux, et les housses dont on recouvrait les éléphants, les candélabres qui s'allumaient les jours de fête sur la voie publique, les boucliers, les épées, les ceinturons, les baudriers, les casques avec leurs cimiers et leurs mentonnières, les trompettes, les bandeaux et les flocons de laine dont on ornait les bœufs conduits par le victimaire. Par ces détails, la frise du Triomphe de César prend un caractère vraiment romain; mais les draperies n'ont pas ce caractère. Elles sont plus adhérentes aux membres des figures; on les dirait mouillées, et elles forment des plis fins, plus aigus, mieux cassés que ceux des draperies romaines qui présentent en général une étoffe épaisse, des yeux ronds, des plis gonflés en tuyau. Cette tendance de la draperie romaine à prendre une forme boudinée tient à ce que les toges et les manteaux étaient taillés en rond, au lieu d'être, comme l'*himation* et la chlamyde des Grecs, composés d'une pièce d'étoffe quadrangulaire, qui engendrait des cassures moins molles et produisait des chûtes de plis perpendiculaires contrastant avec les ondulations diagonales motivées par le mouvement de la figure, ou plutôt par la résistance de l'air au mouvement. Étudiées sur les moulages que Squarcione avait rapportés à Padoue, de son voyage en Attique et dans les îles de l'Archipel, les draperies de Mantegna ressemblent beaucoup plus à celles des statues grecques qu'à celles des bas-reliefs romains. Lorsque sa draperie doit accuser le nu, elle s'y colle, pour ainsi dire, comme s'il était fait abstraction de son épaisseur. Mantegna a donc raffiné sur la sculpture romaine, en faisant revivre dans le *Triomphe de César* une sculpture plus haute et de plus noble origine que celle dont les restes se voyaient à Rome au quinzième siècle.

Nous avons fait bien des fois le voyage de Londres à Hampton-court pour voir cette superbe frise qui est le chef-d'œuvre de Mantegna, *la migliora cosa che lavorasse mai,* au dire de Vasari. Les neuf toiles qui la composent sont peintes, non pas à l'huile, comme l'écrit Mariette, mais en détrempe, non pas en camaïeu, comme le disent les éditeurs de l'*Abecedario* d'Orlandi, mais en couleurs à demi effacées par le temps et décolorées. Ces peintures sont comme une apparition du monde romain. Leur pâleur même les éloigne de la réalité tangible et les idéalise en les reculant dans les perspectives lointaines de l'histoire. Toute l'antiquité romaine y est évoquée ; on la voit passer processionnellement avec une pompe qui, pour n'être pas emphatique, est tempérée par quelques épisodes estampés sur nature. Dans cette foule en marche, mouvementée sans désordre, les uns sont triomphants et les autres traînés en triomphe. César, chauve et ridé, couronné par la victoire, trône sur son char, attelé de chevaux aux crins nattés qui rappellent les antiques bas-reliefs. D'un pas résolu, dont on suit la cadence, des légionnaires s'avancent portant sur des brancards (*fercula*) des trophées d'armes, des dépouilles opimes, des vases, des candélabres, les aigles du vainqueur mêlées aux drapeaux conquis. Les rois et les reines des peuples vaincus ajoutent par leur humiliation et leurs chaînes de prisonniers à l'orgueil du triomphateur, et ils passent justement devant la prison où ils finiront leurs jours. Des taureaux ornés pour le sacrifice, des éléphants couverts de magnifiques housses auxquelles pendent des sonnettes, sont précédés par les trompettes et les joueurs de flûte et suivis des sacrificateurs et des prêtres. Viennent ensuite les licteurs, avec leurs faisceaux couronnés. Enfin le cortège est fermé par les prétoriens et les officiers de l'armée parmi lesquels on reconnaît des personnages consulaires et des sénateurs ; de sorte que le peuple romain tout entier s'agite dans cette frise, comme dans les hauts-reliefs des arcs de triomphe qui sont encore debout sur le Forum. On remarque, à la suite des rois prisonniers, des matrones en larmes tenant leurs enfants par la main, et, parmi la foule, des adolescents pleins d'une grâce involontaire et naïve et des vieillards replets qui conservent la dignité de la vieillesse dans les disgrâces de l'obésité. Des spectateurs se pressent curieusement aux fenêtres des palais de Rome, pour voir passer la fête. Çà et là, quelques détails intimes arrêtent un moment l'attention, et, par leur caractère de familiarité voulue, empêchent que le style ne soit tendu et surhumain, car l'introduction de pareils détails dans la pompe brillante et bruyante d'un spectacle aussi solennel en ôte l'enflure, sans en diminuer la grandeur. Un enfant, par exemple, se plaint à sa mère de s'être mis une épine dans le pied, et ce trait naïf est un repos charmant au milieu du bruit et des fanfares que l'on croit entendre.

Ainsi l'œuvre de Mantegna marque l'avènement d'une seconde Renaissance dans la peinture, et celle-là est vraiment une résurrection du génie antique et des sentiments païens, à la différence des fresques de Giotto, cet autre grand artiste, qui, par une divination sublime, avait ressuscité, sans le connaître, l'art des premiers siècles du christianisme, la peinture des catacombes.

Le *Triomphe de César* ne fut terminé par Mantegna qu'après son retour de Rome (1490). Il y avait été appelé, avons-nous dit, par le pape Innocent VIII, qui avait dû demander aux Gonzague de lui céder pour quelque temps leur peintre. Ce fut en 1488 que le marquis de Mantoue consentit à laisser partir Mantegna pour Rome, et il écrivit au saint-père : « Pour obéir à Votre Sainteté et faire mon devoir, je lui envoie André Mantegna, peintre excellent, dont le pareil n'a pas été vu dans notre temps. S'il répond, comme je l'espère, à la haute idée que Votre Sainteté a conçue de lui, son nom en deviendra plus glorieux, et j'en aurai une joie inexprimable. Je ne doute pas qu'il n'exécute avec un soin extrême et un art consommé tout ce que Votre Sainteté lui commandera, et que, cela fait, votre bonté ne permette qu'il me revienne... Mantoue, le 10 juin 1488. »

Il est probable que Mantegna fut lui-même le porteur de cette lettre, qui nous donne la date assez précise de son départ pour Rome. Il se présenta au pape avec le titre de chevalier de la milice dorée, *eques auratæ militiæ,* et il fut reçu avec beaucoup d'honneurs. Le travail dont il fut chargé était la décoration de la chapelle du Belvédère. Les peintures qu'il y fit sur les murs et dans la voûte furent détruites vers la fin du siècle dernier, sous le pontificat et par l'ordre regrettable de Pie VI, pour faire place à ce qu'on appelle le Braccio-Nuovo dans les galeries du Vatican. Il ne reste rien de ces peintures, si ce n'est ce qu'en ont écrit Vasari dans la *Vie de Mantegna*, et Chattard dans sa *Description du Vatican*. C'étaient des fresques peintes comme des miniatures. On y voyait au-dessus de l'autel saint Jean baptisant le Christ, et autour d'eux des catéchumènes, accourus auprès du saint pour recevoir de lui le baptême, et se dépouillant de leurs vêtements. L'un d'eux, dit Vasari, voulant quitter ses chausses collées par la sueur, les tirait à l'envers et faisait effort des bras et des jambes pour les ôter. A ce trait de naturalisme on reconnaît Mantegna, semblable par ce côté à tous les grands artistes du quinzième siècle. Mais les détails directement empruntés de la nature, les naïvetés prises sur le fait ne sont chez lui qu'un moyen de tempérer la dignité du style, de l'humaniser pour ainsi dire, en laissant croire que ce qu'il y a d'héroïque dans la peinture est aussi vrai que les détails estampés sur nature et dont la vérité est saisissante. Faisons observer en passant que Michel-Ange, en composant son sublime carton de la *Guerre de Pise,* a imité cette action épisodique introduite par Mantegna dans sa composition : mais au lieu de représenter une figure qui s'efforce de quitter ses bas collés par la sueur, il en a dessiné une qui fait des efforts pour mettre ses chausses mouillées par l'eau du fleuve.

Des déceptions marquèrent le séjour de Mantegna à Rome ; aussi ce séjour fut-il de courte durée. Non seulement le pape oubliait souvent de faire payer à l'artiste la rémunération convenue, mais cette rémunération était si mince que Mantegna n'y trouvait que tout juste de quoi vivre. Lui-même s'en plaint au marquis de Mantoue dans une lettre du 14 janvier 1489, où il écrit : « Je n'ai obtenu de notre seigneur (le pape) que le remboursement de mes dépenses et, pour ainsi dire, de quoi manger (*Io non ho dal nostro signore altro che le spese cosi da tinello*) », et il ajoute : « J'aurais été mieux dans ma maison (*in modo che staria meglio in casa mia*). » Un jour qu'Innocent VIII était venu voir les fresques de Mantegna, il fut frappé, raconte-t-on, de quelques figures peintes en camaïeu et représentant des vertus chrétiennes : « Quel est le nom de cette vertu, dit le pape, en montrant une de ces figures? — C'est la *Discrétion,* répondit Mantegna. — Eh bien, mon ami, reprit le saint-père, si tu veux la mettre en bonne compagnie, peins à côté d'elle la *Patience.* »

Ce fut au mois de septembre 1490 que Mantegna revint à Mantoue, porteur d'un bref d'Innocent VIII, qui, n'ayant plus à conseiller au peintre la patience, le récompensait de sa discrétion par les épithètes les plus flatteuses. Son premier soin fut de mettre la dernière main au *Triomphe de César;* et ce qui prouve qu'il ne termina ce magnifique ouvrage qu'après son retour de Rome, c'est qu'il avait écrit de là au marquis, pour lui recommander de réparer les fenêtres, afin de ne pas exposer les *Trionfi* aux injures de l'air, « car je n'ai vraiment pas honte, disait-il, de les avoir composés ». Mais, non content d'avoir achevé la peinture de cette frise héroïque, Mantegna voulut en perpétuer le souvenir en la gravant lui-même sur le cuivre (1). Des neuf morceaux qui la composent, il n'en a reproduit que trois, la marche des éléphants, la marche des soldats, et celle des sénateurs ; mais ces estampes ne sont pas identiquement semblables à la composition originale, elles paraissent plutôt gravées d'après quelques dessins du maître, conservés à l'Ambrosienne de Milan.

Sur les planches de Mantegna, la gravure n'est pas encore ce qu'elle deviendra plus tard ; le talent de couper le cuivre avec élégance, de modeler chaque forme en indiquant par la

(1) J'ai écrit dans l'*Histoire des Peintres* la vie de Mantegna, et je renvoie le lecteur à cet ouvrage pour tout ce qui ne se rattache pas au sujet du présent livre. (*Note de M. Ch. Blanc.*)

conduite des tailles les saillies et les dépressions des muscles,
les mouvements de la draperie, les gonflements et les creux
de ses plis : c'est un simple système de hachures droites et
parallèles, plus ou moins serrées, suivant le degré de force
que doit avoir l'ombre, et rentrées au burin en quelques endroits, pour donner au tournant de la forme un surcroît de
vigueur. Mais dans ces travaux d'une simplicité, d'une roideur
primitives, trahissant un art ou plutôt un métier qui est encore
dans l'enfance, le grand maître écrit ses figures avec une
énergie sans égale. La rudesse du moyen ne fait que mieux
ressortir la fierté de l'intention, la brève éloquence d'un
dessin qui exprime seulement l'essentiel, sans autre ressource
que le blanc du papier et le noir de l'encre, en allant de la
lumière à l'ombre par un léger grossissement de la taille, laquelle n'est jamais croisée, ou presque jamais. De telles
estampes, pour n'avoir aucun des agréments qu'apporteront
plus tard dans la gravure les burinistes habiles du seizième
et du dix-septième siècle, n'en sont pas moins d'un grand
prix. Si elles parlent rudement aux yeux, en revanche elles
plongent l'esprit dans les régions idéales de la fable antique.
D'un style incisif, laconique et dur, le peintre graveur nous
redit les combats des dieux marins. Les uns, montés sur des
monstres écailleux semblables à des tortues, ou sur des chevaux de mer, pourvus de nageoires et terminés en queue de
marsouin, se battent avec des fouets pesants, formés d'une
couple de gros poissons, au pied d'une statue de Neptune
qui se dresse sur le rivage. Les autres, moitié hommes,
moitié dauphins, ayant les jambes antérieures d'un cheval,
comme des centaures de l'Océan, se font des armes défensives
et offensives avec les os et les crânes des grandes bêtes
mortes. Ceux-ci portent en croupe sur leur dos squameux
des Néréides enlaidies par la peur que leur inspirent des

combats, dont sans doute elles seront le prix, et montrant au-dessus des flots leurs formes nues et charnues, destinées aux amours aquatiques, aux caresses des Tritons, dans les grottes humides ou au fond des mers. En voyant ces estampes de Mantegna, et sa *Bacchanale au Silène*, et sa *Bacchanale à la cuve*, on est transporté par la pensée jusqu'aux temps antéhistoriques, où les ancêtres de l'humanité, les satyres, les faunes, les Ægypans velus, aux pieds de chèvre, s'enivraient dans les bois, sonnaient de la conque et recueillaient dans leurs flûtes les frémissements du feuillage, les plaintes du vent et les murmures des ruisseaux. Les accents d'une gravure sommaire ajoutent encore au caractère sauvage de ces figures, dont quelques-unes ont des tournures de statues animées, une élégance farouche et des formes à demi cachées quelquefois, mais rarement, par des draperies mouillées et sculpturales.

Cependant, Mantegna était capable de s'élever plus haut, de peindre les grandes divinités de l'Olympe, aussi bien que les demi-dieux qui vivent obscurs dans les flots amers, ou ceux qui s'enivrent dans les fêtes de Bacchus. Le peintre y fut excité par une femme du plus noble caractère et de l'esprit le plus élevé, Isabelle d'Este, marquise de Mantoue, qui, en matière d'art, possédait un plus fin discernement que son mari François de Gonzague. Isabelle s'était fait, au rez-de-chaussée du Castello, un boudoir où elle avait réuni des objets d'art, en petit nombre, mais d'un prix inestimable, entre autres le Cupidon de Michel-Ange, qui avait d'abord passé pour une antique. Mantegna, Pérugin et Lorenzo Costa furent chargés de peindre les tableaux qui devaient orner ce cabinet, qu'elle appelait son *studio*. Des quatre morceaux de Mantegna qui le décoraient, deux représentaient des figures feintes en bronze, notamment Jonas jeté

dans la mer, deux autres étaient les toiles qui sont aujourd'-
hui au Louvre : *La Sagesse victorieuse des Vices* et *le Parnasse*. Cette fois, la nature n'a pas été l'unique source où
le grand peintre a puisé. Ce n'est pas seulement à l'aide
des portraits de ses amis et des plus belles filles de Mantoue que Mantegna a représenté avec tant de grâce Mars
et Vénus, auprès de la couche adultère où l'Amour va les
unir; Vulcain, averti par Cupidon de son déshonneur; Apollon faisant danser les Muses au son de sa lyre; le beau Mercure s'appuyant sur Pégase et prêtant l'oreille à la musique divine et à la cadence des chastes nymphes : toutes ces
figures sont dessinées avec un mélange heureux de naturel et
de style. Elles sont belles et vraies tout ensemble. Le pinceau de Mantegna y a perdu cette sorte d'âpreté qui l'a-
vait caractérisé jusqu'alors. Le maître y a mis une couleur
plus blonde que d'ordinaire, une exécution plus douce et
quelque chose qui rappelle les anciens bas-reliefs, qui respire la plus haute poésie. Rien de pareil ne s'était vu encore,
ni à Florence, ni à Venise, ni à Rome, ni dans aucune des
autres villes où florissait la Renaissance. Jamais encore le nu
idéalisé, c'est-à-dire dégagé des alliages qui ont pu le cor-
rompre dans la nature individuelle, ne s'était montré dans la
peinture italienne depuis que Giotto l'avait en quelque sorte
réinventée. L'apparition des dieux antiques, l'auguste élégance de Mercure, la beauté d'Aphrodité et la grâce de son
mouvement, la désinvolture du dieu Mars, fier jusque dans
son amour pour la déesse infidèle, le chœur animé des Muses
décentes et leurs draperies dignes du marbre, c'étaient là
des nouveautés charmantes où l'on sentait renaître, en vérité, le génie de l'antiquité païenne, alors que les sentiments
chrétiens étaient les seuls que la peinture eût manifestés en
Italie dans la première Renaissance. Et que dire du paysage

qui entoure ces nobles figures, paysage héroïque, entrevu par l'imagination du peintre sur la terre de Saturne, et dans lequel l'antre de Vulcain, un rocher en forme d'arcade formé par les secousses du globe, est à la fois semblable à la nature et trop sauvage, trop primitif, pour appartenir à une contrée dont les habitants ne seraient pas des dieux.

Dante avait évoqué l'ombre de Virgile, il l'avait choisie pour guide dans son voyage mystérieux à travers les mondes invisibles ; Mantegna a évoqué, lui aussi, la poésie virgilienne, il l'a exprimée dans sa peinture comme un disciple de l'antiquité et comme un maître des temps modernes. Virgile! Ce fut Mantegna qui fut choisi pour élever la statue du poète, lorsque Isabelle d'Este conçut la généreuse idée de réparer l'injure faite à ce grand nom par le farouche Charles Malatesta, qui avait fait jeter la statue dans le fleuve. On a conservé le projet de cette statue à restituer : c'est un dessin lavé au bistre par Mantegna. Le poète est représenté debout, drapé, chaussé à l'antique, tenant des deux mains son livre, et les yeux levés vers la lumière. Au bas du piédestal, deux petits génies tiennent une guirlande de fruits enrubannée et un cartouche dans lequel est gravée cette inscription : « *Virgilii Maronis æternæ sui memoriæ imago.* » Ainsi, depuis deux siècles environ, Dante avait écrit les chants sublimes de son poème, et personne encore n'avait introduit l'antique dans la peinture italienne, lorsque Mantegna le fit avec tant de force, tant d'autorité, qu'on peut le regarder vraiment comme ayant inauguré dans son art une seconde Renaissance.

APPENDICE

Le Traité d'architecture de Francesco di Giorgio.

Les premiers chapitres sont consacrés à la recherche des indices auxquels on reconnaît la bonté du terrain, des eaux et de l'air. Avant de choisir le sol où l'on veut bâtir, il faut considérer s'il est minéral, bitumineux ou aqueux. Ce sont là de mauvaises conditions, dit l'auteur ; les terrains à gisements miniers, nous avons excepté ceux qui cachent des mines d'or, sont insalubres, et il en est de même des terres bitumineuses parce que l'eau ne peut pas s'en séparer et que l'humidité engendre les tempéraments lymphatiques. « Quand on veut bâtir sur un terrain, il faut d'abord y mener paître des troupeaux de gros et de menu bétail, et si, au bout d'un an, les bêtes s'y sont bien portées, on en pourra conclure que le site est convenable à la demeure de l'homme qui tient, par son corps, de la nature des animaux. » Cette observation hygiénique, puisée par Giorgio dans les écrits de Vitruve, qui avait suivi en cela les livres grecs, se trouve démentie par l'expérience. Les marais Pontins, par exemple, qui sont excellents pour la pâture, sont pestilentiels pour l'homme. On en peut dire autant des maremmes du pays de Sienne, qui était justement la patrie de Francesco di Giorgio.

L'auteur s'occupe ensuite des eaux, de l'air et des vents nuisibles. « L'eau à boire, dit-il, sera jugée de bonne qualité, si elle est incolore, insipide et légère. Lorsque l'eau est tom-

bée de haut dans un précipice comme à Tivoli, près de Rome,
elle est plus affinée (*assotigliata*) et moins pesante que celle
qu'on aurait prise en amont de la cascade. Quant à la nature de
l'air, elle est d'autant plus mauvaise que le site est plus bas.
Au fond d'une vallée ou dans une plaine environnée de collines ou de montagnes, l'air est nécessairement épais et im-
pur, parce que tout ce qui est lourd descend et tout ce qui
est léger monte. D'autre part, sur les lieux situés à une grande
hauteur, on respire un air extrêmement subtil qui est la principale cause de plusieurs maladies chroniques. L'air n'est
jamais plus insalubre que dans le voisinage des marais et des
eaux stagnantes, et les villes qu'on y bâtirait seraient infec-
tées de vapeurs malsaines. De telles vapeurs seraient également pernicieuses, s'il y avait dans le terrain de la cité une
grande quantité d'eau, lors même que l'eau ne serait pas apparente à la surface du sol. En ce qui touche la nature des
vents, on peut dire avec Aristote que les vents, étant tous
d'une seule et même substance, ne deviennent nuisibles que
lorsqu'ils ont traversé des plages malsaines, des climats em-
pestés. Le vent du sud et le vent du nord sont ceux dont l'architecte devra surtout préserver les villes ou les bâtiments
qu'il est chargé de construire, le premier parce qu'il est nui-
sible, non seulement dans un air épais, mais encore dans l'air
subtil des hauteurs où sa malignité monte peu à peu; le second, parce qu'il porte en lui le principe des catarrhes et des
pleurésies. »

On remarquera que plusieurs des observations consignées
par Francesco di Giorgio dans son traité sont empruntées
de Vitruve dont l'autorité faisait loi parmi les architectes de
la Renaissance. Mais l'écrivain siennois, dans le chapitre relatif
aux matériaux de construction, ajoute aux connaissances des
anciens sa propre expérience. Il signale notamment sur les

montagnes de la Cesana, aux environs d'Urbin, et dans les districts de Fossombrone et de Cagli, une sorte de pierre blanche, sans aucune veine, facile à tailler, d'une densité suffisante et parfaitement propre à bâtir des murs, bien qu'elle ne résiste pas beaucoup à la gelée ni au feu. C'est la pierre avec laquelle, sans doute, a été bâti le palais d'Urbin (1).

Après avoir parlé de la situation des demeures privées, suivant les climats et les vents, des parties extérieures de la maison, des escaliers (lesquels, lorsqu'ils sont uniques, doivent être à main gauche), des cheminées, il parle des cantines et des celliers pour renfermer l'huile. « Le vin doit être dans des caves tournées au nord, l'huile, au contraire, dans des chambres donnant sur le midi. » Un chapitre est consacré aux écuries et, à ce propos, Francesco di Giorgio Martini donne une description de celle qu'il avait bâtie pour 300 chevaux dans le palais d'Urbin ; elle a péri, mais l'architecte Scamozzi la regardait comme une des plus magnifiques de l'Italie, bien qu'il n'en eût connaissance que par les dessins qu'il en avait trouvés dans les manuscrits de Giorgio Martini, car cette écurie célèbre fut ruinée en 1587, vingt-huit ans avant l'époque où écrivait Scamozzi.

En général, c'est de Vitruve que l'auteur tire les proportions des salles de la maison. La largeur doit être les deux tiers de la longueur ou les trois cinquièmes, et la hauteur égale au plus grand diamètre du carré parfait (c'est-à-dire à la diagonale), et, si la chambre est ronde, sa hauteur doit être égale à son diamètre. Les chambres à coucher peuvent avoir en longueur une fois et demie, ou une fois et un tiers de leur largeur, et leur hauteur doit être mesurée par la diagonale. Il est

----

(1) L'auteur affirme que les murs d'une petite épaisseur suffisent à défendre une habitation du froid, mais qu'il les faut, au contraire, très épais pour résister à la chaleur, parce que la chaleur subtilise l'air, tandis que le froid le condense et l'épaissit.

à remarquer ici que François de Giorgio ne dit pas un mot de ces cachettes et de ces détours secrets que l'on ménageait ordinairement dans les maisons italiennes, surtout à Florence, et dans lesquels le père de famille pouvait se retirer en cas de péril, en temps de guerre civile. Léon-Baptiste Alberti ne les a pas oubliés dans son traité (liv. 5, chap. 2), ni Jacopo Nardi dans son histoire de Florence (*Storie fiorentine*, liv. V). Pour ce qui est des jardins privés, l'écrivain recommande de leur donner une forme régulière et géométrique, par exemple la forme carrée, ronde, triangulaire, ou pentagonale, ou hexagonale, ou octogonale. Il y veut des fontaines, des charmilles, des murailles de verdure, des retraites comme en désirent les poètes et les philosophes, des promenades où l'on puisse établir des gymnases couverts... On voit que la régularité de nos jardins français tant vantée par les uns, tant blâmée par les autres, était conforme aux traditions italiennes.

Le chapitre relatif aux palais publics, pour lesquels l'auteur n'avait pas à choisir des exemples dans l'antiquité, est un des meilleurs de son livre, suivant l'observation du savant éditeur de cet ouvrage, Carlo Promis. En voici la substance : le palais public doit être sur la principale place de la ville ; il importe que les approches en soient libres et dégagées, et qu'il n'y ait qu'une seule entrée, lors même que de fausses portes auraient été figurées pour la symétrie sur la façade. Par cette unique entrée, on pénètre dans un vestibule et ensuite dans une cour environnée de portiques autour de laquelle sont rangés les officiers de la république. A droite et à gauche de l'entrée seront la loge des portiers et une chambre à cheminée où les serviteurs puissent faire du feu. Une pièce essentielle à construire tout auprès, c'est le magasin d'armes (*Armamentorio*) de la République. L'architecte devra prévoir les places qui seront occupées au premier étage (que l'auteur appelle le second, en prenant pour un étage le rez-de-chaussée), la salle de l'Audience, autrement dit le consistoire, et la chancellerie contiguë, la salle du conseil et toutes les chambres qui l'entourent, le *triclinium* ou salle des festins, auprès de laquelle sont l'office aux crédences et le réservoir où se trouve un escalier conduisant à la cuisine supérieure. Au second étage (c'est-à-dire au troisième en comptant le rez-de-chaussée), seront les appartements des prieurs. En guise de dortoir, des pièces pour les gens de service, et une chambre pour le barbier — le barbier étant considéré dans ce temps-là comme une manière de petit chirurgien. Un escalier secret conduira du dortoir à la chambre du conseil et au consistoire, pour des raisons que connaît ou que devinera le lecteur intelligent, *per la cagione nota agl'intelligenti*. Enfin, à ce même étage, l'architecte pourra réserver une salle des pas-perdus pour la promenade et la récréation des prieurs. On sait que les prieurs, tant que durait l'exercice de leurs fonctions, étaient comme cloîtrés dans le palais. « Je serais d'avis, ajoute l'écrivain, que le palais public fût construit comme une forteresse, en prévision des soulèvements populaires et de l'inconstance des événements. »

Les architectes contemporains de Francesco di Giorgio, Léon-Baptiste Alberti et Filarète, n'ont rien écrit sur les palais destinés aux pouvoirs publics. Dans leurs traités d'architecture, dont l'un, celui de Filarète, est resté manuscrit, ils se sont uniquement occupés des palais du prince. Francesco y consacre lui aussi un chapitre, et j'y relève cette particularité qu'il conseille au prince de se ménager dans l'épaisseur de la muraille des écoutes secrètes au moyen de tuyaux qui porteront jusqu'à son oreille le son des paroles prononcées par ses courtisans ou ses domestiques (1). Ce conseil de servilité gra-

(1) Or je ne veuil en cest endroit oublier à dire que dans l'épaisseur des murailles d'iceluy tyran se peuvent (à cautelle) cacher certains tuyaux, par lesquels en mettant

tuite, selon la remarque de Carlo Promis, rappelle la terrible *oreille de Denys,* écho délateur, qui révélait au tyran les pensées les plus intimes de ses familiers et les gémissements de ses victimes.

Le troisième livre du traité dont nous parlons a trait à l'économie générale de la cité, à l'origine et aux proportions des colonnes et des pilastres dans les trois ordres. La principale place doit être située autant que possible au centre de la ville, comme l'ombilic dans le corps humain. Le forum servant au marché doit être environné de portiques où l'on puisse acheter et vendre en tout temps. Le palais de la Seigneurie, ou du seigneur, sera plus élevé que les autres, voisin de la grande place; il sera également environné d'un portique, tenant lieu de basilique, où les citoyens et les marchands puissent trouver refuge en cas de pluie. Quelques autres prescriptions sont à noter : celle-ci, par exemple, que les boutiques des artisans de la soie se trouvent réunis dans les rues les plus fréquentées, afin que la concurrence serve de stimulant aux gens du même art. Les forgerons et les charpentiers pour le bruit qu'ils font et les cordonniers, pour la malpropreté qu'engendre leur profession, seront rejetés en dehors des rues principales. L'art de la laine sera séparé des lieux publics et confiné dans un endroit voisin de l'eau. Il en sera de même des teinturiers, des corroyeurs et de ceux qui préparent les parchemins pour la reliure des livres. Quant aux abattoirs, l'auteur les relègue à l'extrémité de la ville; de son temps, les bergers tuaient et égorgeaient en pleine cité le menu bétail qu'ils y avaient conduit.

Les règles enseignées par Giorgio pour les proportions des colonnes et des pilastres sont empruntées de Vitruve ou

---

l'oreille contre, il puisse entendre à son plaisir ce que diront les domestiques ou les survenus là-dessus. (*Alberti,* liv. V, ch. III. Traduction de Jean Martin, Paris, 1553.)

bien des monuments romains, tels que le temple de Vesta et celui d'Antonin et Faustine. C'est aussi de Vitruve que viennent les observations de l'auteur touchant les analogies de l'entablement avec le corps humain. Mais l'architecte siennois fait une application de ces analogies aux proportions des temples ou du moins de leurs plans, et il n'est pas sans quelque intérêt d'en parler. La hauteur de l'homme mesure neuf faces et sept têtes ; la tête est divisée en trois parties égales. Cela étant, si l'on place la pointe du compas sur la ligne médiane à l'extrémité de la poitrine et qu'on place l'autre pointe au bout du nez, on tracera une circonférence qui touchera à l'extrémité du buste, et le rayon de ce cercle mesurera la largeur du temple. On tirera de là des perpendiculaires jusqu'à la base de la figure, c'est-à-dire jusqu'à la ligne des talons, et on divisera cette ligne en quatre parties et l'on reportera ces lignes et divisions jusqu'au sommet.

Pour les temples, églises ou basiliques en croix latine et par conséquent d'un plan rectiligne, l'architecte dont nous analysons l'ouvrage indique le rapport de la largeur à la hauteur : « Lorsqu'une église, dit-il, est oblongue et à plusieurs nefs, dont celle du milieu ait ses murs portés par des colonnes, son diamètre est celui de la nef médiane, parce que les espaces entre les colonnes et les murs (des bas côtés) sont réputés accidentels et en dehors du principal espace. Mais quand l'église n'a ni ordres, ni séries de colonnes, tout le vide transversal, d'un côté à l'autre, c'est-à-dire entre les deux murs latéraux, est considéré comme son diamètre. Cela posé, la hauteur de l'église, mesurée depuis le pavé jusqu'à la clef des voûtes, doit être égale à un diamètre et deux tiers, et la longueur de l'édifice peut varier de six à sept diamètres. Quant au transept, autrement la croisée de l'église, la largeur et la hauteur en sont proportionnées, comme celles de la partie de l'édifice coupée par la croisée, mais sa longueur doit être de cinq diamètres, avec hémicycles, chapelles, colonnes et autres ornements. Si le transept était plus étroit, il devrait être aussi moins élevé. C'est une erreur des plus manifestes que de ne pas donner la même hauteur à toutes les couvertures d'une église, en exceptant toutefois les nefs latérales que nous avons considérées déjà comme des parties accessoires du temple.

Tout un livre, le cinquième, est consacré à l'artillerie, aux canons et bombardes, que l'auteur déclare une invention diabolique, à la poudre et à la manière de la conserver. A propos de l'artillerie, Giorgio fait un grand éloge de Frédéric, duc d'Urbin, son patron, lequel fut, en effet, un des plus habiles capitaines de son temps, très entendu en ce qui concerne l'artillerie, dont l'usage, en Italie, datait du quatorzième siècle, et qui se distingua par sa libéralité, sa clémence, sa continence, sa justice, toutes les vertus qui avaient illustré les héros antiques, les Alexandre, les Scipions, les Jules César. Il est vraiment incroyable, le nombre des bâtiments (la plupart étaient des forteresses) que Frédéric fit élever dans ses petits États par Francesco di Giorgio. L'architecte lui-même nous apprend, dans le troisième chapitre du cinquième livre, qu'il avait à construire pour le duc d'Urbin cent trente-six édifices, auxquels on travaillait sans relâche, sans parler des subsides que le prince accordait aux églises et chapelles de son territoire.

Il est facile de voir, au surplus, d'après la place qu'occupent les fortifications dans son ouvrage, que Francesco di Giorgio était surtout un ingénieur militaire, comme Baccio Pontelli. Dans ses dessins il donne jusqu'à soixante exemples de citadelles construites ou à construire dans toutes les situations imaginables et sur les plans les plus divers. Vingt-sept planches contiennent ces curieux exemples de places fortes, les unes sur des roches escarpées ou bien au pied d'une montagne en pente douce (*lieve pendio*) ; les autres sur le plateau d'une colline à contreforts, ou au fond d'une gorge ; celles-ci dans une vallée, ou sur un terrain moitié uni, moitié montueux, ou sur une hauteur au bord de la mer. Les forteresses dessinées par l'architecte sont tantôt triangulaires en plan, et tournant alors un de leurs angles vers le côté par où la place est attaquable, tantôt heptagonales, hexagonales, pentagonales ou rhomboïdales (cette forme est, suivant l'auteur, la meilleure de toutes) ; tantôt flanquées de grosses tours, tantôt à double enceinte sans tours, tantôt avec deux donjons et une seule entrée, tantôt enfin avec des herses et des ponts-levis qui défendent la place contre toute surprise et contre la trahison possible de ses défenseurs. Plusieurs des forteresses dont il donne le plan dans son traité, Francesco di Giorgio les avait élevées à Cagli, à Montefeltro, à Tavoleta, à la Serra di S. Abondio, à Mondolfo et à Mondavio.

Il ne nous appartient pas d'apprécier les travaux de Francesco, du *bon Cecco,* comme disent les Italiens, touchant la défense des places fortes, bien que l'art de les fortifier ne soit, après tout, qu'une des branches de l'architecture, mais nous ne passerons pas sous silence un chapitre essentiel de son cinquième livre, où il démontre que la sûreté d'une forteresse tient beaucoup plus à l'artifice de son plan qu'à l'épaisseur de ses murs. Il n'est pas de fortification, dit-il, dont le canon ne puisse, dans un temps donné, ruiner les murailles ou tout au moins les défoncer, ce qui n'empêche pas l'avantage qui peut résulter pour un fort de sa situation naturelle, comme, par exemple, de l'escarpement de la haute montagne où il serait bâti ; mais indépendamment des ressources que fournit aux défenseurs de la place la conception du plan, l'architecte siennois indique en vingt paragraphes les moyens de rendre la défense tellement forte qu'elle donne du cœur aux assiégés et décourage l'ennemi. Ce qu'il y a pour nous de plus remarquable dans ce chapitre, le plus important de tous ceux qui concernent la fortification, puisqu'il en contient toutes les formules, c'est que l'auteur a parfaitement compris ce que plus tard ne comprit pas le grand peintre Albert Dürer, lorsqu'il écrivait un livre sur ce sujet, à savoir que la première condition d'une bonne défense est de forcer l'assiégeant à se défendre lui-même contre les attaques incessantes des assiégés, et qu'ainsi l'épaisseur démesurée des murailles est une garantie insuffisante, si l'on n'a pas autre chose à opposer au canon de l'assaillant.

Francesco di Giorgio mérite d'être cité parmi les artistes italiens du quinzième siècle qui ont traité avec autorité de l'architecture militaire, et si son nom ne se trouve pas dans les anciens livres sur la matière, c'est que son traité d'architecture, demeuré manuscrit pendant plus de trois siècles, n'a été imprimé que dans le nôtre (en 1841) par les soins du chevalier Salazzo, avec les notes et dissertations de Carlo Promis, qui a jeté de vives lumières sur la biographie et les œuvres de cet architecte siennois, devenu le principal ingénieur de Frédéric II, duc d'Urbin.

LIVRE V.

CHAPITRE PREMIER.

La Renaissance à la cour des Papes. — Martin V. — Eugène IV. — Simone Fiorentino, sculpteur du tombeau de Martin V.

L'établissement des souverains pontifes à Avignon pendant les trois quarts du siècle précédent et le grand schisme qui en fut la conséquence arrêtèrent le développement de la Renaissance à Rome jusqu'à l'avènement de Martin V. Sous le pontificat de Boniface VIII (1295-1303), la ville éternelle était à la fois le siège d'une école indigène d'architectes, de statuaires et de peintres mosaïstes dont les plus remarquables représentants furent les Cosmati, Filippo Russuti, Pietro Cavallini, et un foyer d'activité artistique que venait tour à tour ou simultanément alimenter tout ce que l'Italie comptait d'hommes célèbres dans les diverses branches de l'art. Parmi les sculpteurs employés aux églises que le pape faisait construire ou à l'érection desquelles il contribuait par ses libéralités, à Saint-Pierre de Rome, à Civita-Castellana, à Orvieto, on rencontre même des noms allemands, flamands, espagnols. Mais quand, après la mort de Boniface VIII, Rome fut abandonnée par le sacré-collège, livrée à la guerre civile, aux pillages, aux incendies, aux famines, les artistes étrangers en oublièrent naturellement la route, et les maîtres indigènes s'éloignèrent pour chercher fortune ailleurs ou s'éteignirent sans laisser de disciples (1).

Ce fut sous le pontificat de Martin V, élu en 1417, que s'ouvrit pour la capitale déchue une ère de régénération et de prospérité générale dans laquelle les arts occupèrent une grande place. La déposition de Jean XXIII, la renonciation de Grégoire XII, l'excommunication prononcée contre l'antipape Benoît XIII, et enfin l'élection d'Othon Colonna avaient mis fin au schisme. Le nouveau pape, revenu en Italie après avoir clos le concile de Constance, séjourna plus de deux ans dans le cloître de Santa-Maria-Novella, à Florence, et se décida à faire son entrée dans Rome en septembre 1421. Ici doit commencer l'histoire de la Renaissance à la cour des papes ; mais cette histoire ne serait pas suffisamment claire si, avant d'y entrer, nous ne jetions un coup d'œil sur la condition faite au peuple des campagnes dans ce qu'on appelle l'État de l'Église, par les luttes de la papauté contre les patriciens de Rome, et par les jalousies qui divisaient et armaient les uns contre les autres les barons feudataires du Saint-Siège.

Au commencement du quinzième siècle, les passions qui déchiraient le peuple romain étaient aussi ardentes qu'au quatorzième. Chaque famille, chaque citoyen appartenait à une de ces factions, dont les plus célèbres étaient celles des Colonna et des Orsini. Chacun, dans l'aveuglement et la violence des haines qu'il avait épousées, était prêt à sacrifier non seulement la justice et l'humanité, mais sa propre vie au triomphe de ses patrons. Quand une faction l'emportait sur l'autre, les châteaux, les palais, les villas du parti vaincu étaient brûlés, détruits ou dévastés. Les campagnes ravagées n'offraient plus aucune sécurité au laboureur, et là où manque la sécurité, l'a-

____

(1) Voy. Maurice Faucon, *les Arts à la cour des papes d'Avignon sous Clément V et Jean XXII,* Rome et Paris, Ern. Thorin, 1884.

griculture dépérit. Les paysans ne pouvant plus habiter des villages ouverts parce que les soldats du parti contraire y venaient piller les récoltes dans les greniers et les bestiaux dans l'étable, s'étaient clos de murs et ne se livraient qu'à des cultures passagères, c'est-à-dire aux cultures qui occupent le sol le moins de temps possible. Ils se contentaient de demander à la terre les produits annuels de la moisson et du pâturage, et, dans la crainte que de plus longs aménagements du sol ne profitassent aux troupes ennemies, aux malandrins de la guerre civile, ils arrachaient les vignes, ils brûlaient les oliviers.

« Ainsi allait croissant la désolation des campagnes, dit l'historien de l'architecture en Italie, Amico Ricci. Dépeuplées et déboisées, n'ayant plus même ces haies vives qui témoignent de la division et de la culture des héritages, elles ne se distinguaient du désert que par des travaux momentanés, comme ceux qui, d'une saison à l'autre, ne laissent aucune trace. Dès qu'un village fortifié autour duquel se faisaient les cultures annuelles était pris et ruiné par les gens de guerre, le district environnant cessait d'être cultivé. Il arrivait alors que les héritiers des laboureurs qu'on avait égorgés et dont on avait incendié les villages, s'ils ne se croyaient pas en mesure de relever leurs murailles et de résister, en attendant, à un coup de main, s'en allaient chercher ailleurs une terre qui pût les nourrir, eux et leurs familles. Bientôt les champs abandonnés et les eaux croupissantes engendraient le mauvais air, la *malaria,* de sorte que si les anciens cultivateurs, encouragés par la perspective d'un assez long retour de la paix, revenaient prendre possession de leur territoire, ils y contractaient la fièvre des maremmes et y périssaient misérablement. »

L'insalubrité des campagnes romaines eut donc pour cause

première la lutte des factions qui se disputaient la prééminence, et qui avaient surtout opprimé le peuple romain au quatorzième siècle, à l'époque où Avignon était la résidence des papes. Mais, au quatorzième siècle, la population rurale avait été beaucoup plus considérable qu'elle ne l'était au quinzième. Malheureusement cette population ne cessa de décroître, lorsque les papes, étant revenus se fixer dans Rome, finirent par soumettre à leur obéissance les princes, les barons de l'état ecclésiastique. Ceux-ci ramenés, de gré ou de force, sous l'autorité pontificale, trouvèrent plus agréable et plus sûr de faire, eux aussi, leur résidence dans Rome. Et comme les petits gentilshommes de la province n'avaient pas pris soin de réparer les désastres de la guerre et de conserver parmi leurs vassaux quelque branche d'industrie, la population appauvrie s'éclaircit de plus en plus et finit par abandonner entièrement la campagne romaine qui devint ce qu'elle est encore aujourd'hui, un désert.

Ce fut donc dans les murs de Rome que se concentra l'architecture, nous entendons l'architecture civile, car les constructions militaires, en ces temps de combats, avaient toujours besoin d'être entretenues ou réédifiées. Ce fut dans Rome que les princes, devenus citadins, se bâtirent des palais et que les papes, trouvant des églises en ruines, des monuments délabrés, des basiliques aux toitures effondrées dans une ville qui, durant leur longue absence, avait dépéri, songèrent à relever les anciens édifices, à en construire de nouveaux, à faire de Rome une ville digne d'être la métropole du christianisme et à suivre ainsi le mouvement déjà imprimé à toute ou à presque toute l'Italie par le génie de la Renaissance.

L'ancienne cité d'Auguste, l'ancienne capitale des souverains pontifes était tombée dans une telle décadence que sa situation ressemblait à celle des campagnes qui l'environnent. Rome, dépeuplée et misérable au dernier point, n'était plus qu'un vaste cloaque. Elle n'avait plus face de ville, dit l'historien Platina, *ut nulla civitatis facies in ea videretur*. Ses maisons s'écroulaient, ses temples tombaient en ruines. Ses rues désertes étaient couvertes de fange. Les choses restèrent en cet état plusieurs années, et il faut croire qu'elles allèrent même de mal en pis, car, dans la bulle publiée le 30 mars 1425, par laquelle était rétablie la magistrature des officiers de voirie, *magistri viarum*, il est dit que plusieurs habitants de la ville et de ses faubourgs, savoir les bouchers, les charcutiers, vendeurs de poissons, savetiers, peaussiers, corroyeurs, se sont emparés des plus beaux quartiers, *loca venustiora*, et des monuments religieux ou profanes pour leur industrie, qu'ils y font couler le sang des bêtes abattues, et en laissent amoncelés les entrailles, les têtes, les pieds et les os ; que l'air est empesté par les poissons corrompus, les fumiers fétides et la putréfaction des cadavres, *corrupta cadavera*. Les premiers travaux ordonnés par Martin V furent donc pour l'assainissement de la ville, la restauration des églises et le dégagement des édifices antiques, dont quelques-uns étaient devenus, comme on le voit, des hangars, des étables, des tanneries, des écorcheries. Le mémorial d'Infessura nous apprend que, le lendemain de son arrivée à Rome, Martin V alla demeurer dans le palais du Vatican. Ce palais et la basilique de Saint-Pierre étaient si délabrés et si mal couverts que le pape dut dépenser jusqu'à cinquante mille florins pour la seule réparation des toitures. Cependant, il ne se borna point à la restauration des monuments dégradés, tels que le Capitole, le Ponte-Molle, le Ponte-Rotto, appelé alors Pont Sainte-Marie. La basilique de Saint-Jean de Latran lui inspirait une telle vénération, qu'il en fit restaurer le pavement avec des marbres tirés des églises abandonnées, dispensant les ouvriers qui arracheraient les marbres de la faute de sacrilège, *sine aliqua sacrilegii aut alterius culpæ nota*. Et s'il était permis d'en user de la sorte à l'égard des édifices chrétiens, comment devait-on traiter les monuments du paganisme, le Colisée, le Capitole, c'est-à-dire toute une moitié de Rome, et non certes la moitié la moins précieuse! Cette remarque d'un écrivain sagace et bien informé (1) n'est que trop justifiée par d'autres documents, et par l'état où se trouvaient les monuments antiques de Rome, avant même d'être transformés en carrières. Ainsi la Renaissance, loin d'être, dans la ville éternelle, un retour à l'art païen, n'y était encore qu'une adaptation à l'art chrétien et sacerdotal des enseignements et des matériaux fournis aux artistes du quinzième siècle par l'antiquité.

Nous avons parlé déjà des fresques que Martin V fit peindre dans la basilique du Latran par Gentile da Fabriano et Vittore Pisanello et que Vasari a tant vantées. Nous avons dit qu'il n'existait plus aucune trace de ces peintures que l'humidité des murailles a complètement effacées. Ce qui reste encore, au Latran, des ouvrages exécutés par l'ordre de Martin V, c'est le pavement, dont le dessin ne manque pas de grâce, et le tombeau de ce pape qui l'avait lui-même commandé à Simone Fiorentino, élève, mais non pas frère de Donatello.

Ce Simone paraît être le même que Simone di Giovanni Ghini, orfèvre florentin, qui se trouvait à Rome depuis 1427. Le tombeau de Martin V, qui se voit encore aujourd'hui sur le pavement de la basilique, au milieu de la grande nef, près de la Confession, consiste en un sarcophage de marbre, soutenu par des socles qui l'élèvent un peu au-dessus du pavé.

(1) M. Eugène Müntz, *les Arts à la cour des Papes pendant les quinzième et seizième siècles*. Paris, Ern. Thorin 1878.

Sur les grands et les petits côtés de ce sarcophage, des anges volants, d'un beau style, tiennent des couronnes de laurier, qui encadrent les armes parlantes du pape (une colonne avec la tiare et les clefs). Le couvercle du cercueil est une plaque de bronze sur laquelle est modelée en bas-relief l'effigie du pape. Il est couché sur son lit de mort, vêtu de ses habits pontificaux, les mains croisées sur la poitrine. Sa tête couronnée de la tiare repose sur un coussin brodé. Le caractère de la figure entière, et en particulier du visage, est celui d'une gravité rigide ; il est exprimé avec force, d'un dessin voulu, incisif et ressenti, qui se fait d'autant plus remarquer à Saint-Jean-de-Latran, qu'en général les sculptures et les peintures de cette basilique appartiennent à une époque de maniérisme et de décadence. Au-dessus du coussin paraît le motif qui est plusieurs fois répété dans la frise du sarcophage : deux anges de petite proportion et aux ailes déployées embordurant les armoiries du mort tiennent une couronne (1). Il était juste que Martin V eût sa dernière demeure dans un temple qu'il avait restauré, qu'il avait orné de peintures, et dont il fit refaire la couverture, le soffitte et les pavements en mosaïque. C'est probablement par allusion à ce dernier ouvrage que le tombeau sculpté en marbre et coulé en bronze par Simone, fut déposé sur le pavé du Latran.

Mais les arts somptuaires, les arts décoratifs, tels que l'orfèvrerie, la broderie, la tapisserie furent ceux que favorisa le plus Martin V, dans son amour pour le luxe sacerdotal. Il

____

(1) Il nous souvient d'avoir jeté un coup d'œil sur ce tombeau de Martin V, lorsque nous visitâmes Saint-Jean-de-Latran, mais c'est d'après la gravure et d'après un vague souvenir que nous parlons de ce tombeau, d'ailleurs assez peu remarqué d'ordinaire dans cette basilique, « la mère et la tête des églises de la ville et du monde (*Ecclesiarum Urbis et Orbis mater et caput*). Par une sorte de fatalité, il nous a été impossible de le revoir à notre dernier voyage, à cause des réparations commencées dans la tribune de la basilique. (*Note de M. Ch. Blanc.*)

existait à la cour de Rome un usage très ancien, de nature à fournir du travail aux orfèvres employés par les papes ; c'était le rite de la *rose d'or,* que les papes étaient dans l'usage de donner aux églises fameuses, à des princes et princesses amis du Saint-Siège, ou au préfet de Rome, à des personnages illustres, à des républiques comme celle de Florence (1). La rose d'or était un présent symbolique : on la teignait de rouge en mémoire de la Passion que rappelaient aussi les épines de la fleur. Le pape, avant d'en faire don, l'oignait de baume, l'aspergeait de musc et la bénissait solennellement le quatrième dimanche de carême. Martin V, lorsqu'il fut élu à Constance par le concile, reçut une ambassade des Florentins qui le suppliaient de venir passer quelque temps à Florence. Le pape s'y rendit, en effet, en 1419, et, après avoir dit la messe à Santa-Maria-Novella, il donna la rose d'or à la Seigneurie et voulut qu'elle fût accompagnée par une cavalcade de cardinaux, de prélats et par toute la cour pontificale, jusqu'au palais des Seigneurs, où la rose fut déposée dans un tabernacle.

La rose d'or était un précieux ouvrage d'orfèvrerie. Elle se composait d'une branche épineuse de feuilles et de roses, dont la principale contenait une petite coupe recouverte d'une plaque forée par où le pape introduisait les parfums. Elle était portée avec élégance, soit dans un vase finement décoré, soit sur un piédestal orné de bas-reliefs : l'orfèvre y enchâssait des saphirs, des perles et autres joyaux, portant la valeur de la rose jusqu'à 500 ducats d'or.

Un autre usage, non moins propre à encourager l'orfèvrerie, était celui de donner le *stocco,* l'épée d'honneur (l'es-

_____

(1) Les papes du XIVᵉ siècle, pendant leur long séjour hors de Rome, ne négligèrent pas l'envoi annuel de la rose d'or. Sur les artistes, et les destinataires de ces roses, voyez l'étude citée de Maurice Faucon, *les Arts à la cour des papes d'Avignon,* etc.

toc) aux capitaines qui avaient défendu l'Église, à ceux qui avaient remporté quelque victoire sur les infidèles, et aux empereurs, aux rois présents à Rome le jour de Noël et qui avaient assisté à la messe de minuit. Le *stocco* était une épée précieusement ciselée à la garde, avec un pommeau d'or, un fourreau richement ouvré et une magnifique ceinture. On la donnait, accompagnée d'un bonnet ducal en velours cramoisi et brodé d'or, orné de perles et d'hermine. Au milieu de ces broderies figurait une colombe symbolique lamée d'argent. L'origine de ce rite remontait au pape Alexandre III qui, vers la fin du douzième siècle, défendu par les Vénitiens contre Frédéric Barberousse, avait donné au doge de Venise, Sébastien Zani, une épée dans un fourreau d'or avec la rose traditionnelle, un parasol (*ombrellino*) et un anneau de mariage pour épouser l'Adriatique. Martin V, en 1419, envoya une épée d'honneur au dauphin, fils de Charles VI, roi de France, qui venait d'être nommé régent du royaume. L'épée et le béret ducal étaient bénis par le pape avant la messe de minuit, soit dans la sacristie de la basilique Libérienne (Sainte-Marie-Majeure), soit dans la chambre des ornements sacerdotaux, *camera dei paramenti*.

Il est aisé de comprendre combien l'art de l'orfèvrerie et celui de la broderie durent être florissants à la cour des Papes, où abondaient naturellement les mîtres, les dalmatiques, les bannières, les vases sacrés, et combien en particulier leur fut propice le pontificat de Martin V, qui, en dépit de sa parcimonie, avait commandé aux orfèvres de Florence la fameuse tiare resplendissante de pierres précieuses que Lorenzo Ghiberti orna de figures exquises. Ce pape, thésauriseur et en même temps fastueux, fut le premier qui introduisit dans son palais le luxe des tapisseries; ou, du moins, c'est dans les livres de compte tenus sous son règne qu'on voit figurer, pour la première fois, des ornements de ce genre, ainsi que la soie et le fil nécessaires à la réparation de ces tissus. Il est payé quatre florins d'or de chambre et 25 sous de monnaie romaine à Benedetto di Simone di Nese, pour travaux faits dans quelques tapisseries : *ratione laboris in quibusdam tapetis facti*. Il est vrai que dans des mémoires, des chroniques et des inventaires antérieurs au quinzième siècle, on trouve mentionnés des tapis peints, des tentures d'or et de soie, des draperies de murailles ayant servi, soit à orner les rues pour l'entrée d'un pape, comme celle d'Innocent IV à Gênes, en 1251, soit à décorer la demeure du pape Boniface VIII l'année même de son exaltation, en 1295. Mais les tentures dont il est question dans ces documents peuvent n'avoir été que des étoffes brochées, des broderies, des brocarts, et rien ne prouve que ces tissus fussent vraiment des tapisseries de haute lisse, de celles qu'on appelle en italien des *arazzi*, parce qu'elles furent inventées à Arras, ou pratiquées là mieux qu'ailleurs. Les tapisseries proprement dites ne sont désignées de manière à être reconnues que vers la fin du quatorzième siècle (1389). Dans la chronique de Plaisance, compilée par Jean de Mussis, et citée par M. Eugène Müntz dans son *Histoire générale de la tapisserie*, le nom que leur donne le chroniqueur : *banderie de Arazza*, ne laisse aucun doute sur la nature des tissus dont il parle. Il est ainsi avéré que, dès le quatorzième siècle, les tapisseries façon de Flandre avaient été introduites en Italie, particulièrement en Piémont, où elles étaient soumises à un droit que les agents de l'octroi devaient fixer par estimation. Mais c'est à partir du quinzième siècle qu'on voit les tapisseries déployer leur magnificence dans les fêtes publiques, les entrées triomphales et les cérémonies observées à Rome pour le couronnement des papes ou des empereurs, pour la canonisation d'un saint.

Selon toute apparence, les tapisseries dont il est fait mention dans les comptes de Martin V sont des ouvrages de haute lisse, fabriqués en Flandre, et qui n'étaient pas encore, en Italie, l'objet d'une industrie indigène.

Martin V n'entra dans le tombeau qu'il s'était fait préparer que plusieurs années après sa mort, survenue en 1431. Économe et magnifique tout ensemble, ce pontife amassait des trésors ; il affichait le goût des orfèvreries, des tapisseries, des broderies, des émaux ; il vivait pauvrement dans son palais près de l'église des Saints-Apôtres, et il possédait pour figurer dans les cérémonies pontificales la tiare la plus splendide qu'on eût encore vue, celle que Lorenzo Ghiberti avait ornée de figurines en ronde bosse et qui étincelait de pierreries. Le lendemain de ses funérailles, treize cardinaux, réunis dans le couvent de la Minerve, élurent en sa place Gabriel Condulmieri, Vénitien, cardinal-évêque de Sienne, qui avait passé sa jeunesse dans la pauvreté sous l'habit religieux. Le nouveau pontife prit le nom d'Eugène IV, et, dans sa personne comme dans celle de Martin V, se manifesta bientôt un singulier contraste, celui que présentait son austérité chrétienne avec son goût pour les pompes extérieures. Il lui était resté, de sa vie monacale, une humilité qui l'empêchait de lever les yeux en public, « *oculos in publico numquam attollebat* ». Simple dans sa vie privée, il était somptueux dans le train de sa maison, *splendidus in victu familiæ*, dit Platina, *parcus in suo*. A peine en possession du château Saint-Ange, il réclama aux neveux de Martin V le trésor laissé par leur oncle, dont ils s'étaient emparés. Cette demande, reçue par les Colonna comme un acte d'hostilité, ou du moins comme une preuve de la partialité du pape pour leurs ennemis jurés, les Orsini, marqua le point de départ des malheurs dont fut accablé Eugène IV. Le cardinal Prosper Colonna et le prince de

Salerne, se servant du trésor amassé par Martin V pour lever des troupes, ravagèrent les fiefs des Orsini, et suscitèrent ou favorisèrent des révoltes dans tous les États de l'Église. Pérouse, Viterbe, Spolète, Narni, Todi, Citta di Castello se soulevèrent contre la souveraineté du pontife. Il lui fallut, pour réduire les Colonna, l'appui des Vénitiens et des Florentins. Le prince de Salerne se rendit et restitua le reste du trésor de son oncle, 75.000 florins. Mais avant que les Colonna eussent fait leur soumission, Eugène IV exerça des représailles sur ceux de leurs partisans qui étaient demeurés à Rome ; il en condamna plus de deux cents au dernier supplice, fit mettre à la torture le trésorier des Colonna, et ordonna de raser la maison de Martin V. Cependant la révolte qui avait éclaté en Ombrie et qui avait gagné la Marche d'Ancône n'était pas facile à combattre. Le pape devait tenir tête à des capitaines redoutables, le fameux François Sforza et Nicolas Fortebraccio de Pérouse. Pendant qu'il essayait de leur résister en les divisant, les Romains prirent les armes contre lui et l'assiégèrent dans une église où il s'était réfugié. Il courait danger de mort, s'il ne s'était enfui, déguisé en paysan, sur une petite barque, qui le porta à Ostie, à travers une grêle de traits. D'Ostie, le pape fugitif gagna Florence où il trouva un refuge.

CHAPITRE II.

Eugène IV arriva à Florence au moment où Côme de Médicis venait d'être exilé à Padoue par les Albizzi. Florence était déjà remplie de choses admirables, et l'on y montrait avec orgueil aux étrangers l'une des portes du Baptistère que Lorenzo Ghiberti avait achevée depuis neuf ans. La vue de ce merveilleux ouvrage inspira au pape l'idée de faire exécuter, lui aussi, des portes de bronze pour la basilique de Saint-Pierre à Rome. Mais, au lieu de s'adresser à quelqu'un des grands artistes qui florissaient alors dans la république Florentine, il donna sa confiance à un architecte encore obscur, Antoine Filarète, qui n'avait aucune notoriété à Florence, mais qui eut, sans doute, quelque puissante recommandation auprès du saint-père ou de ses ministres. Du reste, Antoine Filarète, faute de génie, avait du savoir. Il s'est grandement distingué à Milan comme architecte, et il a écrit, sur l'architecture, un traité resté manuscrit, mais souvent consulté, moins il est vrai pour les théories qu'il renferme que pour les renseignements qu'on y trouve sur les arts et les artistes de Florence. Dans ce traité, dont certaines parties ont un caractère biographique, l'écrivain nous apprend qu'il fut chargé par Eugène IV d'exécuter les portes de bronze qui ferment encore l'entrée de Saint-Pierre de Rome. Par le style de cet ouvrage et par la nature de ses pensées, Filarète n'est pas de son temps. Il se rattache aux époques antérieures. On croit même voir en lui quelque chose de suranné, sinon de barbare, et en même temps une certaine affectation, qui rappelle les esprits raffinés du moyen âge. Il y a loin, il y a bien loin, assurément, des portes qu'il fit pour Saint-Pierre de Rome à la première porte que venait de modeler et de ciseler Lorenzo Ghiberti pour le baptistère de Florence. Mais aucune comparaison n'est possible entre deux artistes qui semblent être séparés par un intervalle de deux siècles, bien qu'ils soient en réalité contemporains. Aussi ne faut-il chercher, dans les portes de Saint-Pierre, ni les proportions heureuses, ni le choix des formes, ni la naturelle et suprême élégance des gestes et des mouvements qui caractérisent l'œuvre, tant admirée et si admirable, de Ghiberti. Les figures de Filarète sont courtes, comme on les conçoit dans les âges encore barbares; elles ont de grosses têtes qui sont, pour la plupart, grossies encore par des coiffures énormes. Cela n'est vrai pourtant que des nombreux personnages secondaires, qui remplissent les espaces en forme de frise compris entre les grands panneaux. Le Christ et la Vierge, saint Pierre et saint Paul, telles sont les principales figures de la composition, et elles sont dominantes, non seulement par leurs dimensions, mais encore par un plus haut relief. Quoi qu'en dise Vasari, ces figures, celles des apôtres surtout, ne manquent pas de dignité dans leurs attitudes, ni de grandeur dans les plis secs de leurs draperies rigides. Conformément à une tradition qui remonte à l'antiquité égyptienne, qui se trouve dans l'art grec, et qui s'était conservée durant le moyen âge, le sculpteur a donné des proportions très inégales à saint Pierre et au pape Eugène IV, qui est représenté à genoux, recevant les clefs pontificales. Le prince des apôtres est deux fois plus grand que le pape, le regarde à peine et se tient debout avec une contenance pleine de fierté. Mais il y a dans ces tableaux de bronze d'autres inégalités que celle des proportions. Divers artistes y ont mis la main, et parmi eux il est aisé de reconnaître l'auteur du tombeau de Martin V à Saint-Jean de Latran, ce Simone Fiorentino, auquel Vasari attribue une grande part du travail. Bien que Simone ne soit pas nommé dans les manuscrits de Filarète, à l'endroit où il est parlé des portes de Saint-Pierre, on peut regarder sa collaboration comme certaine et croire que Vasari n'a pas été mal informé. Pour savoir qui a fait un ouvrage d'art, il n'est pas de document plus sûr que le style même de l'ouvrage. Or le ciseau de Simone se trahit en plusieurs parties de ces bronzes en relief, et particulièrement (ce qu'on n'a pas encore remarqué) dans les figures d'anges qui surmontent les panneaux supérieurs. Ces anges qui volent horizontalement et semblent planer sur les têtes du Christ et de la Vierge, sont absolument les mêmes que nous avons vus sur la pierre tombale de Martin V, portant les armoiries du pape, et répétés, deux à deux, sur les frises latérales du sarcophage. C'est le même mouvement, le même contour accentué, le même degré de saillie, le même caractère dans les formes et dans la façon de les exprimer, et une aussi parfaite similitude ne laisse aucun doute sur la coopération de Simone Fiorentino. S'il fallait désigner les panneaux qui ont été modelés et ciselés par Filarète, nous lui attribuerions ceux qui retracent, au-dessous du saint Paul, sa décollation, au-dessous du saint Pierre, son crucifiement. Là se retrouvent des figures plus trapues que celles de Simone, de plus grosses têtes, des mouvements sans souplesse, des gestes sans aucune aisance. Le bourreau qui va couper la tête du saint Paul, par exemple, et le saint Paul lui-même sont des nabots, qui rappellent les sculpteurs du moyen âge et qui eussent paru d'étranges anachronismes, s'ils eussent figuré à Florence dans un bas-relief, auprès des ouvrages d'un Donatello ou d'un Ghiberti. Mais le panneau représentant le crucifiement de saint Pierre est l'œuvre d'un homme qui a étudié avec soin l'architecture et la sculpture romaines, et en particulier la colonne trajane ; à la manière dont l'artiste a dessiné l'édicule corinthien sous lequel Néron assiste au supplice de l'apôtre, on reconnaît un architecte nourri de l'antique et rompu à la connaissance des habillements, des armes et des édifices de la Rome impériale. S'il est l'auteur de ce panneau, comme nous le pensons, Filarète s'y montre l'égal de Simone, malgré quelques parties faibles, notamment la figure d'un cavalier romain renversé de son cheval, qui se présente dans un raccourci impossible.

Au bas de la porte, sur la face qui regarde l'intérieur de l'église, Filarète a modelé une frise dont le motif facétieux paraît singulièrement déplacé à la porte d'une basilique. L'architecte sculpteur s'y est représenté sur un âne, conduisant à une partie de campagne, à une *vignata,* la troupe joyeuse de ses élèves, arrivés au bout de leur tâche, et dont quelques-uns dansent, déjà pris de vin. Celui-ci brandit un flambeau allumé, celui-là une équerre, cet autre un compas, tandis que, du haut de son âne, le maître agite un pot vide qui sera bientôt rempli. A l'autre extrémité de la frise, le collaborateur de Filarète, monté sur un dromadaire, vient se mêler aux compagnons en joie et en liesse. Ne se croirait-on pas au treizième siècle de notre art français, à l'époque où les artisans qui travaillaient à décorer de sculptures les cathédrales

du moyen âge taillaient aux angles des porches, à l'extrémité des gargouilles, ou sur les parois de quelque passage
obscur, des moines avinés, des bouffonneries et jusqu'à des
gravelures?

Dans les portes de bronze de Saint-Pierre, une partie
qui n'offre pas moins d'intérêt est la suite des frises en bas-
relief qui séparent les grands panneaux, et où sont représentés le couronnement de Sigismond, l'histoire des conciles
de Ferrare et de Florence, assemblés pour la réconciliation des églises grecque et latine, l'arrivée de Jean Paléologue et des ambassadeurs orientaux, venus de Byzance
pour demander du secours aux Latins, leur réception par le
pape. Dans ces panneaux se trouvent des cavaliers montés
avec aisance sur des chevaux finement dessinés et d'une allure vive. De même que les notes d'un livre sont imprimées
en plus petits caractères que le texte, les frises sont remplies
de figures beaucoup moindres que celles des panneaux et
d'un relief plus modéré, les unes vêtues des costumes italiens
du quinzième siècle, les autres habillées à l'orientale, avec
des coiffures énormes, parmi lesquelles on distingue celle de
l'empereur Paléologue, dont le chapeau démesuré, et pointu
comme la proue d'une gondole, affecte une forme grotesque.
Du seul fait que l'union des Églises latine et grecque est le
sujet représenté dans les bas-reliefs de la porte, il résulte que
l'ouvrage ne put être exécuté que postérieurement à 1439,
qui est l'année où fut consacrée, par le concile de Florence,
la fusion des deux Églises. Mais une chose remarquable dans
les sculptures de Filarète, c'est qu'il les a conçues dans le
système pittoresque inauguré par Lorenzo Ghiberti, c'est-à-
dire en y feignant des effets de perspective, et qu'ainsi, faute
de pouvoir imiter la grâce, la beauté exquise, la désinvolture
aisée qui distinguent les figures de Lorenzo, il ne sut pas se

défendre d'imiter les défauts de ce grand maître. On s'explique aisément sans doute qu'un artiste de la décadence tel que Vasari ait trouvé ce style raide, primitif et qu'en l'appelant *sciagurato,* il l'ait dénoncé comme barbare, lui qui, égaré avec tant d'autres à la suite de Michel-Ange, avait remplacé le naturel par la manière, la grâce par l'affectation, et qui, sous prétexte d'assouplir les draperies, leur imprimait des ondulations convenues, les chiffonnait au lieu de les rompre en plis motivés. Mais, si l'on y regarde bien, les figures des portes de Filarète, surtout celles qui appartiennent à Simone, ne méritent point qu'on en parle en termes aussi méprisants et, malgré les quelques balourdises qui s'y trouvent, on peut s'étonner que Bottari soit allé jusqu'à dire : « Tant de choses que renfermait Saint-Pierre et qui étaient « les œuvres d'artistes excellents ont été changées de place, « et cette porte qui, pour bien des raisons, méritait de périr, « elle subsiste encore! »

Comme Martin V, Eugène IV avait le goût des belles orfévreries, et, comme lui, c'était à Florence qu'il l'avait contracté. Les merveilleux ouvrages de Ghiberti avaient inspiré au pape, non seulement la pensée de faire exécuter pour Saint-Pierre des portes de bronze, mais le désir de posséder une tiare plus magnifique et plus brillante encore que celle de son prédécesseur. Nous avons dit comment Lorenzo avait répondu à ce désir. Dans la mître à triple couronne que lui avait commandée le pontife en exil, le prix du travail l'emportait sur la richesse des matières. Quinze livres pesant d'or, cinq livres et demie de perles, estimées trente mille ducats, et dont six étaient de la grosseur d'une aveline, les rubis, les saphirs et les émeraudes semés sur la mître, tout cela ne valait pas le dessin ingénieux et plein de grâce des figurines qui ornaient la tiare : c'étaient, dit Ghiberti lui-même, de petits anges,

angioletti, environnant le trône du Christ, sur la face antérieure, et, sur l'autre face, une Vierge, aussi entourée d'anges, et les quatre évangélistes, sur les côtés, en des compartiments embordurés d'or.

Le registre des mandats et d'autres documents de ce genre,
consultés à la bibliothèque du Vatican par les membres de
l'École française de Rome, notamment par M. Eugène
Müntz, nous ont fait connaître les noms de quelques
orfèvres qui travaillèrent pour Eugène IV. L'un d'eux,
Rinaldus di Giovanni Ghini, peut-être frère de Simone
Fiorentino, est chargé de faire un piédestal d'argent doré
pour la rose donnée par le pape à Ranuzio Farnèse et offerte
par celui-ci au baptistère de Florence. Un autre, Angelo di
Nicolo, cisèle une épée de Noël, à pommeau de cristal, et celui-là paraît être le même que l'Angelus Nicolai degli Oric-
coli, appelé, en 1442, à donner son avis sur la coupole de
Brunellesco. Un troisième, Silvestro Jacopoccio de Aquila,
grave des sceaux pour la chambre apostolique, et il se trouve
que ce graveur est aussi un statuaire des plus habiles, qui a
sculpté dans sa ville natale, Aquila, un tombeau remarquable, l'*Arca di San Domenico*. On voit que les artistes employés à Rome par les papes vers le milieu du quinzième
siècle sont tous ou presque tous étrangers. Le surintendant
des travaux exécutés à Saint-Pierre et dans le Vatican (*Ma-
gister et operarius super fabrica palatii et ecclesiæ Sancti
Petri*) était un compatriote du pape, un Vénitien, nommé
Antonio Riccio. Enfin, l'artiste qui peignit le portrait du
pape, d'après nature, était un Français, Jehan Fouquet de
Tours. Ce portrait a disparu, mais nous savons par Filarète
que le pape y était représenté avec deux personnages de sa
maison, probablement deux cardinaux, comme l'a été plus tard
Léon X, par Raphaël. Dans la dédicace de son traité d'archi-

tecture à François Sforza, duc de Milan, Filarète parle de
Jehan Fouquet, dont il estropie le nom, — il l'appelle Foccato
— comme d'un maître très habile à « pourtraire au naturel »,
et qui avait fait le portrait d'Eugène IV et de ses deux acoly-
tes, sur une toile placée dans la sacristie de la Minerve. Et
il ajoute : « Je le dis, parce qu'il les a peints de mon temps »,
ce qui veut dire, du temps où Filarète travaillait, à Rome,
aux portes de bronze.

Il est donc constant qu'autour des premiers papes de la
Renaissance il n'y eut point d'artistes nés ou élevés à Rome.
C'est à peine si l'on trouve le nom d'un orfèvre romain (*de
Urbe*) dans les livres de compte conservés au Vatican. C'est
de Florence, de Naples, de Venise, de Vérone, de Fabriano,
que viennent les architectes, les sculpteurs et les peintres
employés par Martin V et par Eugène IV. Issu d'une famille
patricienne, ce dernier pontife, bien qu'il eût peu de littérature, était plus civilisé que les Romains de son temps, dont la
rudesse se manifestait par des actions vraiment barbares. Et
ce n'était pas seulement le peuple, un peuple ignorant, qui
dévastait les monuments antiques ou mettait le feu aux
églises. Les chanoines du Latran dérobèrent, pour les vendre,
une partie des joyaux qui ornaient les bustes d'argent dans
lesquels sont renfermées les têtes de Pierre et de Paul,
princes des apôtres. Le pape, notamment dans la bulle du
26 mars 1439, se plaint amèrement que les basiliques de
Rome aient été dépouillées de leurs marbres précieux, que
des tables de porphyre aient été audacieusement arrachées à
l'autel de Saint-Pierre. Cependant, si ce fut un peintre français qui fit le portrait d'Eugène IV, il ne faudrait pas en
conclure que personne, à Rome, n'était capable de « pourtraire au naturel » aussi parfaitement que pouvait le faire
Jehan Fouquet. L'artiste tourangeau ne fut pas appelé en

Italie par Eugène IV, il y fut envoyé par le roi de France Charles VII, qui avait pris le parti d'Eugène IV dans les querelles du pape avec le concile de Bâle, et qui s'était refusé à reconnaître Amédée VIII, duc de Savoie, élu antipape sous le nom de Félix V. Ce que fit si heureusement Jehan Fouquet, d'excellents peintres italiens de ce temps-là auraient pu le mener à bien. Car, il faut s'en souvenir, ce fut par l'ordre d'Eugène IV, selon les témoignages de Platina et de Facio, que Vittore Pisanello continua, dans le Latran, les fresques représentant l'histoire de saint Jean-Baptiste que Gentile da Fabriano n'avait pu finir. Il ne faut pas oublier non plus que Fra Angelico de Fiesole fut appelé à Rome par Eugène IV. Cela seul, aux yeux des amis de l'art, suffirait à honorer la mémoire de ce pontife.

Mais le génie de la Renaissance italienne n'eût pas fait une véritable alliance avec la papauté, si les circonstances n'eussent élevé sur le trône pontifical un homme d'une vaste instruction, d'un esprit étendu et orné, qui fût capable de remonter jusqu'aux temps antiques, en passant par-dessus le moyen âge. Cet homme fut Nicolas V.

Il s'appelait Thomas Parentacelli; il était né à Sarzane, ville soumise à la république de Gênes. Sa première jeunesse s'était passée à Bologne, dans l'étude et la pauvreté, et il y avait reçu les ordres mineurs. Ne pouvant être assisté par sa mère, qui s'était mariée en secondes noces, il était allé à Florence gagner sa vie en faisant l'éducation des fils d'un citoyen riche et puissant. Ordonné prêtre à l'âge de vingt-cinq ans, et devenu à Bologne, où il était retourné, l'intendant de l'archevêque Albergati, il reçut d'Eugène IV une importante nonciature en Allemagne et la pourpre romaine. Le 4 mars 1447, seize cardinaux entrèrent dans le conclave de la Minerve, à Rome, le même où avait eu lieu l'exaltation du pape qui venait de mourir. La première porte était gardée par quatre prélats, la seconde par Æneas Sylvius Piccolomini, ambassadeur de l'empereur Frédéric III. Le discours sur l'élection du nouveau pontife avait été prononcé par Thomas de Sarzane. Ce fut lui que les cardinaux élurent : il était âgé de quarante-huit ans. Le 19 mars, il fut solennellement couronné dans la vieille basilique de Saint-Pierre ; puis il monta sur un cheval blanc et, tenant une rose d'or à la main, il alla prendre possession de Saint-Jean-de-Latran.

Il ne nous appartient pas d'écrire l'histoire politique des papes. D'autres ont raconté leurs faits et gestes comme chefs de l'Église, d'autres ont tracé particulièrement le tableau de ce qui se passait en Europe, à l'avènement de Nicolas V. La mort d'Eugène IV n'avait pas éteint le schisme. Le pape Félix V, que le concile de Bâle avait élu seul, comme pour mieux affirmer par cette élection la suprématie des conciles, était encore vivant et n'avait pas renoncé au pontificat suprême. Mais les rois de France et d'Angleterre s'employaient à obtenir sa renonciation. L'union des Églises grecque et latine était sur le point de se dissoudre. L'Italie, divisée en petites républiques, qui étaient elles-mêmes divisées en partis contraires, ne connaissait guère d'autre principe que le droit du plus fort, et d'autre morale, parmi les chefs d'État, que la perfidie. L'Allemagne et la Hongrie étaient rongées par des luttes intestines. A Naples régnait une anarchie militaire, à Venise, une oligarchie ambitieuse, ombrageuse et toujours armée. Les Milanais s'efforçaient, en vain, de recouvrer leur liberté, qu'allait opprimer un aventurier hardi et heureux, Francesco Sforza, succédant aux Visconti. Dans l'État romain, les petits barons s'étaient partagé la tyrannie des petits vicariats, de sorte que le pape le plus artiste qui fut jamais ne voyait rien autour de lui qui ne fût contraire à la pensée dont il était possédé, de donner une grande impulsion aux arts de la paix, un grand lustre aux cérémonies pontificales, et, comme il le disait lui-même, non pas d'acquérir une vaine gloire, mais de rehausser l'éclat de l'Église et la dignité apostolique. Le terrible Mahomet II venait d'inaugurer son règne par une guerre contre le roi de Chypre et menaçait toute la chrétienté.

La connaissance de la littérature antique était, pour Nicolas V une excellente préparation à l'intelligence et au sentiment de l'art. Un homme qui avait la passion des livres, qui fit traduire l'*Iliade* et l'*Odyssée,* les lois de Platon, les écrits d'Aristote, les histoires d'Hérodote et de Thucydide, l'almageste de Claude Ptolémée, la géographie de Strabon, un tel homme, certes, ne pouvait demeurer indifférent aux beaux ouvrages d'art, presque toujours contemporains des beaux ouvrages de l'esprit. Comment admirer les poètes, les philosophes, les historiens de la Grèce antique, sans reporter une partie de son admiration sur Ictinus, sur Mnésiclès, sur Callicrate, sur Phidias ! Ce que Périclès avait accompli dans Athènes, Nicolas V voulait l'accomplir à Rome. Il projetait de renouveler la ville éternelle, en y élevant des édifices sans pareils, en reconstruisant le palais du Vatican et la basilique de Saint-Pierre, devant laquelle il méditait d'ériger un obélisque, le même que Sixte V, plus tard, fit dresser ; en relevant les murs de Rome, en restaurant le Capitole, le château Saint-Ange, les ponts, les ports et les tours, en refaisant l'aqueduc de l'Aqua Vergine et la fontaine de Trévi, en perçant de nouvelles rues, en dégageant les monuments et les places publiques, en bâtissant un palais contigu à Sainte-Marie-Majeure, en fondant un atelier de tapisseries, en créant la première bibliothèque du monde.

Cependant, pour donner suite à d'aussi vastes entreprises, il fallait des matériaux et des trésors. Les matériaux, le pape les prit sans scrupule, par une contradiction inexplicable, dans les monuments antiques, tels que le Colisée et les ruines dispersées autour du Forum, monuments qu'il aurait dû respecter plus que personne et desquels il fit extraire en une seule année plus de 2500 charretées de travertin ou de tuf. Les trésors, Nicolas V se les procura, entre autres moyens, en publiant le jubilé de 1540, qui attira dans Rome une prodigieuse multitude de pèlerins et fit entrer les florins par centaines de mille dans les coffres des Médicis, banquiers du Saint-Siège. Nous avons parlé de ce jubilé mémorable, nous avons dit comment, la foule s'étant pressée sur le pont Saint-Ange, en revenant de la basilique, les parapets furent emportés, et cent soixante-douze personnes noyées dans le Tibre ou étouffées. Pour prévenir le retour d'une pareille catastrophe, Nicolas V fit démolir les boutiques et les madones qui obstruaient le passage, il consolida le pont et construisit aux extrémités, à grands frais, deux chapelles commémoratives, de forme circulaire, qui ont été détruites au seizième siècle.

L'année même de son exaltation, Nicolas V mit la main sur le palais du Vatican et y commença des travaux, d'abord peu importants, mais qui devinrent bientôt considérables. Il débuta par s'y ménager un oratoire privé qui lui servait de *studio,* et qui n'est autre que la chapelle de Saint-Laurent peinte par Fra Angelico, assisté de son élève Benozzo Gozzoli. Puis il construisit, en véritable humaniste, la Bibliothèque Vaticane, éclairée par de larges fenêtres; ensuite, la Salle des Gardes, où figurent encore ses armoiries, et le Belvédère, sans parler d'un jardin, arrosé de fontaines intarissables, *continuis fontibus,* auprès duquel s'élevaient de grandes cuisines et de magnifiques écuries. Grâce au dépouillement des comptes relatifs aux bâtiments commandés par Nicolas V, nous connaissons d'une manière sûre les noms des architectes qui présidèrent aux grands travaux entrepris dans le Vatican. Ce sont Antonio di Francesco, de Florence, Bernardo di Matteo, qui est évidemment le Bernardo Rosellino, dont Vasari a parlé avec tant d'éloges et tant de chaleur (puisqu'il s'appelait Bernardo di Matteo Gamberelli, dit Rosellino) et Ridolfo Fioravante, de Bologne, ingénieur, architecte, mécanicien, qui, à cause de la variété de ses connaissances, était surnommé Aristote. Le premier de ces architectes n'est pas autrement connu ; cependant il était chargé d'une des grandes entreprises du pape, la reconstruction du palais : *Ingegnere di palazzo,* c'est le titre qu'on lui donne dans les comptes des bâtiments pontificaux. Le second, Bernardo Rosellino, était le frère du célèbre sculpteur Antonio Rosellino, et sculpteur lui-même ; il s'était illustré à Florence, nous l'avons dit, en modelant le tombeau de Leonardo Bricci, à Santa-Croce, et celui de la Beata Villana, à Santa-Maria-Novella, attribué par Vasari à Desiderio da Settignano. Thomas de Sarzane ayant passé une partie de sa jeunesse à Florence, il ne faut donc pas s'étonner de voir autour de lui tant d'artistes florentins. Ridolfo Fioravante, le troisième architecte employé par Nicolas V, est un ingénieur des plus célèbres ; il avait, entre autres ouvrages, accompli à Bologne un prodige de dynamique qui, au quinzième siècle, était fait pour exciter au plus haut degré l'étonnement et l'admiration des contemporains. Il s'agissait d'une tour, appelée la Magione, attenante au mur de l'église du même nom, qui appartenait aux chevaliers de Saint-Jean de Jérusalem. Le commandeur de l'Ordre, Virgilio Melvezzi, qui habitait la maison contiguë à l'église, se plaignait souvent que la tour en question obstruât la belle vue dont il aurait joui de ses fenêtres, et il demandait, sans doute en manière de plaisanterie, s'il n'y aurait pas moyen d'éloigner cette tour sans la démolir. Fioravante accepta sérieusement d'étudier ce problème qui, alors, devait paraître insoluble; il sut le résoudre, à la stupéfaction des Bolonais qui virent la tour reculer à une distance de trente-cinq pieds! Mais Fioravante n'avait pas encore donné ces preuves merveilleuses de son savoir lorsqu'il fut attaché aux travaux du Vatican par Nicolas V, qui le chargea notamment de transporter de la Minerve au Vatican des colonnes monolithes d'un poids énorme.

Tels étaient les artistes éminents que le pape avait dû appeler auprès de lui, car, dans Rome, il ne s'en trouvait pas dont le génie fût à la hauteur des grands projets qu'il avait conçus.

CHAPITRE III.

Nicolas V (suite). — **Démolition de l'antique basilique constantinienne. Commencement des travaux de reconstruction sous la
direction de Bernardo Rosellino et avec les conseils de Léon-
Baptiste Alberti. — Importants travaux d'architecture à Rome
et dans les autres villes de l'État pontifical.**

Antonio di Francesco, étant préposé au palais du Vatican,
ce fut particulièrement Bernardo Rosellino qui, bien que
nommé, lui aussi, *ingegnere di palazzo,* eut mission de réparer une partie de la basilique et de reconstruire l'autre.
Mais avant d'en venir à nous occuper de ces réparations et
reconstructions, dont le labeur immense était de nature à
effrayer le plus intrépide architecte, il importe que nous don-
nions une idée de ce qu'était l'ancienne basilique de Saint-
Pierre, et d'abord que nous remontions au quatrième siècle
de notre ère.

Dans les premiers jours de l'année 324, l'empereur Constantin, cédant aux exhortations du pape saint Silvestre, se
porta vers cette partie de la ville où existait encore le cirque
de Néron, et, déposant le diadème et la chlamyde, il prit une
houe et creusa dans le sol la place où devaient être assis les
premiers fondements de la basilique. Les vastes substructions
qui portaient le côté droit du cirque furent destinées à la fondation de Saint-Pierre, mais comme elles ne pouvaient suffire
à élever des murailles auxquelles on voulait donner huit palmes d'épaisseur (la palme est de 25 centimètres), on fabriqua
une immense quantité de briques, et l'on fit fondre pour cou-

vrir la principale nef des tuiles en bronze qu'on se proposait
de dorer ; comme le bois manquait à Rome, on en fit venir
de la Calabre, où abondaient les arbres robustes et d'une hauteur démesurée.

Bien qu'il n'existe plus une seule pierre de la basilique
élevée par Constantin au prince des Apôtres, il a été possible aux archéologues, en rassemblant toutes les notions qui en
sont restées dans les documents graphiques ou écrits, de
reconstituer le plan de Saint-Pierre, et l'on sait aujourd'hui
que l'ancien temple, comme celui de Latran, était divisé en
cinq nefs, par quatre rangées de 22 colonnes chacune, colonnes que l'on croit avoir été tirées de divers monuments antiques, surtout du grand mausolée d'Adrien. Ces colonnes,
en effet, n'étaient pas toutes semblables ; non seulement elles
variaient par la qualité des marbres et des granits, mais les
bases et les chapiteaux en étaient diversement sculptés. Les
cinq nefs étaient coupées par une nef transversale, un transept, dont la longueur dépassait un peu la largeur totale des
cinq nefs. Dans l'axe du monument, au-delà du transept, se
creusait une abside, dont le milieu était occupé par le trône
du souverain pontife. L'autel, autrement dit la Confession,
était placé au-devant de l'abside et non pas au milieu de la
nef transversale comme dans les autres basiliques. Il était
éclairé par quarante lampes d'argent, sur lesquelles brûlaient,
le jour, cent quinze flambeaux de cire, et, la nuit, deux cent
cinquante. L'autel était isolé et décoré par deux ordres de
petites colonnes, qu'on disait avoir été transportées de Jérusalem pour entourer le sanctuaire. Le baldaquin qui couvrait
le ciboire était soutenu par quatre colonnes de porphyre.
On y voyait resplendir de diamants, de rubis et d'émeraudes, une croix d'or du poids de mille livres. La basilique
était précédée d'un atrium, appelé le *Paradis*, qui était en-

vironné de portiques sur ses quatre côtés, et, au milieu, s'é-
levait une pomme de pin en bronze qui passait pour avoir
servi d'acrotère au mausolée d'Adrien : elle est aujourd'hui
dans le jardin de la Pigna, au Vatican. Un grand escalier
conduisait à ce vestibule, dont les quatre portiques, vus d'en
bas, présentaient une belle et noble perspective.

D'après ce que l'on sait touchant l'intérieur de la basilique Vaticane de Constantin, les colonnes de la nef médiane
ne portaient point des arcs, comme dans les autres basiliques,
mais des entablements en plate-bande à la manière grecque,
et ces entablements, enrichis d'ornements dissemblables et
gravés d'inscriptions en caractères différents, accusaient aussi
la diversité de leurs provenances, car ils étaient faits de marbres divers. L'historien grec Zosime, qui écrivait au cinquième siècle, attribue la ruine des édifices constantiniens à
leur peu de solidité, à la hâte avec laquelle ils avaient été
bâtis, comme si l'empereur eût voulu les voir terminés quand
ils étaient à peine élevés au-dessus de leurs fondations. Cependant la basilique de Saint-Pierre, grâce à de fréquentes
réparations, avait duré onze cents ans, lorsque Nicolas V
conçut l'idée de la reconstruire sur de tels plans qu'aucun
édifice du monde ne pût désormais lui être comparé.

C'était une idée gigantesque, une idée sublime, si l'on
veut ; mais, il faut bien le dire, ce fut une idée malheureuse,
si l'on en juge par ce qu'elle a produit. La seule chose qui
puisse absoudre la mémoire de Nicolas V d'avoir commis un
acte de vandalisme, en détruisant le plus vénérable temple
de l'antiquité chrétienne, c'est la preuve que la basilique
primitive menaçait ruine au point de n'être plus susceptible
d'une réparation. « Si la démolition de l'ancienne basilique
« n'était pas absolument indispensable, dit M. Eugène Müntz,
« c'était l'acte le plus sacrilège des temps modernes. » Cela

est bien dit. Si l'on se représente, en effet, ce que devait être cette vaste église du quatrième siècle, avec sa grande nef à 22 colonnes, soutenant des plates-bandes, avec les grandes lignes horizontales formées par la continuité de l'entablement, avec son avant-portique, son *narthex,* où les cathécumènes attendaient d'avoir le cœur assez pur pour entrer dans le temple de leur Dieu ; avec son abside, uniquement réservée à l'autel et au trône pontifical ; quand on se reporte par la pensée à ce qu'étaient les basiliques de Saint-Paul-hors-les-murs et de Saint-Laurent, la première, avant qu'elle fût dévorée à demi par un incendie, la seconde, avant les restaurations qui en ont altéré, en partie, le caractère archaïque, on regrette amèrement qu'un temple aussi solennel, aussi expressif, aussi conforme aux pensées chrétiennes du premier âge, ait fait place à une église qui est immense, il est vrai, mais sans avoir le caractère réel de la grandeur, qui a des dimensions énormes et des proportions mal calculées, qui offre des formes tourmentées au lieu d'une simplicité imposante, des richesses éparses, prodiguées partout, au lieu d'une opulence concentrée, une lumière abondante et banale, au lieu des effets poétiques du clair et de l'obscur, à un édifice, en un mot, qui, ne répondant plus à des croyances aussi fortes, à des sentiments aussi profonds, étonne les yeux sans toucher l'âme.

Est-il vrai que l'ancienne basilique fût irréparable ? Voyons ce qu'en disent les auteurs qui en parlent avec le plus d'autorité. Giacomo Grimaldi s'exprime en ces termes : « La basilique avait pour fondements, au midi, trois murs des cirques de Caïus et de Néron, qui n'étaient pas en état de soutenir le fardeau des colonnes et de la couverture, ayant été bâtis eux-mêmes sur une terre meuble, *supra terram motam,* comme on s'en aperçut en creusant les fondations du campanile méridional, à tel point que les murs portés par la colonnade étaient pleins de crevasses et s'inclinaient de cinq palmes en dehors de la perpendiculaire. » Mais Grimaldi, écrivant au dix-septième siècle, n'était pas instruit par ses yeux de ce qu'il racontait; un témoignage beaucoup plus précieux que le sien est celui de Léon-Baptiste Alberti, contemporain de Nicolas V, et qui, selon toute apparence, fut consulté par le pape sur l'idée de construire une basilique nouvelle. « J'ai observé, dit-il, dans l'église Saint-Pierre de Rome un défaut qui, du reste, saute aux yeux, à savoir que ses murs longs et larges portent sur des vides continus et profonds, sans être fortifiés par aucune courbe ni par aucun autre moyen. Et, ce qui est le plus à considérer, c'est que toutes ces ailes de murs, qui ont au-dessous de trop grands vides, étant très élevées, sont exposées à l'action impétueuse du vent du Nord-Est. Il est donc advenu déjà qu'elles ont plié sous l'effort du vent et sont maintenant de plus de trois brasses en dehors de leur aplomb, et je ne doute pas que, d'ici à peu de temps, *in breve,* ces murs ne cèdent à une petite poussée ou à un petit mouvement et ne tombent en ruines, et cela serait arrivé déjà, s'ils n'étaient retenus par les poutres de la couverture. Peut-être l'architecte aura-t-il compté sur le voisinage de la montagne pour garantir le temple de la violence des vents, et il serait en ce cas moins à blâmer. Néanmoins il serait à désirer que les murs fussent de toutes parts renforcés. »

Il résulte de ce passage que les murailles de la basilique avaient besoin de contre-forts, mais non pas que la construction fût condamnée à périr. Sur des colonnes qui n'avaient point fléchi, il n'était pas difficile de refaire ou de fortifier les murailles. Nous savons d'ailleurs, par les aveux d'Alberti lui-même, que « les chapelles ménagées autour de l'église

« contribuent à la solidité de la construction, et que celles qui
« sont placées dans le creux de la montagne en soutiennent
« le poids et empêchent l'humidité qui en descend de péné-
« trer dans le temple, ce qui rend les murs plus sains et plus
« forts. Quant aux chapelles bâties de l'autre côté, au pied
« de la montagne, elles maintiennent par leurs voûtes toute
« la construction supérieure et peuvent facilement arrêter les
« éboulements qui surviendraient (1) ».

Il nous paraît donc que, moyennant certains travaux de
consolidation, la primitive basilique de Saint-Pierre aurait
pu être conservée, comme l'avait été jusqu'à l'incendie de
1823 la basilique de Saint-Paul-hors-les-murs, qui date aussi
de Constantin. Combien d'églises existent aujourd'hui dans
Rome même, telles que Sainte-Agnès, Saint-Saba, Saint-
Laurent-hors-les-murs, qui remontent au quatrième siècle, et
qui, en dépit des restaurations, gardent encore, en tout ou
en partie, ce caractère de simplicité auguste qui inspire le
recueillement et qui élève la pensée !

Nicolas V, dans son allocution testamentaire aux cardinaux, s'est défendu d'avoir conçu par une vaine ostentation
et pour faire parler de lui (*non pompa, non inani gloria, non
fama*) tant et de si grands édifices, élevés ou commencés sous
son règne. Mais, qu'il l'ait fait pour sa gloire ou pour celle
du Saint-Siège, il est permis de croire que le désir d'illustrer
à jamais, sous son pontificat, l'Église romaine lui fit prêter

---

(1) « Io certo lodo grandamente molte capellette, le quali sono adattate intorno alla
pianta della chiesa grande in Vaticano. Percio chè di queste quelle che son poste nel
cavato del monte, congiunte alle mura della chiesa, giovano assai e alla fortezza, e
alla comodità, conciosia che elle sostengono la machina del monte, che continuamente
la aggrava, e raccolgono la humidità che scorre giù per il pendio del monte, e le im-
pediscono la via da potere andare nel tempio, onde il principal muro della chiesa resta
più asciuto e più forte. E quelle capelle che dallo altro lato nel piu basso del pendente
monte son fatte, fermano con i loro archi tutti il fatto piano di soprà : e rafrenàndo
tutte le motte del terreno che fussero per cadere, possono facilmente sopportarle. »

une oreille complaisante à ceux qui, en lui parlant de la basilique constantinienne, en pronostiquaient l'inévitable ruine. Toujours est-il qu'il demanda les plans d'un nouveau temple, soit à Bernardo Rosellino, soit à Léon-Baptiste Alberti, mais plutôt à celui-ci peut-être qu'à celui-là. Il semble, en effet, assez vraisemblable que ce fut pour obéir au pape ou, du moins, pour répondre à sa pensée, que Léon-Baptiste examina les vieux bâtiments de Saint-Pierre, justement au point de vue de la solidité, et recueillit les observations qu'il a consignées dans son ouvrage sur l'architecture. Il est vrai que son nom ne figure pas dans les livres de compte tenus sous le pontificat de Nicolas V. Mais, d'une part, ce grand architecte, ayant reçu les ordres, étant chanoine de la cathédrale de Florence, curé de la paroisse San-Lorenzo, abbé de San-Savino et de Sant' Ermete de Pise, n'avait pas besoin de recevoir un salaire pour les conseils qu'il donnait au pape, il en était suffisamment récompensé par les bénéfices séculiers dont il était pourvu. D'autre part, il est certain que Nicolas V devait connaître mieux que personne les talents architectoniques de Léon-Baptiste et la supériorité de son esprit, puisque l'Alberti, ayant fini en 1452 son livre *De Re œdificatoria,* en présenta une copie au Saint-Père. Ce fait nous est affirmé par Matteo Palmieri, secrétaire apostolique de Sixte IV, et le même écrivain nous confirme dans l'opinion que Léon-Baptiste Alberti était, sinon l'architecte du pape, du moins son conseiller suprême en matière d'architecture, car il nous apprend qu'en cette même année 1452 Nicolas V, qui avait déjà mis la main à la grandiose reconstruction de Saint-Pierre, en fut détourné par Léon-Baptiste et fit suspendre les travaux.

Quel que fût l'auteur des plans du nouveau Saint-Pierre, il n'est pas douteux que Bernardo Rosellino eut la surintendance des travaux exécutés au Vatican. Le biographe florentin Gianozzo Manetti, secrétaire apostolique de Nicolas V, le nomme *Bernardinum nostrum florentinum*, et il ne nomme que lui. « Tous les ouvriers, dit-il, portefaix, tailleurs de pierres, hommes de journées, maçons, artisans de tout grade, et même les surveillants et maîtres des divers arts lui obéissaient au doigt et à l'œil, *ad unguem.* » Ce fut donc sous sa direction que le portique du narthex fut réparé et qu'on en renouvela le pavement et la toiture, tandis qu'à l'autre extrémité de l'édifice on commençait une nouvelle tribune et que, pour lui faire place, on démolissait le temple de Probus, préfet de Rome, temple noble et grand, soutenu par des colonnes de marbre, qui passait pour avoir servi d'habitation à saint Pierre, et dont parlent avec vénération les écrivains du temps, affligés de voir détruire de tels monuments. « Ce n'est pas sans une grande douleur, écrit Maffeo Vegio, que nous voyons tant d'oratoires renversés de fond en comble. »

Les plans dont l'exécution était confiée à Rosellino ne sont pas ceux qui furent suivis un demi-siècle plus tard par Bramante. Les constructions de l'architecte florentin ne s'élevaient qu'à cinq coudées au-dessus du sol lorsque Nicolas V mourut, en 1455. Mais si le pape ne put voir que l'embryon de la basilique nouvelle qu'il avait rêvée, il vit s'élever, dans Rome et hors de Rome, bien des monuments qui durent satisfaire sa noble passion pour l'architecture. Il laissa, rebâti et presque achevé, le palais attenant à Sainte-Marie-Majeure ; il fit remanier et recouvrir par ce même Bernardo Rosellino l'église circulaire de Saint-Étienne-le-Rond, qui n'était plus qu'une ruine, et qui, fondée sur l'ancienne maison du Faune, était incrustée de marbres précieux et enrichie de mosaïques. Il purgea le Capitole des immondices qui le déshonoraient ; il y construisit le palais des Conservateurs, sur le dessin de

Pietro di Giovanni, de Varese, et, sur le versant de la colline qui regarde le Forum, il fit élever une tour. Pendant qu'il rectifiait les rues de Rome et qu'il dégageait les places publiques, il n'oublia point de veiller à la salubrité de la ville, en restaurant les aqueducs et en refaisant la fontaine *Trévi*, pour laquelle il consulta Léon-Baptiste Alberti et employa Rosellino. Tous ceux qui ont vu Rome connaissent cette fontaine célèbre, qui n'est plus aujourd'hui ce qu'elle était sous le pontificat de Nicolas V, lorsqu'il y fit mettre l'inscription qui se lit encore sur une vieille gravure : NICOLAS V, APRÈS AVOIR EMBELLI LA VILLE DE MONUMENTS SIGNALÉS, A FAIT RESTAURER L'ANCIEN AQUEDUC DE L'EAU VIERGE : 1453 (1). Au pied d'une grande muraille crénelée, sur laquelle sont sculptées et encadrées par une forte moulure les armoiries du pape, entre deux écussons portant le sigle : S. P. Q. R. trois ouvertures donnent issue à de larges chûtes d'eau. Celle du milieu s'échappe par trois muffles de lion pratiqués dans un vase antique en haut-relief. A cette fière simplicité, on reconnaît le style de Léon-Baptiste Alberti. Combien paraît grave et digne cette manifestation d'un service public, quand on la compare à la façon pittoresque et mouvementée dont l'a exprimée, au dix-huitième siècle, un architecte de l'école *Borrominesque*, Nicolo Salvi, lorsque évoquant tous les dieux de la Fable et multipliant sous les pieds des chevaux et des tritons les jets d'eau, les cascades, les rocailles, il a fait, dans une trop petite place, cette grande machine dont le spectacle, bruyant et brillant, produit l'effet d'un continuel coup de théâtre !

Le croirait-on ! Ce pape éminemment pacifique, ce bibliophile à jamais illustre qui s'appelait Nicolas V, a élevé autant

(1) Nicolaus V pon. max. post illustratam insignibus monu. Urbem. ductu. aquæ Virginis. vet. col. rest. 1453.

de forteresses que de monuments civils ou religieux. Forcé de fuir la peste qui, à la suite du jubilé, s'était déclarée dans Rome, où les pèlerins avaient été agglomérés malsainement par centaines de mille, le pape s'était réfugié dans la Marche d'Ancône, et il avait emmené avec lui son architecte. Par son ordre, Rosellino dut embellir la ville de Fabriano d'une belle loge sur la place agrandie; dans la ville de Gualdo, il releva la basilique de Saint-Benoît et jeta sur le Grano un pont que personne avant lui n'avait pu construire. A Assise, il consolida le couvent de Saint-François et l'église Séraphique. A Spolète, il fortifia la citadelle, tout en y ménageant des habitations bien entendues. A Viterbe, pour se conformer à la pensée du pape, qui n'oubliait pas les pauvres au milieu de ses plus ambitieux projets, Rosellino refit des bains publics avec une telle magnificence qu'on les aurait cru aménagés, non pour d'humbles malades, mais pour des princes.

Quant aux forteresses qu'il fit élever ou réparer à Castel-Nuovo, à Ostie, à Narni, à Orvieto, à Civita Vecchia, il ne paraît pas qu'il y ait employé Rosellino, et les documents indiquent d'autres architectes, notamment Antonio da Rido, qui fut un capitaine redoutable, aussi habile à l'attaque et à la défense des places qu'à en diriger les fortifications. Après tout, les soins que prenait Nicolas V de fortifier toutes les villes des États pontificaux, à commencer par Rome, n'ont rien d'incompatible avec ce que l'on sait de son goût pour la paix, toutes les fois du moins qu'il ne s'agissait pas de combattre le Grand-Turc et d'exterminer les Infidèles. Une idée de lui qui avait de l'originalité et de la grandeur était celle de faire du Vatican une cité à part qui serait habitée, non seulement par le pape, le sacré collège des cardinaux et toute la cour pontificale, mais encore par tous les prêtres de Rome et les officiers, juges, greffiers et secrétaires attachés aux

tribunaux ecclésiastiques et à l'expédition des affaires spiri-
tuelles et temporelles de l'Église. Environné de murailles et
protégé par des tours, le Vatican eût été un monastère vaste
et fortifié, une ville unique au monde, ayant ses jardins, ses
loges, ses aqueducs, ses fontaines, ses bibliothèques, ses
chapelles, avec un théâtre pour le couronnement des souverains pontifes, de beaux appartements pour le conclave et
des logements magnifiques destinés aux empereurs, rois et
princes qui viendraient faire leurs dévotions à Rome et y visiter le Saint-Siège. Là, les ministres de la religion, tout en
cultivant les lettres, eussent donné l'exemple de toutes les
vertus et mené une vie paradisiaque et sainte, comme dit
Vasari. Ainsi, au milieu du quinzième siècle, le pape Nicolas V,
artiste et bibliophile tout ensemble, rêvait d'enfermer la religion et la science dans une sorte de forteresse monastique;
par là il devançait en quelque manière et sous certains rapports la généreuse utopie du dominicain Campanella, la fameuse *Cité du soleil*.

CHAPITRE IV.

Éducation et modèles des architectes de la Renaissance. — Principales causes de leurs erreurs.

Au point où nous en sommes, une question se présente qui est peut-être la plus intéressante de toutes celles que soulève l'histoire de la Renaissance des arts en Italie. Quel a été le caractère de cette Renaissance, dans le premier et le plus grand de tous les arts, qui est l'architecture? A-t-elle été vraiment la résurrection de l'Antique? On l'a dit bien souvent, et le mot même qui caractérise en particulier la période du quinzième siècle semble indiquer que tout le monde l'a cru. L'architecture, cependant, ne s'est inspirée que des monuments romains, qui n'étaient pas à beaucoup près les purs modèles. Au moment même où Nicolas V, jouant dans le christianisme un rôle assez semblable à celui de Périclès, donnait libre carrière à sa passion pour l'architecture et pour la transformation de Rome par les monuments, à ce moment même la Grèce tombait au pouvoir des Turcs. Athènes, partageant le sort de Constantinople, allait être occupée par les Musulmans, et la terre classique où les ordres avaient pris naissance allait devenir inaccessible aux grands architectes italiens. Quel respect leur eût inspiré, ou plutôt quel enthousiasme eût excité en eux la vue des édifices d'Athènes, qui n'avaient rien perdu alors de leur splendeur, de leur incomparable beauté! Quel eût été l'étonnement des artistes florentins, qui étaient venus admirer dans Rome les ruines du théâtre de Marcellus, les arcs de Titus et de Septime Sévère, les restes du Colisée, les colonnes du temple de Jupiter Stator, le Panthéon d'Agrippa, s'ils avaient pu, librement et sans peur, faire le voyage de l'Attique et du Péloponèse, s'ils avaient pu voir, s'ils avaient pu dessiner, étudier à loisir, les Propylées, l'Erectheion, la Victoire Aptère, le Parthénon, le temple d'Egine, et celui d'Apollon Epicurius à Phigalie, et celui d'Apollon à Delphes! Malheureusement, ni Brunelleschi, ni Léon-Baptiste Alberti, ni Bernardo Rosellino, ni Francesco di Giorgio, ni Baccio Pontelli, ni Luciano di Lauranna, celui-ci pourtant originaire de la Dalmatie, ne connurent, de l'antiquité, que les monuments de Rome, qui représentaient l'architecture grecque profondément altérée dans sa physionomie, dans ses accents délicats ou fiers, dans sa pureté. Les Romains, surtout à l'époque des empereurs, avaient dénaturé les ordres, en enlevant au dorique le caractère de la force, et à l'ionique le caractère de la grâce. Ces deux grands ordres, le masculin et le féminin, l'un robuste, sévère et imposant, l'autre charmant et délicat, étaient devenus méconnaissables, maniés par un peuple de soldats, succédant à un peuple artiste ; mais, dans une histoire essentiellement esthétique comme est la nôtre, il faut apporter des preuves, parce qu'à la simple affirmation d'un sentiment on peut toujours opposer une affirmation contraire, tant que la première n'est pas appuyée sur des motifs tirés eux-mêmes tout à la fois du sentiment et de la raison. Motiver toutes nos considérations est d'autant plus nécessaire que beaucoup de gens, trompés par l'adage : *on ne peut disputer des goûts et des couleurs,* se sont habitués à regarder le sentiment comme une chose absolument personnelle et arbitraire, tandis que l'esthétique est une science véritable, fondée sur des principes certains, de façon que ses arrêts sont tout aussi sûrs, tout aussi respectables que ceux qui sont prononcés chaque jour par les interprètes de la loi.

Nous avons à prouver que les ordres de l'architecture grecque, ceux surtout qui appartiennent en propre au génie grec, le dorique et l'ionique, ont été complètement dénaturés par les Romains.

Le dorique athénien était sans base. La colonne paraissait ainsi implantée dans le sol. Elle en sortait comme une plante aux racines profondes dont la tige est inébranlable. Les Romains avaient affaibli cet aspect énergique en mettant au pied de la colonne un tore, c'est-à-dire l'image d'une matière molle comprimée, et, par une malheureuse innovation, ils avaient monté toutes leurs colonnes sur une plinthe carrée, dont les angles offensent le regard, par cela seul qu'ils menacent de blesser les pieds du passant, et qui figure d'ailleurs une cale placée après coup pour affermir un support ébranlé et chancelant. Le plus souvent, ils avaient hissé leurs colonnes sur des piédestaux, comme si, n'ayant à leur disposition que des fûts trop courts, ils avaient dû les guinder sur des échasses!

Tous les profils du dorique primitif étaient défigurés à Rome, toutes les expressions en étaient affadies. Les cannelures avaient perdu leurs vives arêtes. Les rainures placées au-dessous du gorgerin, image d'une ligature rappelant que la colonne avait été originairement un faisceau de tiges, faisaient place, dans le dorique romain, à un anneau lâche, à l'*astragale*. L'échine, dont la courbe savante représentait une matière élastique se redressant sous le poids du tailloir, appelé aussi l'*abaque*, avait été remplacée par une moulure sans caractère, un banal *quart de rond;* l'abaque était lisse chez les Grecs, les Romains en ont diminué l'épaisseur apparente en la divisant par une moulure. L'architrave, autrement dit la maîtresse poutre, mesurait une hauteur égale à celle du triglyphe ; ils l'ont affaiblie, au point qu'elle n'est pas plus haute que le triglyphe n'est large, et ils ont fait ainsi, contrairement au principe, porter le fort par le faible.

Ce même contresens, les Romains l'ont commis dans l'ordre ionique, auquel ils ont fait subir des altérations dont les architectes de la Renaissance ne furent pas avertis, faute de connaître les originaux. La base attique de cet ordre gracieux et délicat se composait de deux tores inégaux, séparés par une moulure rentrante, semblable à une poulie, et que, pour cette raison, les Grecs appelaient *trochyle*. Cette base, ornée de filets et reliée à la colonne par une ceinture et un congé, était un chef-d'œuvre de goût : elle faisait contraster les courbes convexes avec les courbes concaves ; elle présentait à l'esprit l'image d'une matière élastique et molle, retenue vers son milieu par une corde enroulée, et débordant au-dessus et au-dessous de la corde, mais de manière que le tore inférieur fût plus large et plus fort que le supérieur. A ces formes expressives, les artistes romains ont substitué une base composée d'un gros tore, portant sur un membre plus faible, un double trochyle que sépare un double astragale, et cette base repose sur une plinthe carrée, addition inutile autant que barbare.

La volute du chapiteau ionique, dans l'architecture athénienne, figurait, avec une poésie pleine de grâce, l'enroulement d'un coussin interposé entre le fût et l'abaque, comme pour éviter tout froissement et préparer un doux oreiller aux entablements du temple que doit habiter une déesse tutélaire, comme Minerve Poliade, ou une jeune fille aimable, comme Pandrose, fille de Cécrops, ou la Victoire Aptère, qui n'avait plus d'ailes pour s'envoler dans le camp ennemi. Mais la rudesse romaine avait oblitéré toute cette poésie, en supprimant le coussinet, en mettant des volutes sur les quatre faces du chapiteau et en remplaçant par une sèche ligne droite la courbe élégante qui réunissait les spirales primitives. Les cannelures de la colonne s'arrêtaient à quelque distance de l'échine, de manière à former un collier, un *gorgerin* susceptible d'ornements fins et riches. A Rome, dans le temple de la Fortune virile, par exemple, les cannelures montant jusqu'à l'échine étranglent le chapiteau, qui perd ainsi la grâce de son collier, et représente une tête engoncée, au lieu d'une tête dégagée.

Elles sont innombrables les déformations qu'a subies l'architecture grecque, celle qui portait l'empreinte de l'atticisme, en passant de la Grèce à l'Italie, en allant de l'Acropole au Forum, du Parthénon au Colisée, et d'Ictinus à Vitruve! Ce sont les Romains, en effet, qui ont imaginé le malencontreux mélange de l'art étrusque avec la plate-bande hellénique, qui ont accouplé le système de l'arcade portée sur des piédroits avec celui des entablements portés sur des colonnes, employant ainsi deux supports de nature différente pour soutenir un fardeau qu'un seul support eût parfaitement soutenu, et faisant jouer à la colonne, engagée dans le piédroit, le rôle d'un contrefort inutile ou d'une simple décoration d'applique. De plus, les architectes de la Rome antique, ayant perdu la tradition des belles antes grecques, par lesquelles les Athéniens fortifiaient en réalité et en apparence l'extrémité des murs, les avaient converties en colonnes aplaties, équarries, et leur avaient donné des bases et des chapiteaux semblables à ceux des colonnes véritables, de sorte qu'on voyait les acanthes athéniennes sortir d'une tige rectangulaire, comme s'il y eût jamais dans la nature un arbre carré! Oubliant la signification originelle des membres de l'architecture, les artistes romains avaient traîné des cannelures sur ces colonnes plates que nous appelons pilastres, accusant ainsi une ressemblance disgracieuse là où les Grecs avaient affecté,

au contraire, une dissemblance absolue. Car les artistes d'A-
thènes, pour marquer avec force la différence des antes aux
colonnes, les premières devant résister au renversement de
la construction, dans le sens horizontal, les secondes devant
résister à l'écrasement dans le sens vertical, avaient eu soin
de continuer sur les antes les lignes que dessinaient les joints
des assises dans l'appareil du mur.

Ce n'est pas tout : les portes et leurs jambages, les fenêtres
et leurs chambranles, les frontons et leurs corniches rampantes, toutes ces parties de l'architecture antique s'étaient
plus ou moins corrompues à Rome sous le règne des empereurs. Les montants de la porte grecque étant légèrement
inclinés l'un vers l'autre présentaient une ouverture plus
large dans le bas que dans le haut, et ce rétrécissement, qui
soulageait la portée du linteau, avait aussi pour but de corriger une illusion de l'optique, car une porte dont les jambages sont verticaux paraît plus large dans le haut que dans
le bas. Mais, par suite de cette diminution de l'ouverture, qui
faisait pyramider le vide de la porte ouverte, le linteau dé-
bordait les pieds droits, et les Grecs, avec un goût parfait,
avaient limité ce débord, de telle sorte que le linteau deve-
nait aussi large que le vide de la porte au niveau du sol, formait un petit ressaut, nommé crossette, mesurant exactement la différence du vide supérieur au vide inférieur. Ces
belles attentions, ces fines nuances avaient disparu de l'architecture romaine, au siècle d'Auguste. Les formes signifi-
catives qu'affectaient les corniches inclinées du fronton, dans
le temple grec, avaient été, à Rome, complètement faussées.
Non seulement les pentes du fronton y étaient moins douces
et formaient à l'édifice un couronnement aigu, mais les mutules de l'ordre dorique y prononçaient leur saillie malencontreuse le long des rampes, lorsqu'elles n'auraient dû se mon-

trer que sur les corniches qui couronnent les parties latérales du monument. Les Romains avaient oublié que les mutules représentent l'extrémité des chevrons et que, sur les pentes du fronton, les chevrons ne peuvent être vus que de profil.

Mais les monuments de la ville éternelle, que les architectes de la Renaissance italienne admiraient avec passion, leur offraient un exemple plus dangereux encore à suivre que l'altération des ordres : nous voulons parler de leur superposition. Méconnaissant le grand principe de l'unité, les artistes employés par les empereurs, même du premier siècle, avaient superposé les ordres, ce qui revenait à imprimer des caractères différents à un seul et même édifice, comme ils le firent, par exemple, au théâtre de Marcellus et au Colisée. Cette innovation malheureuse n'a été que trop imitée depuis le quinzième siècle jusqu'à nos jours, — malheureuse, car donner le même entrecolonnement à tous les étages, c'est commettre une lourde faute, puisque l'entrecolonnement, étant un des principaux moyens d'expression dans chacun des trois ordres, ne peut convenir à l'un sans mentir à la signification de l'autre. Les Grecs n'avaient superposé à un ordre qu'un ordre semblable, de proportions moindres; mais ils n'auraient pas compris, ils n'auraient pas souffert qu'un monument, qui doit être vu d'un coup d'œil, fût à la fois sévère, gracieux et riche, et ils n'auraient point toléré non plus que la hauteur du monument fût morcelée par des corniches qui n'ont aucune raison d'être dans un édifice, là où elles n'en sont point le couronnement.

On le voit, l'architecture antique, telle qu'elle apparut aux yeux étonnés des grands architectes de la Renaissance, n'était pas à beaucoup près celle qu'ils auraient dû prendre pour modèle, et nul doute que s'ils avaient connu les beaux exemplaires, *exemplaria græca,* ils n'en eussent goûté, autant que nous la goûtons nous-mêmes, l'incomparable, la souveraine beauté.

Il se trouva que le seul architecte antique dont les ouvrages écrits eussent été conservés était Vitruve. Or, Vitruve, vivant au temps d'Auguste, ne connaissait, lui aussi, que l'architecture romaine : ce qu'il dit des temples de la Grèce prouve assez qu'il ne les avait point vus, et que, s'il n'ignorait pas l'art grec, il en était du moins très mal informé. Quelques-unes des traditions antiques sont arrivées jusqu'à lui, sans doute, mais bien rarement dans leur pureté. Son livre, plein d'enseignements pratiques, et plus propre à servir la science de l'ingénieur qu'à diriger l'art de l'architecte, renferme des erreurs sans nombre au point de vue esthétique. Les leçons qu'il donne touchant les ordres sont à peine croyables. Il soutient que l'art dorique ne convient pas à la construction des temples, et que les anciens l'ont reconnu ! Comme si Carpion et Ictinus avaient appartenu aux temps antéhistoriques, aux époques barbares ! Les mesures qu'il prescrit pour la largeur et la hauteur des principaux membres de l'architecture, sont des mesures inexactes, qui ne sont ni autorisées par les beaux modèles, ni avouées par le sentiment. Il recommande de donner à l'architrave de l'ordre dorique une épaisseur égale au demi-diamètre de la colonne, tandis que les Grecs avaient donné à la maîtresse poutre une proportion plus forte, plus en rapport avec l'ordre robuste par excellence. Le rapport de la largeur à la hauteur, dans la porte ionique, est, selon Vitruve, de 2 à 5, justement celui qui conviendrait à la porte dorique, tandis qu'il est de 5 $\frac{1}{2}$ à 12 dans la porte dorique. D'où il résulte que celle-ci serait plus large que celle-là, contrairement à ce qui est et à ce qui doit être. Car si l'étroitesse ou pour dire mieux l'âpreté des entre-colonnements est un des caractères du dorique, il en est de même pour l'ouverture des portes, qui doit présenter, dans cet ordre, l'idée d'un accès difficile, tandis que, dans l'ordre ionique, l'entrecolonnement étant plus ouvert, la porte doit être aussi plus large, et le temple plus accessible aux fidèles.

Les déviations qu'on observe en étudiant l'architecture romaine sont toutes ou presque toutes consacrées par les leçons de Vitruve. La base ionique qui était venue si mal à propos se substituer à la base attique dans un temple de l'Asie Mineure, et que les Romains avaient adoptée est décrite par Vitruve qui la prend et qui la propose pour modèle ! Au lieu de grossir la colonne d'angle, au lieu de serrer le dernier entrecolonnement de la façade et de rejeter le dernier triglyphe au tranchant de la frise, les successeurs dégénérés des Grecs avaient négligé de rendre les colonnes angulaires plus fortes que les autres colonnes du portique, et de rétrécir les entrecolonnements extrêmes, de sorte que la frise dorique se terminait par une demi-métope, si bien que là où le regard et la pensée désirent un accent de solidité, l'architecte ne montrait qu'une assise en retraite, c'est-à-dire l'image d'une partie faible. Eh bien, ces erreurs condamnées par le sentiment et même par la seule intelligence de la construction, elles sont enseignées dans le texte de Vitruve. C'est ainsi que les artistes de la Renaissance furent induits en erreur. Et comment ne l'auraient-ils pas été, lorsqu'à l'autorité des exemples que leur offraient des monuments réputés vénérables, se joignait une autorité non moins imposante, celle des préceptes écrits par un architecte du siècle d'Auguste !

Telles sont les causes du malentendu qui existe dans l'architecture classique durant quatre siècles. Le lecteur comprendra sans peine, maintenant, pourquoi la Renaissance italienne n'a pas été, en ce qui touche l'architecture, une palingénésie de l'art antique. Toutefois, beaucoup de monuments de Rome ou des environs sont marqués à l'empreinte de la majesté, et quelques-uns, notamment le temple de la Sibylle, à Tivoli, le temple d'Antonin, sur le Forum, et le portique du Panthéon d'Agrippa, peuvent être regardés comme des chefs-d'œuvre de l'ordre corinthien. D'ailleurs, si les Romains ont mal compris ou dénaturé les deux ordres helléniques par excellence, le dorique et l'ionique, en revanche ils ont appliqué le système étrusque des arcs et des voûtes avec un sentiment de grandeur, une hardiesse, qui n'ont été surpassés que par les Grecs de Bysance, sous le règne de Justinien, au sixième siècle, et le séjour à Rome, malgré tout, pouvait apprendre bien des choses à un architecte. En considérant, en mesurant la prodigieuse coupole du Panthéon et les voûtes du temple de la Paix, la colonne Trajane, les arcs de Titus et de Septime Sévère, ou les restes des thermes de Caracalla et de Dioclétien, un artiste bien doué trouvait à s'instruire sur les moyens d'élever de grands édifices avec de petits matériaux, sur le genre d'expression que peut avoir une construction colossale, sur les distributions intérieures que demande la destination des bâtiments, sur le caractère majestueux qui s'attache à ces aqueducs, dont les hautes arcades dessinent sur l'horizon leur puissante structure et font contraster le mouvement de leurs courbes répétées avec le calme de la ligne plane qui les domine... Malheureusement, ces constructions superbes, et quelquefois gigantesques, sont déparées chez les Romains par une décoration au dernier point malentendue, celle qui consiste à se servir des ordres comme d'un simple revêtement, à les accoler comme un ornement d'applique à un système d'architecture auquel ils sont et doivent rester étrangers. Et, plus malheureusement encore, les architectes de la Renaissance, au lieu de faire un choix sévère dans les modèles que recommandaient à leur vénération tant de souvenirs, s'éprirent justement de ce qui aurait dû offenser leur goût. Faute d'être avertis par la connaissance du mieux, ils adoptèrent le pire, la superposition des ordres différents, le mélange adultère des colonnes et des entablements avec les arcs et les piédroits, les décorations venues après coup et non motivées par la construction. Tout cela fut d'abord l'objet d'une admiration sans discernement et devint ensuite l'héritage que nous a transmis la Renaissance.

Après ces explications, qui ont au moins le mérite d'être loyales et même courageuses, car elles vont à l'encontre des idées généralement reçues et contredisent les opinions tant de fois exprimées et par tant d'écrivains, il nous est permis de reprendre notre histoire au point où nous l'avons laissée.

CHAPITRE V.

Nicolas V (suite et fin). — **Fêtes du couronnement de Frédéric III. — Chute de l'empire grec. — Conjuration de Porcari. — Court pontificat de Calixte III.**

L'architecture n'était pas la seule passion de cet universel Nicolas V. Tous les arts décoratifs lui étaient chers, tous ceux qui pouvaient contribuer à l'éclat des cérémonies pontificales et des fêtes. Il n'était pas, sous son règne, de réception, d'audience ou de message qui ne prît le caractère d'une pompe. Lorsque la république de Florence lui envoya, pour le féliciter de son avènement, des ambassadeurs qui s'appelaient Pierre de Médicis, fils de Côme, Gianozzo Manetti (devenu plus tard le biographe du pape), Nero Capponi, Agnolo Acciaiuoli, Nicolas V les reçut avec magnificence. Ils durent faire leur entrée dans Rome avec une escorte de cent vingt cavaliers. Manetti, latiniste verbeux, qui croyait par ses longues périodes renouveler l'éloquence de Cicéron, porta la parole au nom de l'ambassade, et son discours, qui dura plus d'une heure, fit sommeiller le pontife. Cependant la réponse du pape fut vive, alerte, telle qu'on pouvait l'attendre d'un orateur consommé, d'un homme dont l'esprit était toujours présent et infatigable, et qui savait mettre dans ses paroles tous les raffinements de l'atticisme.

Mais de plus grandes occasions s'offrirent au pape de déployer son goût pour les magnificences extérieures. L'empereur Frédéric III aspirait à être couronné dans Rome par le pape et à y célébrer son mariage avec Éléonore de Portugal. La fiancée était nièce du roi de Naples, Alphonse d'Aragon, et c'est à Naples que cette union avait été négociée par les soins d'Æneas Silvius Piccolomini, ambassadeur de Frédéric. L'affaire du couronnement avait été menée à bien par le même ambassadeur, qui n'avait pas eu de peine à persuader au Saint-Père que la papauté était la vraie source de laquelle devait émaner l'Empire. De fait, l'autorité impériale avait perdu, au quinzième siècle, sinon tout son prestige, au moins son influence rivale de la papauté et une grande partie de sa force, puisqu'elle se soumettait d'elle-même à la puissance ecclésiastique. Pour subvenir aux dépenses du voyage, une contribution de cent mille florins avait été imposée au peuple, et « Frédéric, dit l'historien Gregorovius, « eut l'impudence d'encaisser cet argent, prix de l'honneur « de l'Allemagne. Il prévoyait, du reste, que, pour rétablir ses « finances, il lui suffirait de faire pleuvoir sur son passage des « lettres de noblesse, qui lui seraient payées à beaux deniers « comptants ».

Le voyage de Frédéric III à travers l'Italie fut une longue fête. Son escorte, qui était d'abord de mille cavaliers, et à laquelle s'étaient joints des évêques et des seigneurs allemands, s'était accrue en route. Il s'était fait accompagner par le duc Albert, son frère, par un jeune prince de douze ans, Ladislas, roi de Bohême et de Hongrie, qu'il affectait de tenir en tutelle. Renonçant à ceindre la couronne de fer, à Milan, sous prétexte qu'il y régnait un usurpateur, Francesco Sforza, il se dirigea sur Ferrare, et il y fut reçu par le duc Borso d'Este, assisté de Louis de Gonzague, marquis de Mantoue, et de Galéas Marie, le plus jeune fils de Sforza, venus pour rendre hommage au roi des Romains. A Florence, la Seigneurie lui avait préparé un accueil splendide. On vint lui offrir à genoux les clefs de la ville ; on vit le peuple, les dames

même, s'agenouiller devant ce fantôme d'empereur, qui aurait pu se croire un dieu. Pendant ce temps, partie de Lisbonne en novembre 1451, la future épouse de Frédéric, qui
n'avait jamais vu son fiancé, s'était embarquée sur un navire
escorté de toute une flotte; sa traversée, de Lisbonne à Livourne, qui demande aujourd'hui cinq jours à peine, ne dura
pas moins de cent-quatre jours!

C'est à Sienne qu'eut lieu la première entrevue des époux,
et la description des réjouissances qu'on avait préparées en
leur honneur, telle que l'a écrite Æneas Silvius Piccolomini
lui-même, est une peinture achevée des mœurs du temps.
Les jolies femmes de Sienne étaient montées sur l'estrade où
Frédéric avait embrassé Éléonore, et leur avaient récité des
vers, mais la jeune reine de seize ans les éclipsait par l'éclat
de ses yeux noirs, par l'incarnat de ses joues et par la grâce
de ses formes méridionales, dont Piccolomini vante la beauté
en homme qui s'y connaît. Sur les places publiques, superbement décorées, les journées se passaient en festins et en
danses, mais les belles Siennoises, effarouchées des libertés que
prenaient avec elles les Portugais libertins, s'étaient retirées.

Il va sans dire que l'entrée des époux à Rome fut de toute
splendeur. A leur rencontre, le pape avait envoyé sur le
Monte-Mario treize cardinaux et une longue procession de
prélats et de prêtres. Vêtu d'un costume qui avait coûté deux
cent mille ducats, Frédéric vint à cheval se présenter à la
porte du château Saint-Ange, suivi d'Éléonore, et l'un des
barons de l'Église, Francesco Orsini, le salua de l'épée nue.
Le souverain pontife attendait les époux sur les degrés de
Saint-Pierre : ils mirent un genou en terre, lui baisèrent le
pied, la main et la joue, et lui offrirent une bourse d'or. Le
16 mars 1452, Frédéric fut couronné roi des Lombards, mais
le pape, ne pouvant lui donner la couronne de fer, lui mit sur

la tête une couronne d'argent. Ce fut la dernière fois qu'une pareille cérémonie eut lieu dans Rome.

Les Italiens aiment à célébrer des fêtes et ils y excellent. Leur climat se prête aux décorations en plein air, à tout ce qui intéresse les yeux, à tout ce qui brille. Or, il est des ouvrages d'art et d'industrie qui figurent à merveille dans les cérémonies publiques, ce sont les tapisseries, auxquelles les Italiens reconnaissaient une origine flamande, puisqu'ils les appelaient *arazzi*. Nous avons vu que, dans les livres de comptes tenus sous le règne de Martin V, il est question plusieurs fois de tapisseries. Cependant, comme nous l'avons dit plus haut, il est possible qu'à cette époque le mot *tapetium* s'appliquât à des tissus d'un autre genre que celui des tapisseries de haute-lisse. Mais, sous le pontificat de Nicolas V, une telle amphibologie ne pouvait plus exister. Il est certain que ce sont bien des tapisseries, façon de Flandres, que Nicolas V avait fait acheter dans les Pays-Bas pour en orner ses fêtes; il est certain qu'un manufacturier flamand, maître Jacques d'Arras, ayant fondé un atelier de tapisseries à Sienne, le pape lui commanda des tentures où devait être représentée l'histoire de saint Pierre. Mais, non content de se procurer en Italie et en Flandre des tapisseries de haute-lisse, Nicolas V fonda au Vatican et y installa un atelier de maîtres tapissiers français, au nombre de cinq, dont le chef était le Parisien Renaud de Maincourt (1). Chaque maître recevait, par mois, quatre ducats d'or pour son salaire et trois pour ses dépenses. De cette fabrique sortirent des tissus merveilleux, un entre autres dont le motif était la *Création du monde,* et qu'un écrivain milanais du quinzième siècle signale comme le plus beau

(1) Ce fait a été pour la première fois mis en lumière par M. Eugène Müntz, qui en a trouvé les preuves dans ces mêmes registres des mandats dont le dépouillement nous a révélé tant de faits curieux.

qui fût alors dans la chrétienté (*il più bello panno che sia trà Cristiani*). La laine, la soie, l'argent et l'or entraient dans la composition des tapisseries dont nous parlons, et le pape Nicolas V y avait fait broder ses armes. C'est donc à lui que l'on doit d'avoir commencé la collection des tapisseries du Vatican, la plus riche qui soit au monde, et nul doute que les premiers morceaux de cette collection n'aient figuré magnifiquement parmi les tentures dont les rues de Rome furent pavoisées sur le passage de Frédéric III, durant les fêtes de son couronnement. « La nature même de ces brillants tissus
« qu'il était si facile de transporter d'un lieu à un autre, dit
« M. Eugène Müntz (1), les rendait particulièrement propres
« à figurer partout où la richesse et la pompe étaient de mise.
« Suspendues sur la façade des maisons ou sur les flancs de
« quelque bucentaure, elles remplissaient l'office de peintures
« mobiles, flottantes, en quelque sorte animées. Aucun autre
« ornement ne se serait prêté à des combinaisons aussi multi-
« ples. Des guirlandes de feuillage naturel, de fleurs et de
« fruits, servaient à les encadrer, à les enchâsser et sur ce
« fond, d'une variété et d'une vivacité si grandes, se déta-
« chaient des trophées, des statues de marbre et de bronze,
« des arcs de triomphe, des tribunes sur lesquelles une nom-
« breuse troupe d'acteurs représentait des mystères ou des
« pièces allégoriques. Joignez à un tel décor l'éclat des cos-
« tumes de satin et de velours, des armures d'acier, aux fines
« damasquinures, des chars et des baldaquins couverts des
« plus riches broderies, et vous avouerez que les plus belles
« fêtes d'aujourd'hui ne sauraient donner qu'une idée impar-
« faite de ce luxe, à la fois si noble et si éblouissant, de ces
« triomphes de la couleur. »

(1) Histoire des tapisseries italiennes, dans l'*Histoire générale de la tapisserie*.

Les deux dernières années du pontificat de Nicolas V furent amèrement attristées par un événement mémorable qui répandit la terreur dans toute l'Italie, la prise de Constantinople par Mahomet II. Le 24 mai 1453, le dernier empereur grec, Constantin Paléologue, avait noblement péri par l'épée, et le sultan était entré dans Sainte-Sophie sur les cadavres de quarante mille chrétiens. L'empire de Bysance, après avoir duré onze siècles, disparaissait de l'histoire. En Italie, sa chûte ne donnait lieu qu'à des lamentations inutiles, à de vains discours. Les humanistes, cependant, songeaient à recueillir les débris de la littérature grecque. Un grand nombre de savants levantins s'étaient réfugiés en Italie, en y apportant des manuscrits précieux ou des objets d'art. Quelques-uns, n'ayant sauvé que leurs personnes, pensaient trouver un moyen d'existence dans l'enseignement de la langue grecque, pour laquelle s'étaient passionnés alors tous les hommes de lettres, à commencer par le pape, de sorte que le naufrage de la civilisation grecque profitait à la Renaissance par les épaves que la tempête venait jeter sur les rivages de l'Italie. Mais, dans le temps même où Nicolas V apprenait avec une vive douleur le triomphe des musulmans, son âme fut assombrie par d'autres pensées. On lui révéla une conjuration, qu'on lui disait tramée contre ses jours, la fameuse conjuration de Porcari.

Durant le séjour des papes à Avignon et pendant que le schisme avait divisé l'Église, Rome avait vécu dans une indépendance de fait vis-à-vis de l'autorité temporelle des pontifes. Étienne Porcari, qui appartenait à une famille puissante et qui possédait avec l'amour de la liberté le don de l'éloquence, avait résolu de rendre à Rome sa liberté, et de mourir au besoin, comme un héros antique, pour une si noble cause. Il avait mis dans ses plans de surprendre le pape et les cardinaux, au moment où ils entreraient dans la basilique de Saint-Pierre, et, les gardant comme otages, de se faire livrer le château Saint-Ange, de sonner la cloche d'alarme et de reconstituer la République, cent ans après la fin tragique de Rienzi. Nicolas V, à qui l'on fit croire que Porcari avait voulu l'assassiner, voulut une répression impitoyable, lui qui était naturellement d'humeur clémente. Les conjurés furent pendus sans jugement aux créneaux du château Saint-Ange; d'autres cruelles exécutions suivirent. Un gentilhomme nommé Angelo Ronconi, qui n'était coupable que d'avoir aidé le comte Averso dell' Anguillara à se cacher, fut, au dire du chroniqueur Infessura, invité par le pape à se rendre à Rome, muni d'un sauf-conduit de Nicolas V, et n'en eut pas moins la tête tranchée le lendemain de son arrivée. Il est vrai que, le jour suivant, il le fit redemander au capitaine des gardes et parut fort surpris quand on lui rappela qu'il avait ordonné lui-même l'exécution de Ronconi.

La plupart des humanistes qui entouraient Nicolas V, qui vivaient de ses libéralités ou qui traduisaient, par ses ordres, les manuscrits grecs, Gianozzo Manetti, Filelfe, Poggio, Piccolomini, Platina, qui n'était pas encore bibliothécaire du Vatican, et jusqu'à Lorenzo Valla qui, sous le règne d'Eugène IV, avait vivement attaqué le pouvoir pontifical dans son livre sur la *Donation de Constantin,* condamnèrent en vers et en prose ce Porcari, en qui certains autres, comme l'Infessura, regrettaient amèrement un martyr de la liberté.

Nicolas V ne survécut pas longtemps à la chute de l'empire grec et aux exécutions qui suivirent la tentative de Porcari. Les douleurs physiques et l'altération de sa santé avaient contribué à aigrir son caractère, mais, sur la fin, il devint mélancolique et il s'attendrit. Aux Florentins qui l'avaient connu dans sa jeunesse, il disait : « Vous aviez été sans doute bien surpris de voir ceindre la tiare par un pauvre prêtre, bon pour sonner les cloches. Hélas ! que ne puis-je redevenir Thomas de Sarzane ! J'avais sous ce nom plus de bonheur en un jour que je n'en puis espérer désormais durant toute une année. Jamais je ne vois passer le seuil de ma porte à un homme qui me dise la vérité. Je suis si confondu des tromperies de ceux qui m'entourent que, si je n'étais retenu par la crainte du scandale, je renoncerais au pontificat. » En tenant ces discours, il versait des larmes. Ce pontife, le plus lettré et le plus artiste qui ait occupé le trône de saint Pierre, éprouva le besoin de se justifier, en mourant, d'avoir tant fait pour donner du lustre et de la sécurité au pontificat, d'avoir élevé ou restauré tant de constructions monumentales et tant de forteresses, d'avoir largement dispensé les trésors du Vatican aux architectes, aux peintres, aux sculpteurs, aux humanistes, et cela seul prouve assez combien son règne tranchait sur la papauté du moyen âge. On peut dire ici, avec l'historien Gregorovius : « Ce n'est pas à un Jules II, ce n'est pas à un Léon X qu'une telle justification eût semblé nécessaire ! »

Nicolas V mourut le 24 mars 1455 ; il fut inhumé dans le souterrain de la basilique de Saint-Pierre, où on lui fit un tombeau modeste, comme il l'était lui-même, car sa vie intime avait été celle d'un pauvre maître d'école. Au lieu de se faire composer un blason, à l'exemple de tant d'autres papes dont l'origine était pourtant aussi obscure que la sienne, il ne voulut pas d'autres armoiries que les deux clefs pontificales en sautoir. Sur sa tombe posée par terre et appuyée contre le mur, on ne voit aucun ornement, si ce n'est sa statue couchée qui le représente, petit, maigre, avec l'expression d'un fin sourire sur les lèvres. Le marbre du sarcophage porte cette

singulière épitaphe : « Si les dieux immortels pouvaient ver-
« ser des larmes sur les mortels, les muses sacrées pleure-
« raient la mort de notre Nicolas, mort funeste qui a ébranlé
« la colonne de la littérature. » C'était pour la première fois,
sans aucun doute, que le nom des nymphes du Parnasse
figurait sur le mausolée d'un pontife chrétien. Mais le génie
de l'antiquité païenne avait reparu dans le monde, et il
n'était point surprenant que le pape qui l'avait réveillé eût
les honneurs de cette élégie de Filelfe, évoquant le dieu
de la poésie antique en mémoire du grand promoteur de la
Renaissance.

Hunc musa lacrymans, hunc Phœbus luget Apollo,
Qui vobis doctis lumen et aura fuit (1).

La succession de Nicolas V faillit échoir à un savant
comme lui, Bessarion, qui avait reçu le chapeau de cardinal
pour avoir travaillé plus que personne, au concile de Florence,
à réunir l'Église grecque avec l'Église romaine. Mais, dans
le conclave où allait se décider l'élection, le cardinal breton
Alain de Célif protesta d'avance contre l'élection possible de
Bessarion : « Qu'est-ce à dire ? s'écria-t-il, donnerions-nous
« pour chef à l'Église latine un néophyte, un Grec, qui n'a
« pas encore coupé sa barbe ! Quelle est donc l'indigence de
« notre Église, qui ne trouve pas un homme digne du sou-
« verain apostolat, si elle n'a recours à des Grecs ? » Bessarion répondit avec modestie et dignité qu'il regarderait lui-
même son élection comme un mal, et il vota pour un cardinal
espagnol, Alphonse Borgia, lequel fut élu le 8 avril 1455 et
prit le nom de Calixte III. Le nouveau pape était un vieillard

(1) Il est pleuré par la muse en deuil et par Phœbus Apollon, celui qui fut la lumière
et l'âme des savants.

de soixante-dix-sept ans, travaillé de la goutte et qui gardait le lit, faisant fermer ses portes et ses fenêtres de manière à ne pas voir la clarté du jour. Sa chambre, éclairée par des lampes, était remplie de moines et de neveux auxquels il se hâta de donner la pourpre, le duché de Spolète et la préfecture de Rome. Son unique passion était la croisade contre les Turcs, et il regrettait la prodigalité de Nicolas V, qui, au lieu d'employer les trésors du Saint-Siège à combattre les Infidèles, les avait dépensés en constructions inutilement magnifiques, en achats de manuscrits et de pierres précieuses. Non seulement le pape envoya par toute l'Europe des missionnaires prêcher la croisade contre Mahomet II, mais il voulut créer, en vue de la guerre sainte, une flotte pontificale. Pour atteindre son but, il n'épargna rien. Il tira des coffres du Vatican les deux cent mille ducats d'or que Nicolas V y avait laissés; il vendit les gemmes achetées par son prédécesseur et fit enlever l'or et l'argent des superbes reliures de la bibliothèque papale; il mit en gage les ornements sacrés et jusqu'à la tiare, il aliéna des propriétés ecclésiastiques, et il fit si bien qu'au printemps de 1456, un an après son exaltation, les Romains purent voir ce qui ne s'était jamais vu, seize trirèmes pontificales sortir du port d'Ostie et prendre la mer, faisant voile pour l'Archipel. Ces navires avaient été construits à *Ripa Grande*, au bord du Tibre. On abandonna l'édification de la nouvelle basilique de Saint-Pierre, dont les premières assises devaient être bientôt de grandes ruines, mais on y plaça un orgue soutenu par six colonnes de porphyre. Quelques églises furent restaurées, quelques orfèvres espagnols furent chargés de ciseler les roses et les épées d'honneur que le pape, pour se conformer à l'étiquette, distribuait chaque année, le jour de Noël, et dont une fut envoyée en présent au roi de France Charles VII;

quelques peintres furent occupés à décorer des étendards ; on cite un sculpteur nommé Pellegrino qui reçut et accepta la commande de fabriquer en marbre des boulets de canon! Ce fut tout. Heureusement les arts, tombés en une telle défaveur, s'en relevèrent à la mort de Calixte III, survenue le 6 août 1458.

CHAPITRE VI.

Pontificat de Pie II. — La loge papale de Sienne; le palais Nerucci et la cathédrale à Pienza. — Bernardo Rosellino.

Quand on a vécu dans l'étude de l'histoire, on s'aperçoit que la nature des esprits n'est point aussi variée qu'on le croirait et que certaines âmes semblent renaître encore tout entières, du moins avec l'essentiel de leur être. Il y a dans l'humanité des caractères généraux qui se reproduisent constamment, si bien que les différences qui séparent les physionomies morales des hommes ne sont, à le bien prendre, que des nuances. Dans la formation des esprits aussi bien que dans la constitution du corps, on distingue les tempéraments robustes et les délicats, les fiers et les tendres, les souples et les rigides, ceux que la raison conduit, comme les philosophes, et ceux que l'imagination entraîne, les poètes, les artistes? Chacun de nous se rattache à quelqu'un des types de l'espèce humaine et peut entrer ainsi dans les grands casiers de l'histoire.

Quelque chose du génie de Nicolas V reparut dans la personne d'Æneas Sylvius Piccolomini, élu pape le 19 août 1458, et qui prit le nom de Pie II. Agé alors de 53 ans, Æneas Sylvius avait passé sa vie dans la littérature et dans la diplomatie. Il savait très bien écrire et mieux encore manier les hommes. Esprit délié, caractère souple, il avait eu le talent de capter la confiance d'Eugène IV, après avoir été un des champions du concile de Bâle dans son zèle réformateur de la papauté. Il fut successivement le secrétaire de l'antipape Félix, des papes Eugène IV et Nicolas V, et de l'empereur Frédéric III, de qui il avait habilement négocié le mariage avec Éléonore de Portugal. L'Empereur, la veille de son entrée dans Rome, du haut du mont Limino, près de Viterbe, d'où ses regards embrassaient la campagne romaine, avait prédit à Piccolomini son élévation à la papauté et lui avait dit : « Énée, vous régnerez un jour sur ces lieux, et nous, qui « vous commandons aujourd'hui, nous serons alors commandé « par vous. »

Des faits singuliers se passèrent aux fêtes du couronnement de Pie II. On entend dire quelquefois qu'il n'y a pas eu de moyen âge en Italie, qu'on ne trouve pas une véritable solution de continuité entre la civilisation antique et celle que la Renaissance inaugura. Il faut avouer cependant qu'à l'avènement de Pie II il existait encore dans Rome, en dépit des lumières renaissantes, certaines pratiques sauvages qui appartenaient à une ère de barbarie et en marquaient la fin. Le pape, en ses *Commentaires,* a raconté lui-même brièvement ce qui lui arriva au moment où il descendit de cheval, pour faire son entrée solennelle dans la basilique du Latran. Les soldats de son escorte, se précipitant sur la monture pontificale, dont ils se disputaient la possession, tirèrent l'épée et se livrèrent un combat au milieu duquel le pape faillit périr. Quelques jours auparavant, le 14 août 1458, au moment où Piccolomini venait d'être élu par le conclave, les domestiques des cardinaux se ruèrent dans sa cellule, pour y prendre le peu qui s'y trouvait — car Æneas Sylvius était pauvre, — quelque argenterie, des livres et des habits, et, le même jour, la maison du nouveau pape fut pillée et saccagée par le peuple de Rome, qui en arracha jusqu'aux marbres pour les emporter.

Comme Nicolas V, Pie II était petit et chétif; sa tête chauve et sa pâleur le faisaient paraître vieux avant l'âge, mais il y avait de l'éclair et de la jeunesse dans son œil intelligent et vif. Il appartenait à l'illustre famille des Piccolomini, qui avait joué un grand rôle à Sienne dans le moyen âge; mais, sur la fin du quatorzième siècle, cette famille avait été exilée par les chefs du parti populaire, et, tombée en décadence, vivait obscurément à Corsignano, en Toscane. Sa vie avait été studieuse, fatigante et honorable, mais mondaine et galante, sans pourtant être remarquée sous ce rapport, au milieu des mœurs licencieuses de son temps, et son humeur douce et affable le faisait aimer. Filelfe, Poggio, dont il avait été le disciple, et les autres humanistes applaudirent à l'élection de Pie II. Ils étaient fiers de voir, pour la seconde fois, un homme de lettres s'asseoir sur la chaire pontificale; ils rappelaient avec complaisance que le nouveau pape avait écrit des vers à la façon de Catulle, et des *Canzoni* dans le goût de Pétrarque. Quelques-uns faisaient remarquer que le nom de Pio, choisi par Æneas Sylvius, était une heureuse réminiscence de Virgile, qui appelle son héros : *Pius Æneas*, et tous ils espéraient que le règne d'un Piccolomini leur serait aussi favorable que celui de Nicolas V. Mais il se trouva que Pie II n'avait aucun penchant à favoriser les rhéteurs et les rimeurs. S'il montrait de la partialité, c'était pour son neveu, pour sa famille, qu'il voulait relever, pour sa patrie, qui était la ville de Sienne, et pour le lieu de sa naissance, Corsignano, pauvre bourgade dont il rêvait de faire une cité, et une cité superbe. Jamais pape, si ce n'est son prédécesseur, n'avait poussé aussi loin le népotisme et le patriotisme de clocher; mais, du moins, il aimait les arts, il en sentait la beauté et la grandeur. Il parlait des monuments et des marbres antiques avec chaleur, avec justesse, il les admirait sans phrases. On pouvait espérer que cette inclination le conduirait, à reprendre les vastes projets de Nicolas V. Il n'en fut rien. Les travaux qu'il ordonna dans Rome se réduisirent à des restaurations et à quelques embellissements notables, exécutés dans la basilique de Saint-Pierre. L'escalier par lequel on y montait tombait en ruines; il le fit reconstruire en beaux marbres, venus de la Ligurie, et orner de deux statues colossales des apôtres Pierre et Paul, commandées à un sculpteur romain, maître Paolo di Mariana, en latin Marini, autrement Paolo Romano. Au-dessus de la dernière marche s'élevait un *pulpito,* une sorte de chaire à prêcher, du haut de laquelle le pape devait bénir les fidèles et qui s'appelle la Loge de la bénédiction. Cette loge n'existe plus aujourd'hui, ayant été refaite par Alexandre VI et Jules II; elle était portée élégamment sur des colonnes, décorée de bas-reliefs par des sculpteurs, la plupart toscans, dont les plus connus sont Mino de Fiesole, Pagno de Settignano, Isaïe de Pise, sans parler de ce même Paolo Romano, qui, né à Rome, faisait exception dans une ville si peu féconde en artistes. On imagine combien devait être précieux un monument dont les bas-reliefs étaient ciselés par des artistes tels que Mino. Quant aux statues des apôtres Pierre et Paul modelées par Paolo Romano, on les a transportées dans le vestibule de la sacristie de Saint-Pierre, de sorte qu'à l'entrée de Saint-Pierre il ne reste plus rien des ouvrages que les sculpteurs de Pie II y avaient presque finis, lorsque la mort du pape les empêcha d'y mettre la dernière main.

La première pensée du pape, au lendemain de son exaltation, fut de délivrer Constantinople et d'engager l'Europe entière dans une lutte suprême contre les Turcs. Tous les princes de la chrétienté furent convoqués à Mantoue, pour se concerter sur les moyens d'entreprendre une nouvelle croisade, et, le 2 janvier 1459, Pie II partit de Rome à cheval, accompagné de plusieurs cardinaux, parmi lesquels Pierre Barbo (depuis Paul II) et Rodrigue Borgia (depuis Alexandre VI). Les soldats qui escortaient la cavalcade étaient peu nombreux : à peine le cortège arrivait-il à Narni, que les habitants se jetèrent, le couteau à la main, sur les porteurs du pallium, que l'on tient suspendu au-dessus de la tête du pape, et s'emparèrent de cette riche dépouille, en se l'arrachant, si bien que Pie II, pour ne plus donner de pareilles tentations aux fidèles accourus sur son passage, dut descendre de cheval et ne voyager désormais qu'en litière. Sienne se trouvait sur le chemin qui devait mener le pape à Mantoue : mais le parti populaire y dominait alors, et il fit entendre à Pie II qu'il n'entendait pas le recevoir, s'il se présentait en ennemi de la liberté, et que, si on lui ouvrait les portes de la cité, ce serait à la condition qu'il ne demanderait point la restauration de la noblesse et ne se permettrait aucune ingérence dans la constitution urbaine. Avant de faire son entrée à Sienne, le pontife visita la bourgade où il était né, Corsignano, et, voulant donner du lustre au lieu de sa naissance, il l'érigea en évêché et lui donna le nom de Pienza, qu'il porte encore, se proposant d'y bâtir une cathédrale, des églises, des palais, des édifices splendidement décorés qui en feraient une ville fameuse. A Sienne, Pie II reçut des ambassadeurs d'Espagne et de Portugal, de la Bohême et de la Hongrie ; avec eux il se dirigea vers Florence, où l'attendaient des réjouissances, des fêtes et le spectacle inusité d'un combat de chevaux et de lions. Côme de Médicis gouvernait Florence : il reçut le pape avec beaucoup de dignité et de réserve ; mais les seigneurs de Rimini, de Forli, de Faenza, d'Imola, et Galéas Sforza, fils aîné du duc de Milan, se disputèrent l'honneur de porter sur leurs épaules la chaise du pontife. L'un d'eux fut ce même Sigismond Malatesta, ce bandit ami des arts, qui

était au fond du cœur l'ennemi juré du pape et qui, deux ans
plus tard, devait être brûlé en effigie par l'ordre de Pie II,
sur la place de Saint-Pierre à Rome, tenant dans sa bouche
un phylactère avec les mots : *Roi des traîtres!*

Arrivé à Mantoue, Pie II y présida, sans conteste, le premier congrès qui ait été assemblé en Europe et le harangua
dans un beau langage. Mais à ce concile amphyctionique,
d'où il espérait faire sortir une guerre générale contre les
Ottomans, il ne trouva pas les ambassadeurs des grandes
puissances. Chacune songeait plutôt alors à se délivrer d'un
embarras prochain qu'à conjurer un péril qui paraissait éloigné. Le siècle de Pie II n'était plus celui de l'exaltation religieuse ; le temps était passé où quelques rudes paroles d'un
simple moine pouvaient électriser des peuples entiers, plus
facilement que l'éloquence cicéronienne d'un pontife humaniste ne put convaincre les esprits éclairés du quinzième
siècle. Déjà même s'annonçait en Allemagne, dans la personne de Grégoire de Heimbourg, un précurseur de Luther.

Parti de Mantoue au mois de janvier 1461, Pie II devait
repasser par Sienne. Il y arriva malade, goutteux et décou-
ragé. Il ne laissa point cependant de donner suite à son projet
d'élever de beaux monuments à Sienne et à Pienza. Tout en
se faisant doucher et frictionner aux bains de Petriolo (1), il
parlait de construire à Sienne une belle loge, comparable à
celle des Lanzi, qu'il avait admirée à Florence. Un projet lui
fut présenté par un sculpteur éminent, Lorenzo Vecchietta.
Mais il faut croire que ce projet ne lui plut que médiocrement,
car il chargea de la construction un architecte siennois, Antonio Federighi, lui aussi sculpteur des plus habiles. La
Loggia papale rappelle un peu trop celle des Lanzi et semble

(1) *Lavabatur perfricabaturque a paucis et exiguo apparatu.* (Campanus).

n'en être, en vérité, qu'une heureuse réminiscence. Elle se compose, en façade, de trois grands arcs portant sur des colonnes corinthiennes en marbre, que l'architecte a tenues prudemment un peu courtes, voulant sauver par là ce que l'édifice avait déjà d'un peu grêle. La loge n'a qu'un seul arc, en retour des deux côtés. Aux angles et sur les tympans sont sculptées les armes des Piccolomini et de Pie II. Ce monument d'ailleurs a une physionomie légère et avenante, mais non pas l'aspect élégamment robuste de la loge florentine. Aussi a-t-il fallu s'opposer à l'écartement des voûtes d'arête par des tirants en fer.

Pendant qu'on traçait les plans de la Loge et que le pape prenait les bains de Petriolo, le cardinal Borgia, vice-chancelier de l'Église, âgé alors de vingt-neuf ans, donnait des fêtes licencieuses dans un jardin de Sienne, et il y faisait danser les plus jolies femmes de la ville, qui n'avaient pas, et ne demandaient pas sans doute, la permission d'emmener avec elles leurs maris. Informé de ces désordres, Pie II en écrivit sévèrement au cardinal : « Je sais, lui dit-il, qu'on a dansé « dans ce jardin avec toute licence (*cum omni licentia*) et « qu'on n'y a épargné aucune des séductions de l'amour, et « que toi-même tu y as figuré, comme si tu appartenais à la « jeunesse la plus mondaine (1). »

Les architectes employés par Pie II, à Sienne, furent Antonio Federighi et ce même Bernardo Rosellino, qui, ingénieur en chef (*ingegnere*) du Vatican sous Nicolas V, avait dû être en relations fréquentes avec Æneas Sylvius, quand celui-ci était secrétaire du pape. Sous l'empire du sentiment vif qui le portait à donner, ou plutôt à redonner un grand lustre à la famille des Piccolomini, le pape fit construire un

____

(1) Lettre datée de Petriolo, le 11 juin 1460.

palais pour sa sœur Caterina, et nous savons aujourd'hui, par un document authentique émané de la seigneurie de Sienne, que Bernardo Rosellino fut l'architecte de ce palais, auquel travaillèrent aussi Antonio Federighi et Urbano da Cortona. Tous les voyageurs qui ont visité Sienne y ont vu le *palazzo della Papessa*, car on appelait ainsi l'édifice construit pour Caterina Piccolomini, aujourd'hui palais Nerucci. C'est un palais conçu dans le style robuste et sévère du palais Pitti, élevé à Florence vingt ans auparavant par Brunellesco. La rudesse de l'appareil en pierres saillantes, l'étendue des pleins, la rareté des vides, tout rappelle, dans cette construction, qu'à Sienne, comme à Florence, la demeure des familles assez puissantes pour habiter un palais devait être une forteresse.

C'est à Pienza que Rosellino put faire briller ses talents sur une grande échelle, et en quelque sorte sur un terrain neuf. Il s'agissait de créer une ville, que le pape voulait rendre désormais célèbre, là où n'était qu'une bourgade obscure. Il s'agissait de bâtir une cathédrale, un baptistère, un évêché, une maison canoniale, un prétoire surmonté d'une tour et un palais grandiose qui porterait le nom de Piccolomini. Déjà, du reste, les travaux avaient été entrepris, lors du premier séjour de Pie II à Corsignano; ils avaient commencé par la restauration d'un vieux manoir du neuvième siècle, dont une partie appartenait à sa famille. Ils furent poussés avec une activité fiévreuse. Il fallait de grands bois de charpente : la seigneurie de Sienne permit au saint-père de faire abattre les plus hauts sapins, *proceres abietes,* dans les forêts communales. Rosellino seconda si bien les vues du pape qu'au bout de deux ans tous ces édifices, déjà très avancés, entouraient la grande place de la nouvelle ville. Le plus important était la cathédrale. Dans ses voyages, Æneas Sylvius avait remarqué, en Autriche, une église ogivale dont le souvenir s'était gravé dans son esprit, et il voulut que le dôme de Pienza ressemblât à cette église. Une des particularités qui la distinguaient, c'est que les trois nefs étaient de la même hauteur, bien que celle du milieu fût plus large que les deux autres (1).

La façade devait être construite en travertin imitant le vieux marbre, ornée de colonnes torses et de niches pouvant contenir des statues, et percée de trois portes dont la plus grande serait surmontée d'un œil-de-bœuf, ou, comme dit Pie II lui-même, d'un œil de cyclope. Le style gothique, avec son arc aigu, ses contreforts, ses pinacles, ses flèches, était à cette époque complètement abandonné en Italie, ou du moins en Toscane. Les Milanais seuls persistaient à continuer leur dôme dans le style de l'arc aigu, et ne voulaient pas encore entendre parler du mélange de cette architecture avec l'art gréco-romain. Rosellino, qui avait achevé à Rome son éducation d'architecte, dut se faire violence pour construire sous le ciel de son pays une église allemande, dans le temps où Filarète, son compatriote, écrivait : « De grâce, ne vous « laissez pas conseiller par les maîtres qui ont importé en « Italie cette *architecturaille :* ils ne peuvent être que des « barbares. Malédiction sur eux (2)! »

Pour comprendre ces imprécations, il faut se rappeler que l'architecture est un art essentiellement relatif, que le style ogival, né en France au douzième siècle et rapidement propagé en Allemagne et en Angleterre, ne saurait également convenir à tous les pays, que ses formes aiguës produisent à

____

(1) *Media latior est, altitudo omnium par.* (Commentaires.)

(2) E non vi lasciate consigliare a questi maestri che usano questa tale *praticuccia,* che maledetto sia chi la trasse : credo che non fosse se non gente barbara, che la recò in Italia.

l'intérieur des effets imposants et répondent à des sentiments
mystiques, tandis qu'à l'extérieur elles protègent l'édifice
contre la permanence des pluies et des neiges. Il est sensible
qu'une pareille architecture est déplacée en Italie où le soleil
répare si vite les injures du temps, où la religion tourne aisément à une sorte de sensualisme. Comme tous ceux qui ont
beaucoup voyagé, beaucoup vu, Piccolomini, sous le rapport
du goût, était moins italien qu'un autre. Il avait appris, en
Allemagne, à aimer le gothique, et il trouvait avec raison
que les églises ogivales imprimaient à l'esprit un recueillement religieux (1). Mais cette impression tient en grande
partie à l'inégalité de hauteur qui existe entre la nef médiane
et les bas-côtés : elle tient aux effets puissants de lumière et
d'ombre que cette inégalité produit. Or, l'église de Pienza
manquait justement de ces parties obscures qui inspirent
le respect. En voulant que les trois nefs eussent une hauteur égale, le pape rendait son église plus lumineuse, comme
il le dit lui-même, *luminosius templum;* mais il se privait
par cela même de la poésie qu'engendre le mystère dans les
églises gothiques, de cette poésie que sentait si bien le grand
Léon-Baptiste Alberti, lorsqu'il écrivait : « L'horreur qui
« vient de l'ombre augmente de son naturel la dévotion des
« courages, à raison que l'austérité est conjointe avec la
« majesté. » On se rappelle aussi ce que dit Montaigne à ce
sujet : « Il n'est âme si revesche qui ne se sente touchée de
« quelque révérence à considérer cette vastité sombre de nos
« églises. Ceux-là même qui y entrent avec mépris sentent
« quelque frisson dans le cœur. »

Le défaut capital de l'architecture gothique, qui est de réa-
liser la solidité par un équilibre douteux, Rosellino ne sut pas

_____

(1) *Commotionem mentis et religionis quamdam reverentiam excitat intrantibus.* (Commentaires.)

s'en défendre : il le sut d'autant moins qu'il maniait pour la première fois des éléments étrangers, et que, durant la construction, il avait modifié son plan primitif en exhaussant les voûtes au moyen de pilastres superposés aux colonnes qui devaient supporter la couverture. Ces tâtonnements entraînèrent une augmentation de dépense considérable. Le bâtiment, qui devait coûter dix mille ducats, en avait déjà dévoré plus de cinquante mille. Le pape, averti, par des envieux sans doute, que son architecte avait commis, non seulement des erreurs, mais des malversations, voulut tout voir de ses yeux, et il revint charmé. Il fit appeler devant lui Rosellino, qui hésita quelques jours à se présenter, honteux qu'il était d'avoir à ce point dépassé les devis, et sachant ce dont il était accusé. Mais le pape lui tint ce langage : « Tu as bien fait, « Bernard, de me dissimuler l'énormité de la dépense ; si tu « m'avais dit la vérité, j'aurais certainement renoncé à mes « projets, et nous n'aurions pas alors ce noble palais, ni ce « beau temple qui sera un des plus célèbres de l'Italie. Tes « mensonges nous ont valu ces magnifiques édifices que tout « le monde admire, à l'exception de quelques jaloux. Je te « remercie, j'accorderai à ton fils la grâce qu'il voudra.... » Et, ce disant, Pie II fit remettre à Bernardo une gratification de cent ducats et un habit écarlate (1). L'architecte fondit en larmes.

Il y avait auprès du palais une maison occupée par les magistrats de la ville ; Pie II l'acheta, pour la donner au cardinal Borgia, vice-chancelier, à la charge par lui de la démolir et de construire à la place un palais épiscopal. D'autres cardinaux et prélats, voulant faire leur cour au pape,

____

(1) Jussitque omnem homini reddi mercedem, et ultra centum aureos et vestem coccineam dono dari : et filio quas optavit gratias elargitus est, et novis eum profecit operibus. Qui, audito pontifice, pro gaudio collacrymatus est.

s'empressèrent d'entrer dans ses vues en élevant des *palaz-
zini* dans cette ville, dont le climat d'ailleurs est salubre,
parce qu'elle est située sur un plateau dominant les Maremmes. Pie II n'épargna rien pour décorer magnifiquement les
quatre édifices qui entouraient le forum, à commencer par
son église. Les voûtes furent teintes d'azur et semées d'étoiles
d'or. On peignit en couleur de porphyre et de marbres précieux les pilastres au-dessus des colonnes, et celles-ci, par
opposition, conservèrent leur blancheur. Le trône de l'évêque
et les stalles des chanoines furent décorés d'ouvrages en
marqueterie et de fines sculptures ; le chœur fut enrichi de
beaux missels, pleins de précieuses miniatures. On commanda
les tableaux d'autel aux meilleurs peintres de Sienne, Lorenzo Vecchietta, qui était aussi un sculpteur éminent, Giovanni di Paolo, Sano di Pietro, et l'on orna de bas-reliefs
délicats · le tabernacle, les bénitiers, et jusqu'aux meneaux
supérieurs des fenêtres, dont la baie était divisée par des
·colonnettes à la manière gothique. Enfin, sur le forum, on
avait creusé un puits profond dont la margelle était surmontée de colonnes portant un linteau ingénieusement sculpté.
Tous ces travaux, commencés en 1460, furent terminés en
trois ans, si bien que lorsque Pie II revint à Pienza, il ne
restait plus à finir que le haut du clocher, qui devait avoir
cent-soixante pieds d'élévation (53 mètres).

CHAPITRE VII.

Durant ces trois années que le pape avait passées à Rome, des événements mémorables s'étaient accomplis. Ce n'est point le lieu de les raconter. Le dernier des Paléologues, Thomas, frère de Constantin, avait été chassé du Péloponèse par les Turcs, déjà maîtres d'Athènes, et il s'était réfugié à Navarin, dont le territoire était occupé par les troupes vénitiennes. De là, il avait gagné Corfou, emportant avec lui, pour tout trésor, un crâne vénéré et légendaire, celui de saint André, crucifié à Patras. Selon la remarque de Gregorovius, les rois de l'Europe, qui s'étaient si peu mis en peine de la momie bysantine, se disputèrent en revanche la possession de ce crâne d'apôtre, véritable symbole de l'empire grec et de l'église d'Origène. Mais Thomas Paléologue refusa les offres les plus brillantes, réservant le don de sa relique pour le pape.

Voulant donner un éclat extraordinaire à la réception de cette relique, Pie II avait préparé une fête des plus solennelles ; afin d'y attirer beaucoup de monde, il avait promis les indulgences du jubilé à tous ceux qui viendraient y prendre part. Sur les prairies qui s'étendent au-delà de Ponte-Molle, on avait dressé des tribunes et un autel. Des milliers de prêtres, vêtus de blanc et tenant des palmes à la main, s'avancèrent en procession, précédant le pape et toute la cour romaine à cheval. Le cardinal grec Bessarion, toujours reconnaissable à sa longue barbe, avait été choisi pour prendre sur l'autel la cassette où était enfermée la vénérable relique et l'offrir au souverain pontife, qui, ému jusqu'aux larmes et prosterné devant cette tête, lui adressa une allocution éloquente dans la langue cicéronienne. La relique fut ensuite portée en grande pompe à Saint-Pierre, à la lueur de trente mille torches, à travers des rues où se pressait une foule immense, et dont les palais, les maisons, les portiques étaient ornés de festons, décorés de tableaux et de statues, pavoisés de tapisseries magnifiques. Les plus riches de ces tapisseries, celles qu'on admira le plus, appartenaient au cardinal Borgia. Il en avait tendu son palais, parfumé de fleurs et rempli de musiciens qui firent entendre des harmonies ravissantes sur le passage du cortège.

Pour conserver dignement la tête de saint André, Pie II fit construire, dans la basilique de Saint-Pierre, une chapelle qui était placée près de la porte, à gauche en entrant. Au-dessus de l'autel s'élevaient quatre colonnes de marbre portant un reliquaire doré, ouvrage de l'orfèvre Simon de Florence, où fut déposée la tête de saint André revêtue d'un crâne d'argent, adapté lui-même à un buste de même métal, dans lequel on enchâssa des pierres précieuses et des perles (1). Les sculptures de l'autel furent exécutées, non par Varrone et Nicolas de Florence, comme le dit Vasari, mais par l'artiste romain Paolo Romano et par Isaïe de Pise. Aujourd'hui

---

(1) Caput S. Andreæ Apostoli in argenteo capite cum pectore et base simili pluribus et variis gemmis et margaritis ornato per Pium II P. M. (Grimaldi, *Catalogus sacrarum reliquiarum Vaticanæ basilicæ*, cité par E. Müntz.)

que la chapelle de Saint-André a disparu, on peut se faire une idée du talent que ces sculpteurs y montrèrent par les fragments conservés dans les souterrains de la basilique, parmi lesquels on remarque deux anges en bas-relief tenant sur une draperie le chef de saint André, et deux anges en ronde-bosse soutenant aussi la tête du saint.

En cette même année 1462, où eurent lieu les pompes en l'honneur de saint André, la peste se déclara dans Rome et força le pape de se réfugier, avec toute sa cour, à Viterbe. On se rappelle que Nicolas V y avait construit des bains, déjà renommés pour leur confort et leur beauté. Pie II, toujours tourmenté de la goutte, y prenait soin de sa santé, lorsqu'arriva le jour de la Fête-Dieu. Dans son amour pour les splendeurs du culte chrétien, il voulut célébrer cette fête avec une pompe inaccoutumée, et il ordonna aux princes de l'Église d'y contribuer en déployant tout le luxe imaginable. Il suffisait de les y inviter. Ce fut donc, parmi les cardinaux et les prélats, à qui l'emporterait sur tous les autres en magnificence. Chacun se chargea de décorer une partie de la voie que la procession devait parcourir, et la seule émulation produisit un spectacle merveilleux. Les tapisseries jouèrent un grand rôle dans cette suite de décorations. Celles qu'on remarqua le plus, selon le témoignage de Pie II, furent exposées par les cardinaux de Rouen, de Constance, de Pavie, de Mantoue et d'Arras. Il était naturel que le cardinal d'Arras justifiât son titre par la qualité de ses *Arazzi*. Mais les tapisseries de Rodrigue Borgia excitèrent l'admiration de tout le monde et de ses rivaux eux-mêmes (1); la matière en était précieuse et la peinture

---

(1) Proximus deinde vicecancellarii apparatus occurrit quatuor et septuaginta passibus protensus. Cortina claudebat purpurea dives ostro, simulachra et personatas historias et cubiculum adoratum et lectum preciosum et fontem, qui non aquam modo, sed optima quoque vina per diversas fistulas profunderet. (*Pii secundi Commentarii*, lib. octavus.)

éclatante. Il avait joint à son reposoir l'appareil d'une fontaine qui versait d'excellents vins. Pie II en fut ravi et il **a** exprimé son ravissement dans un style d'une élégante latinité. A ce sujet, M. Eug. Müntz (1) fait une observation qu'on peut vérifier en lisant le texte des Commentaires : « Toutes les fois, « dit-il, que le pape écrivain parle de l'art merveilleux de la « haute-lisse, toutes les fois qu'il prononce ce mot magique « de tenture d'Arras, son style s'élève et quelque parole « émue trahit son enthousiasme. Pie II lui-même avait fait « dresser dans le cimetière de Saint-François, devant l'église, « une sorte de pavillon gigantesque, orné de tissus aux « couleurs variées. On y voyait de ces *hystoires*, si chères « à nos ancêtres, des portraits d'hommes célèbres, des scènes « de chasse ; des guirlandes de myrte, de laurier, alternaient « avec les tapisseries et en faisaient ressortir toute la ri- « chesse. Les rayons du soleil couchant (2) pénétraient (dit « Pie II) ces parois de laine et donnaient naissance à des « jeux de lumière, comparables à ceux de l'arc-en-ciel. A « un certain moment, l'effet fut tellement saisissant que le « pape se crut transporté dans les régions célestes et que le « pavillon du cimetière de Saint-François lui sembla un autre « paradis. »

On est surpris de ne pas voir figurer parmi les cardinaux cités par Pie II dans ce passage des Commentaires le cardinal Barbo, qui possédait jusqu'à cent quinze tentures, portières ou dosserets. Mais l'inventaire de ses collections nous fait

---

(1) *Histoire générale de la Tapisserie* (Tapisseries italiennes).

(2) Primas solemnitates vesperas celebravit alto adhuc sole, cujus radii parietes laneos penetrantes, tanquam Iridis arcus varios simulantes colores, quasi cœlestem aulam et summi regis habitaculum templi faciem reddiderunt : nec aliud quam Paradisus quædam visa est, cum hinc cantores tanquam Angeli dulces hymnos intonarent, inde luminaria, mirabili artificio disposita, cœlestia imitarentur sidera, et nunc vocis humanæ dulce melos, nunc musicorum instrumentorum suavis concentus exaudiretur. (*Commentarii, ibidem.*)

connaître que ses tapisseries n'étaient point, à l'exception
d'une seule, tissées d'or et d'argent, et cela explique pourquoi elles durent produire moins d'effet que les autres dans
une fête en plein soleil. Une remarque à faire ici, c'est que
les tapisseries du cardinal de Saint-Marc, Pierre Barbo, d'a-
près le même inventaire dressé en 1457, n'ont pas le même
caractère que celles appartenant à Pie II. Les premières
représentaient, entre autres motifs, des sujets de chasse, des
hommes et des femmes sauvages avec des animaux, des ba-
tailles d'Espagnols contre des Maures, des repas champêtres,
une jeune femme cueillant des fleurs accompagnée de deux
jeunes garçons, des couples assis près d'une fontaine qu'entourent des buissons de roses. Les peintures des tapisseries de
Pie II, au contraire, sont toutes des histoires tirées de l'Ancien Testament, des sujets de sainteté, des vierges et des
anges, et dans le nombre se trouve la *Création du monde*
exécutée sous Nicolas V, dans l'atelier pontifical, par le ta-
pissier parisien Renaud de Maincourt. Il est certain, du
reste, qu'au milieu de la cour romaine où régnait beaucoup
de licence, où certains cardinaux ne faisaient pas mystère de
leurs vices, Pie II conservait une dignité de vie évangélique
et, bien qu'il fût d'une humeur enjouée irréprochable quand
il ne souffrait pas de la goutte, il tenait une conduite qui l'au-
torisait à censurer la sensualité d'un Barbo, le libertinage
scandaleux d'un Borgia.

Sa fin mérite l'attention de l'histoire. La constante préoc-
cupation de sa vie pontificale avait été de reconquérir sur
les Turcs Bysance et Athènes, et d'entraîner après lui tous
les princes de l'Italie et de l'Europe dans les glorieux périls
d'une nouvelle croisade. Mais les circonstances vinrent à la
traverse de ses vastes desseins. Sans parler de l'attiédissement
de la foi chrétienne, qui subordonnait aux intérêts le senti-

ment religieux autrefois si puissant, un des obstacles aux entreprises du pape était le manque d'argent. Imprévoyant à l'endroit des finances, Piccolomini, qui avait été pauvre quand il s'appelait Æneas Sylvius, était obéré comme pape, lorsqu'il reçut la nouvelle d'un bonheur inespéré, d'un événement qui allait remplir les coffres du Saint-Siège : c'était la découverte de plusieurs mines d'alun à Tolfa, dans les États mêmes de l'Église. Au mois de mars 1462, Jean de Castro, trésorier de Pie II, vint tout haletant lui dire : « Je vous annonce une victoire remportée sur les Turcs. J'ai trouvé sept montagnes qui renferment d'excellent alun, de quoi en fournir les sept parties du monde : c'est un revenu annuel de trois cent mille ducats que les infidèles tiraient de l'Occident et qui leur est enlevé... » Le pape, dans sa joie, voulait élever une statue à son trésorier. La découverte des mines d'alun prit les proportions d'un miracle. Bientôt les Génois, qui allaient chercher l'alun en Asie, en achetèrent pour vingt mille ducats, les Florentins pour soixante et dix mille, et, dans tout cet or que lui envoyait le ciel, Pie II ne voyait que le nerf de la guerre contre les Turcs. Mais en vain publia-t-il une croisade, il ne put convaincre ni le vieux Côme deMédicis ni le duc de Milan, bien âgé déjà, ni Louis XI, irrité que le pape eût combattu à Naples la maison d'Anjou, ni l'Allemagne, où l'on trouvait plus pressé de réformer l'Église que de guerroyer en Orient.

Pie II, secondé seulement par les Napolitains, les Vénitiens, les Hongrois, la maison d'Este et les Gonzague, ne voulut pas manquer à sa parole. Malade, goutteux et fiévreux, il s'embarqua sur le Tibre, se dirigeant vers Ancône, d'où il comptait faire voile pour Constantinople, bien que son armée navale se réduisît à trois galères. Aux environs d'Otricoli, comme il continuait sa route en litière, il vint à passer une bande de ribauds, qui s'étaient croisés uniquement afin de mieux piller les campagnes. On ferma les rideaux de la chaise pontificale, pour épargner au Saint-Père un spectacle qui eût profondément attristé le promoteur de la croisade. Pie II arriva mourant à Ancône, et, après avoir dit adieu aux cardinaux, en leur recommandant de poursuivre la guerre, il expira le 14 août 1464.

Sauf son entêtement à l'endroit d'une impossible restauration de l'empire grec, Æneas Sylvius fut un vrai pape du quinzième siècle. L'enthousiasme qu'il manifeste quand il raconte les merveilles enfantées de son temps par les arts décoratifs, la complaisance avec laquelle il décrit les monuments de Pienza, ornés par ses ordres de peintures et de bas-reliefs confiés aux artistes les plus illustres de la Toscane, son goût pour les miniatures de manuscrits, les tapisseries, les orfèvreries, son amour des lettres, amour si vif qu'il écrivait souvent à table et même au lit, et qu'il avait toujours avec lui des tablettes à écrire, lorsqu'il allait s'asseoir au bord d'une fontaine ou à l'ombre d'un bosquet (1), toutes ces choses font de Pie II un digne continuateur de Nicolas V, un pape qui, malgré son faible passager pour l'architecture gothique, devait donner à son tour une forte impulsion au grand mouvement de la Renaissance.

Ce fut un Vénitien, le cardinal de Saint-Marc, que le conclave donna pour successeur à Pie II. Pierre Barbo était le fils de Polissena Condulmer, sœur d'Eugène IV. Destiné d'abord au commerce du Levant, il n'avait reçu qu'une médiocre éducation et n'était rien moins qu'un humaniste; mais, en apprenant l'exaltation de son oncle, il avait suppléé à l'in-

(1) Inscriptiones etiam extra ordinem, ut oquque postulator occurreret, et in mensa et in cubili faciebat, nec unquam ad fontem et umbram accessit sine pugillaribus. (*Campanus.*)

suffisance de ses premières études, pour se rendre capable de recevoir les ordres. Il était d'une haute taille, beau de sa personne et très entiché de sa beauté. Le lendemain de son élection, il parla de prendre le nom de *Formosus* et l'on eut beaucoup de peine à lui faire sentir le ridicule d'une pareille vanité. Il avait la passion des pierreries, et, plus encore que Nicolas V et Pie II, le goût de la magnificence. Il rêvait d'être le pontife le plus majestueux qu'on eût jamais vu, à la tête de ses cardinaux, auxquels il conféra tout de suite le privilège de revêtir le manteau de pourpre et de couvrir leurs chevaux de housses rouges. Son premier soin fut de commander une tiare éblouissante de diamants, de gemmes, de joyaux, qui lui coûta jusqu'à deux cent mille florins. Ce luxe de pierreries était une mode du temps ; les cardinaux du quinzième siècle les recherchaient presque aussi avidement que ceux du moyen âge avaient recherché les reliques. Le cardinal Scarampo, ennemi juré de Paul II, avait amassé, en ce genre, des trésors constamment accrus par une sordide avarice. A sa mort, qui survint quelques mois après le couronnement du nouveau pape, il laissait à ses neveux un héritage évalué à deux cent mille florins d'or. Paul II déclara le testament nul, fit décharger dans le Vatican les voitures pleines d'or et de pierres précieuses dont le cardinal avait ordonné l'expédition à Florence, et il mit la main sur la plus grande partie de la succession. Il fallait de l'argent à un pape qui aimait les arts.

Comme les empereurs romains, Paul gouvernait le peuple et s'en faisait aimer en lui assurant du pain, par la création de greniers d'abondance, et en lui prodiguant des spectacles. Il donna lui-même l'impulsion aux fêtes carnavalesques, si bien que des fenêtres de son palais il assistait volontiers au défilé des cortèges bachiques, où figuraient les dieux, les nymphes et les héros de la fable, comme au temps de Pompée ou de Néron. Non content d'encourager les courses d'hommes et de chevaux, il assistait à des banquets publics, servis devant son palais sous la surveillance de plusieurs prélats, des magistrats et des principaux citoyens de Rome, et pendant que la populace se disputait les restes du festin, il lui jetait, du haut de son balcon, des pièces de monnaie. De pareilles mœurs scandalisaient sans doute les étrangers, mais n'avaient rien qui ne fût en harmonie avec la corruption générale du quinzième siècle italien; Rome tout entière semblait replongée dans le sein de l'antique paganisme.

Nous n'avons pas à écrire l'histoire du pape Paul II; nous ne le considérerons que dans les rapports de son caractère avec les beaux-arts. Le palais de Saint-Marc, devenu la résidence du pape, est le plus vaste palais de Rome après le Vatican. On l'appelle aujourd'hui le palais de Venise. Commencée en 1447 sous le pontificat de Nicolas V, lorsque Pierre Barbo reçut le titre de cardinal de Saint-Marc, cette construction gigantesque n'était pas encore finie en 1464 à l'avènement de Paul II, et, suivant toute apparence, elle ne le sera jamais. Là se vérifient les observations que nous avons faites plus haut sur l'imitation par la Renaissance de l'architecture romaine dans ses déviations. La superposition des divers ordres, les colonnes hissées sur des piédestaux, la combinaison vicieuse des arcs sur piédroits avec les entablements sur colonnes, les architraves et les corniches profilées, c'est-à-dire coupées par des ressauts qui détruisent la tranquillité monumentale des grandes lignes continues, les ordres enfin employés par superfétation et appliqués comme un simple ornement, sans rapport avec la construction même, contrairement à ce principe, religieusement respecté par les Grecs et que nos architectes français du moyen âge n'ont jamais méconnu, à savoir que la décoration doit être engendrée par la construction : tout cela dépare ce palais fameux, surtout dans ses portiques intérieurs. On sent que l'architecte n'a pas seulement tiré des pierres du Colisée, pour bâtir son édifice, mais qu'il a dessiné et compliqué ses élévations sous l'influence de l'art romain, tel qu'il se manifeste dans ce même Colisée. Toutefois les façades du palais ont un caractère imposant. Tout y est calculé pour produire un effet de grandeur robuste, sévère et l'on pourrait presque dire orgueilleuse. La hauteur démesurée à laquelle commence le premier étage, surmontant un rez-de-chaussée élevé lui-même sur des soupiraux, semble indiquer que les possesseurs de ce palais ont voulu tenir à distance le vulgaire dédaigné et jouir d'une vie opulente à cinquante pieds au-dessus des passants. Le même sentiment est exprimé avec force par l'énorme différence qui existe entre les fenêtres du premier étage et les mezzanines, c'est-à-dire les courtes ouvertures qui doivent éclairer le logement des serviteurs. Les croisées à meneaux donnant du jour à des salles d'une dimension extraordinaire se distinguent de la sorte avec énergie de toutes les autres fenêtres du palais, celles d'en bas et celles d'en haut. L'espacement de ces croisées, autrement dit la prédominance des pleins sur les vides, contribue encore à la sévérité de l'édifice : mais ce qui achève de lui imprimer une physionomie mâle et fière, c'est l'énorme corniche qui en forme le couronnement et qui, supportée par des machicoulis formidables, est surmontée de merlons comme une forteresse. De sorte qu'à tout prendre, les plus beaux accents de l'art dans le palais de Venise sont encore ceux qui rappellent le moyen âge, tandis que les défauts sont précisément les mêmes que les artistes de la Renaissance ont contractés en étudiant, sans critique, l'architecture romaine.

Quel fut l'architecte, ou plutôt quels furent les architectes de ce vaste ensemble de constructions qui comprend le grand palais de Saint-Marc, l'église de Saint-Marc, enclavée dans celui-ci, et le petit palais, le tout connu aujourd'hui sous le nom de palais de Venise? Vasari en attribue les plans à Giuliano da Majano; mais, d'une part, le nom de cet artiste ne figure dans aucun document relatif à l'édifice, dans aucun des registres de mandats compulsés naguère par ceux qui ont pu avoir connaissance des archives du Vatican et des archives d'État de Rome; d'autre part, Giuliano, né en 1432, n'avait que vingt-trois ans en 1455, lorsque le cardinal Barbo faisait frapper la médaille qui fut jetée dans les fondations du palais (1), ce qui suppose que les plans en avaient déjà été dessinés, mûris et adoptés. Or il est bien peu vraisemblable qu'on eût chargé d'un tel monument un jeune homme qui n'avait pas encore fait ses preuves et qui ne pouvait guère être connu que pour quelques beaux ouvrages de marqueterie. Gasparo Véronèse, dans sa Vie de Paul II, attribue l'édification du palais de Saint-Marc à Francesco de Borgo San-Sepolcro; cette assertion avait prévalu, quand le préfet des archives vaticanes, Marini, prouva clairement que Francesco de Borgo San-Sepolcro était un secrétaire attaché à la rédaction des bulles et des lettres apostoliques, un comptable chargé, tantôt de vérifier les mesures, tantôt de payer les salaires des ouvriers, et qu'il ne figure nulle part, si ce n'est dans ce passage de Gaspard de Vérone, comme ayant fait œuvre d'architecte. Il a fallu renoncer à cette attribution, bien qu'elle eût été soutenue par des hommes dont l'opinion a du poids, et l'on a dû en revenir à des documents

____

(1) Le type de cette médaille est un palais flanqué de deux tours, avec cette légende : PETRUS. BARBO. VENETUS. CARDINALIS. SANCTI. MARCI. ANNO. CHRISTI. MCCCCLV. HAS. ÆDES. CONDIDIT.

dont la sincérité est irrécusable, nous voulons dire les livres de comptes. De ces livres il résulte d'abord que Bernardo di Lorenzo (celui qu'on a souvent confondu avec Bernardo Rosellino) avait signé un contrat, en novembre 1465, pour l'agrandissement du palais, et qu'il s'engageait par le même acte à reconstruire le portique et les bas-côtés de l'église; ensuite que, le 14 juin de l'année suivante, un contrat du même genre fut conclu avec Nuccio Rasi de Narni, Manfredo di Antonio de Côme, Andrea de Arsolis et Antonio de Gonzaga, lesquels s'obligent de continuer, à forfait, les constructions de l'édifice. C'est donc à titre d'entrepreneurs, et non pas en qualité d'architectes, que les personnes ici nommées sont attachées au palais de Saint-Marc : ce qui le démontre, c'est qu'il leur est enjoint de se conformer aux mesures de hauteur, largeur et profondeur qu'on leur donnera, *con la misura che loro sara data di grossezza, larguezza et altezza.* On en peut dire autant de Bernardo di Lorenzo, qui ne peut être considéré comme l'architecte du palais, puisqu'il n'est question pour lui que de l'agrandir alors que la construction était commencée depuis dix ans. C'est aussi pour une entreprise à forfait que figurent dans les registres des archives Giuliano da San-Gallo, âgé de vingt ans et devenu depuis si célèbre, et le sculpteur Meo del Caprina de Settignano, qui fut plus tard l'architecte de la belle cathédrale de Turin. L'un se charge des maçonneries, l'autre de la coupe des pierres et des sculptures de bâtiment, telles que cheminées de marbre ou chambranles de fenêtres. Mais un artiste que l'histoire avait laissé dans l'ombre, Giacomo de Pietrasanta, déjà employé sous Pie II à édifier la loge de la Bénédiction, est désigné par les comptables du pape, d'abord comme le chef des ouvriers en marbre qui travaillent au palais et à l'église de Saint-Marc, et plus tard comme dirigeant la construction du palais, *præsidens fabricæ.*

Cette qualification ne lui est donnée que dans la quatrième année du pontificat de Paul II, lorsque déjà l'édifice était habité par le pape, depuis son exaltation. Il est donc impossible jusqu'à présent de savoir quel fut le premier architecte du palais de Venise, et quelle est la part qu'il faut attribuer à chacun de ceux qui ne commencèrent à présider aux travaux que dix ans après la pose de la première pierre. Letarouilly, dans son grand ouvrage sur Rome moderne, désigne Baccio Pontelli comme l'auteur du petit palais : il se fonde sur la ressemblance, d'ailleurs évidente, qui existe entre le portique intérieur du palazzetto et la façade des Saints-Apôtres, « œuvre bien authentique de Pontelli ». Mais plusieurs ouvrages de Pontelli ayant été légitimement restitués à Meo del Caprina, l'argument tiré de la ressemblance des styles tournerait au profit de ce dernier. Quoi qu'il en soit, le petit palais se distingue du grand par l'excellence du portique à double étage dont la cour est entourée. Là nous remarquerons, ce que Letarouilly n'a point mis en relief, que les arcades sont supportées par des piédroits auxquels ne sont point adossées des colonnes en superfétation. Au second étage, la retombée des arcs porte sur des colonnes isolées, comme dans l'architecture bysantine et dans les anciennes basiliques de Rome, de sorte que, par un retour aux vrais principes, la colonne est ramenée à son rôle propre qui est d'être un support (*columen*) et non pas un motif d'ornement. Le pléonasme de construction qui nous frappe dans le grand palais ne se trouvait donc point répété dans le petit. Ce contraste accuse avec force la faute commise pour la première fois, dans l'architecture de la Renaissance italienne, par un artiste que l'art romain avait induit en erreur.

CHAPITRE VIII.

Paul II (Suite et fin). — **Avènement de Sixte IV.** — **Conséquences, heureuses pour les arts, de son népotisme.** — **Pierre et Jérôme Riario, Julien della Rovere.** — **Construction de la bibliothèque vaticane et de la chapelle Sixtine.** — **Santa-Maria-del-Popolo et l'hôpital San-Spirito.**

Une contradiction étrange, déjà signalée dans la conduite de Nicolas V, se retrouve dans les actes de Paul II, qui fut tout ensemble un spoliateur des monuments antiques de Rome et un antiquaire passionné. Pendant qu'il faisait transporter sur la place Saint-Marc une vasque provenant du Colisée et un vénérable monument de la sculpture romaine au quatrième siècle, le sarcophage de Sainte-Constance (1), orné de bas-reliefs représentant des amours vendangeurs, il formait dans son palais de Saint-Marc une collection sans égale d'antiquités romaines et byzantines, dont les commencements remontaient au temps de sa jeunesse. On y comptait deux cent soixante-dix-sept camées sur sardonyx, sur jaspe, sur jacinthe, sur grenat, plus de trois cents intailles en onyx, en améthyste, en cristal de roche, une centaine de médailles d'or et d'argent — autant qu'en possédaient alors les Médicis —, une cinquantaine de bronzes choisis. Venaient ensuite quelques rares échantillons de la glyptique au moyen âge, des mosaïques byzantines portatives, des reliquaires, des retables à fond d'or, des ivoires, sans parler des broderies, sans parler des tapisseries, dont nous avons déjà dit la magnificence,

____

(1) Aujourd'hui dans le musée Pio-Clementino.

des gemmes et joyaux et des matières précieuses telles que
la calcédoine, la serpentine, le porphyre, le lapis-lazuli, dans
lesquelles on avait taillé des coupes, des plats, des aiguières,
et qu'il était si naturel de rencontrer dans la collection d'un
Vénitien, habitué dès l'enfance à l'admiration des pierres
précieuses dont regorge la basilique de Saint-Marc. La passion de Paul II pour les joyaux le cédait parfois à une passion
plus noble, celle des pierres gravées, et l'on raconte qu'il
offrit à la ville de Toulouse, en échange d'un camée célèbre,
de lui bâtir un pont sur la Garonne.

L'inventaire des collections réunies dans le palais de Saint-
Marc prouve aussi que le pape, à l'exemple de son oncle
Eugène IV et de Nicolas V, attachait un grand prix aux
beaux ouvrages des orfèvres contemporains, la plupart Romains ou Toscans. On voit abonder chez lui les ostensoirs,
les calices, les paix niellées, les chandeliers d'argent, des ta-
bernacles tout brillants de pierres précieuses et de perles, et
des sonnettes de la plus fine cisclure, qui avaient servi au
pape lors du couronnement de l'empereur Frédéric III. Il
va sans dire que la peinture et la sculpture ne pouvaient
languir sous le règne de Paul II, alors que les autres arts y
jouaient un si grand rôle. Cependant, les noms des sculpteurs
et des peintres qui travaillèrent pour ce pape ne sont pas
des noms illustres. La colonie des Toscans, employés sous le
pontificat précédent, avait disparu de Rome, et le plus connu
des statuaires au service de Paul II est encore ce Paolo Romano, qui avait toutes les qualités et tous les défauts des
artistes romains, c'est-à-dire que ses œuvres, sans délicatesse,
sont puissamment robustes et fières avec pesanteur. Les
peintres qui sont mentionnés dans les archives du Vatican
ne sont pas non plus de ceux que la gloire a consacrés, à
l'exception de Filippo Lippi. Deux petits tableaux de ce

maître excellent lui avaient été achetés par le cardinal Barbo, sans doute à l'instigation de Côme l'Ancien.

Ce pape représentait, sur le trône de Saint-Pierre, toute autre chose que le christianisme. Il semblait que le génie païen, le génie des arts antiques, revécût en lui. A l'orgueil des anciens pontifes, Paul II, enfant de Venise, joignait le faste oriental, la passion du beau, le désir de briller, de briller partout, même à l'autel, où lui-même célébrait la messe d'un air majestueux, avec assez de lenteur dans la dignité de ses mouvements pour ne pas brusquer l'admiration des fidèles. Il aimait à faire les honneurs de la monarchie pontificale à des visiteurs illustres, tels que l'empereur Frédéric III, qu'il avait reçu avec affabilité, lui permettant de marcher à côté de lui, à sa gauche, rarement à sa droite, et de s'asseoir sur un siège qui n'était pas plus haut que l'escabeau où reposaient les pieds du saint-père. Le comte Borso d'Este, ami de Paul II, étant venu le voir à Rome avec une splendide escorte de cavaliers et cent trente-huit mulets, dont vingt portaient des coffres remplis d'or, le pape lui conféra le titre de duc de Ferrare ; celui-ci mourait peu de temps après, au printemps de 1471, et, à deux mois de distance, le 25 juillet de la même année, Paul II était frappé à son tour d'une apoplexie foudroyante. Son dernier entretien roula sur une question d'art : il venait d'ordonner à l'ingénieur Aristotele Fioravante de transférer, du Vatican sur la place Saint-Pierre, l'obélisque de granit égyptien apporté à Rome par l'empereur Caligula (1). Cette fin s'accordait avec la vie de ce pape qui fut un artiste et un connaisseur, au même degré que Nicolas V et Pie II avaient été des bibliophiles et des humanistes.

(1) Ce transfèrement, resté à l'état de projet, ne fut effectué qu'à la fin du seizième siècle sous le règne et par l'ordre de Sixte-Quint.

On crut un instant que le cardinal Bessarion succéderait à
Paul II, mais ce savant vénérable s'excusa lui-même sur ses
quatre-vingts ans et donna sa voix à Francesco della Rovere
qui fut élu sous le nom de Sixte IV. Francesco était le fils
d'un pêcheur. Il avait commencé par entrer dans l'ordre des
frères mineurs, et par ses études assidues il était devenu professeur dans les universités de Bologne, de Florence, de Pérouse. Il était grandement estimé de Bessarion, qui l'avait
entendu professer, qui le regardait comme un esprit pénétrant et un orateur de premier ordre. Mais son caractère était
moins connu sans doute que son talent, car, une fois investi
du pontificat suprême, il laissa voir en lui un tempérament
despotique, une volonté inexpugnable, un pape qui entendait
devenir le premier des princes italiens et donner à la papauté,
non plus seulement comme Paul II le faste extérieur, mais
le pouvoir effectif et incontesté d'une royauté absolue. A peine
assis sur le trône, il fit savoir son intention de reprendre vigoureusement la guerre contre Mahomet II et il envoya les
trois cardinaux Bessarion, Borgia et Marco Barbo en France,
en Espagne et en Allemagne pour se procurer l'argent nécessaire. Assez indifférent sur le choix des moyens, il leur
donna mission d'établir une dîme sur les peuples catholiques.
Dans le même temps qu'il dévoilait une âme autoritaire, il
annonçait un népotisme sans scrupules. Contrairement aux
capitulations que le conclave imposait alors au futur élu, il
créa cardinal de Saint-Sixte son neveu Pietro Riario, jeune
homme de vingt-six ans, qui passait auprès de quelques-uns
pour son fils et portait encore la robe de franciscain. Il créa
aussi cardinal de San-Pietro *ad Vincula* Giuliano Rovere,
son autre neveu, qui fut plus tard Jules II. Le frère de Giuliano Rovere fut nommé préfet de Rome; pour lui faire
épouser une fille naturelle du roi de Naples, Ferdinand,

Sixte IV dispensa ce roi du tribut que son royaume payait au Saint-Siège, ne demandant, en échange de ce tribut, qu'une haquenée blanche, qui serait envoyée tous les ans au pape en signe de vassalité. Le prix de cette concession fut le duché de Sora que la fille de Ferdinand apporterait en dot à Rovere. Ce n'est pas tout. Bessarion n'avait pas réussi dans sa légation auprès de Louis XI; ce roi, sans respect pour un vieillard vénérable et octogénaire, lui avait, en le morigénant, tiré la barbe. Profondément humilié d'un pareil traitement, Bessarion en était mort. La mort de Bessarion ayant laissé vacant le patriarchat de Constantinople, le pape ne craignit pas de nommer en sa place le nouveau cardinal Pietro Riario, auquel il conféra de plus les archevêchés de Séville, de Florence, de Mende et d'autres bénéfices qui lui improvisèrent un revenu de soixante-dix mille florins d'or, six fois plus que la dotation ordinaire d'un cardinal.

Ébloui de sa subite fortune, le jeune moine défroqué s'était jeté dans la débauche (*inter scorta et exoletos adolescentes*). Mais aux vices monstrueux de la Rome antique, il joignait le faste d'un Sardanapale. Une autre fille naturelle du roi de Naples devant passer par Rome pour aller à Ferrare épouser le duc Hercule d'Este, le pape chargea le cardinal Riario de la recevoir. La jeune fiancée fut logée dans le palais des Saints-Apôtres, splendidement décoré par les artistes les plus habiles qui se trouvaient alors à Rome, notamment par les deux peintres illustres Benozzo Gozzoli et Melozzo de Forli. Des ventilateurs invisibles devaient renouveler l'air et entretenir la fraîcheur dans le palais. Les superbes tapisseries de Flandre, que les papes avaient achetées successivement et parmi lesquelles figurait la *Création du monde,* commandée par Nicolas V, servaient de portières aux cinq entrées de la grande salle. La place devant le palais était tendue de toiles et transformée en théâtre. Les chambres, peintes en pourpre et or, étaient remplies des plus précieuses orfévreries et de sièges aux coussins de soie et aux pieds d'argent. Cléopâtre n'eût pas été mieux reçue par Antoine que ne l'était Léonore par ce cardinal, humble franciscain la veille. Quel fut l'étonnement des dames de la cour lorsqu'elles trouvèrent dans leur table de nuit des vases en argent doré? Le jour de la Pentecôte, où la princesse fit son entrée dans Saint-Pierre, le pape célébra la messe à midi. L'histoire de Suzanne fut représentée par des comédiens venus de Florence. Le lendemain ce fut un festin splendide. On débuta par des oranges dorées et sucrées avec du Malvoisie, et les convives se lavèrent les mains avec de l'eau de rose. On apportait sur la table des sangliers rôtis avec leur pelage, des daims entiers, des paons avec leur queue, des faisans avec leur plumage. Sur les couvercles des viandes étaient ciselées des figures mythologiques : la fable d'Atalante, la délivrance d'Andromède, les travaux d'Hercule. Une montagne artificielle fut apportée, et de ses flancs l'on vit sortir un jeune homme qui récita des vers. Vinrent ensuite des barques à voiles, qui versèrent des cargaisons de dragées. Comédie païenne, musiciens, bouffons, jongleurs, rien ne manqua au festin donné par ce Riario qui renouvelait les folies des empereurs romains, et qui, déjà aussi puissant que le pape, rêvait secrètement la tiare. Mais les désordres de ce cardinal indigne de son caractère abrégèrent ses jours. Il mourait à vingt-huit ans, en 1474, couvert de dettes, bien qu'il eût dévoré deux cent mille florins d'or.

Le pape, désolé de cette mort, reporta son affection sur un frère du cardinal, Girolamo Riario, avant l'exaltation de Sixte IV obscur employé des gabelles à Savone. Il fallut un comté à ce nouveau favori : le Saint-Père lui acheta celui d'Imola et lui fit épouser Caterina Sforza, fille naturelle de Galéas-Marie. Restait à pourvoir Giovanni Rovere, le tout jeune frère de Giuliano Rovere. Le pape négocia son mariage avec la fille du célèbre comte d'Urbin, Frédéric de Monte-feltro, qui obtint, en échange de son consentement, le titre de duc. Les fiefs de Sinigaglia et de Mondovi, la place de préfet de Rome, devenue vacante par la mort de Lorenzo Rovere, furent l'apanage de Giovanni, en attendant que deux autres neveux du pape, Cristoforo et Girolamo Rovere fussent revêtus à leur tour de la pourpre romaine.

Une chose bien frappante et tout à fait inattendue dans cette histoire, c'est d'y voir des hommes sortis des rangs infimes s'élever sans efforts aux habitudes d'une vie mondaine, quelquefois déréglée, toujours élégante, improviser leur éducation, manifester le sentiment des beaux-arts, comme s'il était inné dans leur âme, et passer sans transition des humbles pratiques d'un pauvre moine au rôle brillant d'un Mécène. Cela fait honneur à la race italienne, à la souplesse d'un peuple naturellement artiste et prompt à s'enflammer pour le beau. Les neveux de Sixte IV furent un exemple de ces aptitudes géniales. Ainsi s'explique le développement de la Renaissance, même sous des papes qui n'avaient pas été pré-parés, non plus que leurs neveux, à s'occuper des arts ni à s'y connaître.

Parmi les nombreux parents du pape Sixte IV qui furent tous élevés aux dignités les plus hautes, le cardinal de Saint-Clément Domenico Rovere ou della Rovere, — car ce nom avait été anobli par l'article *della* — fut un de ceux qui contribuèrent à élever dans Rome des édifices notables. Le grand palais qu'il fit construire au Borgo, habité aujour-d'hui par les prêtres pénitenciers de Saint-Pierre, témoigne par une vaste cour, entourée de portiques à piliers octogones,

par le lambrissage des plafonds et par quelques restes de
peintures, du luxe qu'on y voyait briller autrefois et que lui
ont enlevé des maçonneries modernes. Le cardinal Domenico
était évêque de Turin, et l'on sait aujourd'hui, à n'en plus
douter, qu'il fit bâtir en 1492 la cathédrale de cette ville par
Meo del Caprina de Settignano; d'où l'on peut induire comme
une chose vraisemblable que cet architecte, qui florissait à
Rome sous les pontificats de Paul II et de Sixte IV, avait
été alors l'architecte du cardinal et qu'il avait édifié les bâtiments qu'on attribue à Baccio Pontelli, entre autres le palais
de Borgo Vecchio, sur lequel on lisait une inscription relatée
dans les *Mirabilia* d'Albertini :

> *Stet domus hæc donec fluctus formica marinos*
> *Ebibat, et totum testudo perambulet orbem* (1).

Pietro Riario avait commencé aux Saints-Apôtres un palais
magnifique, achevé depuis par Julien della Rovere. Le comte
d'Imola, Girolamo Riario, éleva aussi près du Janicule un
palais somptueux, dont les jardins se continuaient en bois
jusqu'au sommet de la montagne, où l'on jouit d'un point
de vue admirable sur les aspects infiniment variés de la Ville
éternelle. Ce fut encore un neveu de Sixte IV, le futur
Jules II, qui, ayant succédé à son oncle dans le titre cardina-
lice de San-Pietro-in-Vincli (Saint-Pierre-aux-liens), éleva
le portique extérieur de la façade et construisit le cloître qui
dépend de l'église; cloître remarquable par sa simplicité
même et par le caractère que lui donnent les proportions des
pleins et des vides. Tout éveille ici un infaillible sentiment de
gravité et de calme : de larges arcades sans archivoltes, des

---

(1) Que cette maison reste debout jusqu'à ce que la fourmi ait épuisé les flots de la
mer, et que la tortue se soit promenée dans le monde entier.

fenêtres étroites sans ornements, qui indiquent des cellules cénobitiques, la nudité des murs, contrastant avec l'élégance d'une citerne à colonnes accouplées, dont la margelle a été ornée de consoles renversées en cols de cygne. De sorte qu'il n'y a quelque apparence de soins donnés avec délicatesse qu'à cette margelle, considérée comme l'amphore d'un réservoir d'eau pure, seul luxe d'une communauté austère.

Le népotisme des papes de la Renaissance fut donc favorable au développement des arts en Italie, et particulièrement à Rome, par la raison que la plupart des souverains-pontifes, étant de naissance obscure, leurs neveux, subitement élevés aux grandes dignités de l'Église, n'étaient que des parvenus, et que dans cette condition ils devaient sentir le besoin de justifier les faveurs de la fortune par quelque action d'éclat. Et comme des prêtres ne peuvent guère briller que dans les solennités religieuses et dans les fondations qui mettent en mouvement tous les arts, il résulta du népotisme que l'architecture fut appelée à construire de beaux édifices, la sculpture à les animer, la peinture à les embellir. Ce furent les cardinaux, autant que les papes, qui édifièrent dans Rome et ailleurs des temples, des palais, des collèges, des bains publics, des hôpitaux, des fontaines, des ponts, des forteresses même; aucun de ces bâtiments ne pouvait se passer du secours des arts, chez un peuple qui eut, de tout temps, la passion des spectacles, le culte des images. Mais, une fois en possession de leurs magnifiques demeures, les princes de l'Église furent conduits à déployer à l'intérieur autant de luxe qu'au dehors. Il leur fallut des crucifix d'argent, des vases élégants, des services finement ouvrés, des poteries émaillées, des majoliques, des tapisseries, des bijoux, des sièges ornés de perspectives en marqueterie, des livres pour afficher l'instruction qu'ils avaient ou qu'ils auraient voulu avoir, des

reliures et des fermoirs pour conserver ces livres, qui étaient
alors précieux parce qu'ils étaient rares, des bibliothèques
enfin pour les contenir. Et tout ce luxe entretenait l'activité
des orfèvres, des verriers, des émailleurs, des tapissiers, des
serruriers, des marbriers, des marqueteurs, des relieurs, des
mosaïstes, sans parler des statuaires et des peintres.

Sous d'autres rapports, le népotisme, malgré ses abus, ses
scandales, eut des conséquences heureuses que les papes
n'avaient peut-être pas toutes prévues. Il se forma dans l'état
ecclésiastique une sorte d'aristocratie démocratique et passa-
gère qui tint en bride et finit par expulser les petits tyrans,
dont l'oppression pesait directement sur le peuple. Au moyen
du népotisme, qui suppléait l'hérédité, la monarchie papale
put contenir et abattre bien des tyranneaux, — dont le type
fut le comte dell' Anguillara — qui, renfermés dans leurs
châteaux-forts comme des loups dans leurs tannières, en
sortaient de temps à autre pour piller les villages, dépouil-
ler et insulter les paysans, rançonner les voyageurs. La
France a connu, elle aussi, le redoutable despotisme des seigneurs féodaux ; elle en fut affranchie, au temps de Sixte IV,
par Louis XI, et plus tard par Richelieu.

Mais ce n'est pas seulement aux neveux du pape Sixte
que sont dus les beaux ouvrages d'art qui ont honoré son
pontificat. Son nom est à jamais inséparable de la bibliothèque Vaticane, — qu'il fit bâtir ou du moins aménager au rez-
de-chaussée du palais, — et de la chapelle Sixtine, qui s'élève
au-dessus de la bibliothèque. Le célèbre Platina, qui avait été
quelque temps emprisonné et même mis à la question sous
le règne de Paul II, fut nommé bibliothécaire du Vatican à
la mort de l'évêque Andrea Bussi qui en remplissait avant
lui les fonctions. Ayant enrichi de manuscrits et de livres en
toutes les langues la collection formée par Nicolas V, il plaça

des écrivains latins, grecs, hébreux, sous les ordres de Platina, et pour montrer quelle importance il attachait à cette dignité de bibliothécaire, de laquelle il venait de l'investir, il lui donna le titre d'écuyer, trois domestiques, un cheval, une rétribution mensuelle de dix écus d'or et la nourriture dans le palais, ce qu'on appelle en Italie *la parte* (la portion). La chapelle Sixtine, construite — on le sait aujourd'hui (1) — par Giovanini de' Dolci (ou *de Dulcibus*) et non par Baccio Pontelli, est devenue si célèbre par les peintures qui la décorent qu'elle doit faire l'objet d'un chapitre à part dans l'histoire de la Renaissance.

Les infatigables chercheurs de documents qui ont tant de fois corrigé Vasari l'ont pris en faute, une fois de plus, au sujet des édifices élevés à Rome par l'ordre de Sixte IV, édifices que le biographe attribue presque tous à Pontelli, entre autres l'église de Santa-Maria-del-Popolo. Mais quel que soit l'architecte de cette église, on ne saurait la passer sous silence, car elle annonce dans sa façade un style de transition ou plutôt une indécision de style, assez singulière pour qu'on s'y arrête. La partie inférieure présente un mur percé de trois portes, sous un entablement que supportent des pilastres d'ordre ionique. Au-dessus s'élève un second ordre de pilastres couronné d'un fronton, sous lequel s'ouvre une fenêtre en œil de bœuf, rappelant la rose qui surmonte le portail des églises gothiques. Jusque-là rien de choquant, si ce n'est le contraste inattendu des ordres romains avec une

(1) Des documents inédits datés de 1486, trouvés à Rome dans les Archives d'État par M. Eugène Müntz, ont prouvé que Giovanini de' Dolci, de Florence, a été l'architecte de la grande chapelle du palais apostolique, c'est-à-dire, à n'en pas douter, de la chapelle Sixtine, et qu'après sa mort son fils *Christoforus de Dulcibus,* ayant hérité des créances paternelles, touchait une somme de 3000 florins dus à Giovanini, tant pour l'édification de la chapelle que pour la construction des forteresses de Civita Vecchia. D'autres mandats à la date de 1475 établissent que le même artiste fut l'architecte de la forteresse de Ronciglione, *arcis Ronciglionensis.*

ouverture appartenant, par la place qu'elle occupe, à l'architecture ogivale ; mais ce qui est une innovation malheureuse, due à la Renaissance, c'est le demi-fronton brisé et cintré qui se dresse au-dessus, à droite et à gauche des bas côtés. Ce grand principe que la décoration doit être un avec la construction est ici méconnu, comme il l'a été presque toujours par les Romains. Le fronton, étant une indication en saillie des lignes rampantes du toit, ne saurait être ni cintré, parce que les pentes d'un comble ne sont pas curvilignes, ni brisé, parce que la brisure, indiquant ici une couverture percée à demi, offre une image tout simplement ridicule que rien ne rachète : la courbe dessinée avec une intention d'élégance qui réunit les frontons cintrés au fronton triangulaire, et la guirlande même, attachée à cette courbe comme pour en dissimuler la sécheresse, ne font que mettre en évidence une faute inexcusable, quoique tant de fois répétée dans l'architecture des siècles suivants. A supposer même que cette adjonction malencontreuse soit d'une époque postérieure à la construction de l'église par l'architecte de Sixte IV, elle n'en est pas moins un exemple des erreurs auxquelles furent conduits les artistes de la Renaissance pour n'avoir connu que les exemplaires romains de l'architecture antique.

Une fondation dont l'honneur revient en grande partie à Sixte IV, c'est le grand hôpital de San-Spirito. A la place où s'élève aujourd'hui ce monument, sur la rive droite du Tibre, il en existait un autre que le pape Innocent III, d'illustre mémoire, avait établi à la fin du douzième siècle, mais qui déjà menaçait ruine en 1471, lorsqu'un incendie acheva presque de le détruire (1). Sixte IV fit reconstruire l'édifice, il y ajouta une vaste salle, pouvant contenir trois rangs de lits de chaque côté, ce qui portait à 1,000 environ le nombre total des lits. Sur la rue du Borgo, l'on ouvrit un portique, dont les entrecolonnements furent plus tard sagement murés, et l'on disposa des fours pour réchauffer les pauvres qui venaient s'y nourrir de reliefs. L'hôpital, aéré par cinq grandes cours, était principalement destiné aux fiévreux et aux blessés, de sorte qu'on y guérissait ou qu'on y soignait les deux maladies constantes du peuple romain : la fièvre, que lui donne le mauvais air, et les blessures qui lui viennent de son humeur farouche et de sa promptitude à se servir du couteau. Richement doté, pourvu d'une pharmacie et par la suite d'une salle de dissection et d'un musée anatomique, cet établissement de charité était au quinzième siècle et reste encore un des plus beaux de l'Europe.

(1) ... Ei fece ricostruire, ampliare, ornare e di maggior commodità provedere l'ospedale di Santo Spirito in Sassia, dopo l'incendio di 1471. Ricci, *Storia dell' Architectura in Italia*, tome II, p. 507.

CHAPITRE IX.

L'hôpital de Milan, construit par Antoine Filarète. — La conjuration des Pazzi. — Sixte IV protecteur des arts. — Peintres appelés à Rome pour la décoration de la chapelle Sixtine. — Melozzo de Forli.

Si l'hôpital du Saint-Esprit à Rome est un des plus beaux de l'Europe, il faut mettre en première ligne le grand hôpital de Milan, édifié par l'architecte Antoine Filarète, quatorze ans avant celui que restaura Sixte IV. On nous permettra de parler ici un peu longuement de ce noble édifice, qui n'était pas seulement un asile ouvert aux pauvres par la charité évangélique et sacerdotale, mais une institution civile au moins autant que religieuse, qui assurait assistance aux citoyens d'un même état. — « La corruption du siècle ayant « refroidi la charité, — raconte le prêtre milanais Latuada « dans son histoire de l'hôpital majeur —, il advint que les « régisseurs des anciens hôpitaux de la ville et des faubourgs, « qui étaient des moines, négligèrent peu à peu leurs devoirs « et finirent par user à leur profit du bien des pauvres. Pour « faire cesser un pareil désordre, l'autorité ecclésiastique « ordonna que vingt-quatre patriciens seraient élus chaque « année pour surveiller et diriger les administrateurs subal- « ternes des hôpitaux. Il fut décidé aussi que, pour économi- « ser les frais d'administration, qui dans certains cas absor- « baient presque entièrement la dépense, on réunirait tous « les hôpitaux en un seul, dans lequel dix-huit nobles, et non « plus vingt-quatre, auraient la haute-main ; que sur ce nom-

« bre de dix-huit, il y aurait seulement deux ecclésiastiques.
« Mais il fallait un très vaste espace : la famille ducale y
« pourvut, en donnant pour le futur hôpital un grand palais
« ou plutôt une forteresse entourée de murs et de fossés,
« située entre les deux basiliques de San-Nazaro et de San-
« Stefano. » Ce fut, disons-nous, le florentin Antoine Filarète,
le sculpteur qui, sous le pontificat d'Eugène IV, avait modelé,
en compagnie de Simone Fiorentino, les portes en bronze
de la basilique Vaticane, qui fut appelé à dessiner les plans
de l'*Ospedale Maggiore*. Il se montra plus savant architecte
à Milan, qu'il n'avait été habile sculpteur à Rome. Il dessina
en plan un long rectangle dont l'espace fut divisé en deux
carrés séparés par un parallélogramme, le premier à gauche
pour les femmes, le second pour les hommes. Chacun de ces
carrés était divisé lui-même en quatre par une grande cour
au milieu de laquelle s'élevait une petite église. Le bâtiment
devait s'élever sur les quatre côtés du grand rectangle. Au
dehors, comme à l'intérieur, l'édifice était entouré de portiques en arcades sur colonnes, mais la colonnade extérieure,
défendue d'abord par des grilles en fer, fut ensuite presque
entièrement murée et convertie en dortoirs. Dans la partie du
bâtiment bâtie par Filarète se trouvait une disposition que
Vasari a beaucoup vantée : au centre de la croix grecque
devait s'élever un autel de libre accès, qui serait aperçu de
tous les malades rangés dans les quatre bras, si bien que
chacun pût, de son lit, assister à l'office et faire ses dévotions.
Les dessins de Filarète sont ceux d'un architecte qui possède
une des principales qualités de son art, l'appropriation du
bâtiment à sa destination. Pour rendre plus salubre l'habitation temporaire des malades, l'artiste avait eu soin d'élever le
rez-de-chaussée sur une dizaine de marches formant les deux
rampes d'un bel escalier de marbre. Les bras de la croix

contenaient, sur les deux côtés, des lits bien fournis de ma-
telas et de couvertures (*di stramazzi e di coltri*) et pour le cas
où le nombre des malades serait venu à s'accroître, un rang
de lits pouvait être disposé dans le milieu de ces galeries,
dont la largeur est de seize bras, sur une longueur de cent-
soixante-cinq.

Le 12 avril 1456 (style romain 1457), la première pierre de
cet imposant édifice fut posée solennellement par Francesco
Sforza, en présence de toute sa famille, de tout le clergé, de
tout le peuple, dans une cérémonie touchante, à laquelle as-
sistaient les ducs de Mantoue, de Montferrat et l'ambassadeur
du roi de Naples à Milan, Taddeo d'Imola.

Les plans de Filarète furent suivis par ses successeurs et
l'on en respecta la belle simplicité. Mais l'hôpital, ayant reçu
un legs considérable en 1621, fut agrandi par l'architecte
Francesco Richini; celui-ci ménagea une grande cour d'entrée
et quatre cours moindres, dans un style plus moderne et
moins heureux. En continuant la façade de Filarète, avec
une intention évidente de raccordement, il laissa voir, selon
nous, que l'art du dix-septième siècle, par son imitation de
plus en plus fausse de l'antique, est bien inférieur à celui que
la Renaissance a manifesté au quinzième siècle, lorsqu'elle
respectait encore les principes de l'architecture du moyen âge.

Le moment est venu de raconter la tragique conjuration
des Pazzi, dont l'histoire appartient à notre sujet parce que
tous les personnages qui y furent mêlés se rattachent étroite-
ment à l'histoire des arts et des lettres.

En l'année 1478, la famille des Médicis avait pour chefs
Laurent et Julien, fils de Pierre et petits-fils de Côme, qui
par la fortune, l'astuce, l'audace s'étaient rendus les maîtres
de Florence. La Seigneurie, composée de leurs créatures, leur
obéissait. Le gonfalonier, dont ils avaient arbitrairement aug-

menté les pouvoirs, était à leur discrétion. Les plus puissantes familles de la République, les Albizzi, les Peruzzi, les
Strozzi, les Acciaiuoli, les Machiavelli, ayant été exilées, il
ne restait guère qu'une seule maison qui pût faire ombrage
aux Médicis : les Pazzi de Val d'Arno, anciens nobles qui
avaient obtenu le privilège de rentrer dans la classe du peuple
en acceptant le droit de bourgeoisie. Engagés dans le commerce de l'argent, ils étaient devenus les plus célèbres banquiers de l'Italie. Le vieux Côme, par prudence, avait marié
avec l'un des Pazzi sa petite fille Blanche de Médicis, sœur
de Laurent et de Julien. Mais cette alliance n'avait pu étein-
dre ni la rivalité des deux familles, ni la sourde haine qui animait les Pazzi contre les oppresseurs insolents de la République. François Pazzi avait établi à Rome un comptoir, et
Sixte IV l'avait choisi pour banquier, de préférence aux
Médicis, autrefois banquiers du Saint-Siège. Le pape et son
neveu Girolamo Riario, traversés par Laurent dans leur
projet ambitieux sur le comté d'Imola, n'avaient pas eu de
peine à épouser la haine des Pazzi ; de son côté, François,
qui entretenait des relations journalières et intimes avec
Sixte IV et Riario, s'étudiait à envenimer leurs sentiments
d'animosité contre Laurent et Julien. Ceux-ci d'ailleurs y
prêtèrent, en refusant de reconnaître François Salviati,
nommé archevêque de Pise par le pape, qu'une telle injure
irrita violemment. La perte des Médicis fut jurée entre François Pazzi, Riario et Salviati, tandis que le pape promettait
au capitaine Montesecco, confident de Girolamo, d'appuyer
de toutes ses forces la conjuration, au dire de Machiavel. Le
neveu de Girolamo, Raphaël Riario, âgé de dix-neuf ans,
envoyé à Pise pour y achever son éducation, venait d'être
élevé à la dignité de cardinal et il avait reçu l'ordre du pape
de faire tout ce que lui ordonnerait l'archevêque de Pise. Le

jeune cardinal amené à Florence devait y entendre la messe dans la cathédrale, en sa nouvelle qualité. L'occasion parut belle pour réunir les deux Médicis et les frapper en même temps l'un et l'autre, car il était plus que probable qu'ils ne manqueraient pas d'assister à la messe qu'on allait dire pour célèbrer la promotion de Raphaël Riario au cardinalat. Les conjurés se distribuèrent les rôles. Laurent serait tué par le capitaine Jean-Baptiste Montesecco, Julien par François Pazzi, assisté de Bernardo Bandini. Mais le capitaine refusa de commettre un meurtre dans une église, et d'aggraver ainsi la trahison par un sacrilège. Il avait d'ailleurs, quelques jours auparavant, rendu visite à Laurent de Médicis, qui l'avait charmé par la bonne grâce de son hospitalité, et lui avait paru tout autre qu'on ne le lui avait dépeint. Sur le refus du capitaine, la commission de poignarder Laurent fut imposée à deux prêtres obscurs, qui n'eurent pas les mêmes scrupules à l'endroit du sacrilège. L'un était Antoine de Volterra, scribe apostolique, l'autre Stefano Bagnoni, curé de Monte-marlo, qui donnait des leçons de latin à la fille de Jacques Pazzi, oncle de François. Il fut convenu que les coups se-raient portés au moment où le prêtre élèverait l'hostie, et qu'au même instant les autres conjurés, parmi lesquels se trouvait le jeune fils du célèbre écrivain Poggio, avertis par les cloches de la cathédrale et conduits par l'archevêque de Pise, occuperaient le palais de la seigneurie.

La cathédrale de Florence était remplie de monde. Le cardinal était venu accompagné de Laurent, et déjà l'office était commencé, mais Julien ne paraissait pas. François Pazzi et Bernard Bandini l'allèrent chercher : ils lui persuadèrent de venir. Cachant sous des dehors d'amitié leur haine pro-fonde, ils le conduisirent à l'église, et, sous couleur de plai-santer avec lui, à la manière des jeunes gens, ils lui passèrent les bras autour du corps pour s'assurer qu'il ne portait pas de cuirasse. La foule qui remplissait le temple donnait un prétexte aux conjurés pous serrer de près les Médicis. Au signal convenu, Bandini poignarda Julien, qui tomba pour mort sur le pavé. Au même instant, les deux prêtres attaquèrent Laurent, mais mollement; leurs coups indécis ne l'atteignirent qu'à la gorge. Lui, se défendant avec son épée, se dirigeait vers la sacristie pour s'y réfugier, lorsque Bandini courut à lui, le poignard rougi à la main, et se voyant barrer le passage par François Nori, ami des Médicis, il l'étendit mort à ses pieds. Laurent de Médicis ayant gagné la sacristie avec Politien, celui-ci en ferma précipitamment les portes de bronze, tandis que François Pazzi s'acharnait sur le corps de Julien avec tant de fureur qu'à force de donner des coups au cadavre il se blessait lui-même à la cuisse.

Cependant l'archevêque de Pise s'était rendu au palais public avec ses parents et ses affidés, qui devaient s'emparer de la principale porte à la première rumeur qu'ils entendraient; quelques-uns avaient ordre de se cacher dans la chancellerie, tandis que l'archevêque monterait chez le gonfalonier, pour distraire son attention, en attendant le signal des cloches. Mais le gonfalonier, César Petrucci, s'étant aperçu que l'archevêque paraissait embarrassé, qu'il tenait des propos vagues et sans suite tout en dirigeant des regards troublés vers la porte, conçut de la défiance : il s'élança vers la porte où il trouva un des conjurés Jacopo di Poggio, qu'il saisit par les cheveux et remit aux sergents, en poussant des cris pour appeler les prieurs à se défendre. Les portes intérieures furent fermées, et il se trouva que les conjurés cachés dans la chancellerie s'y étaient enfermés eux-mêmes en poussant une porte à ressort, dont ils n'avaient point la clef. Les sergents purent alors attaquer séparément les divers groupes et les réduire.

Ceux qui avaient suivi l'archevêque à l'étage supérieur furent mis à mort ou jetés vivants par les fenêtres, et l'archevêque y fut pendu.

Les deux prêtres s'étaient enfuis; atteints par le peuple, ils furent massacrés et leurs corps traînés dans les rues. Bandini se sauva. François Pazzi, affaibli par sa blessure, ne pouvant se tenir à cheval, regagna sa demeure et, se jetant sur un lit, il pressa son oncle Jacques de parcourir la ville avec une centaine de cavaliers, rassemblés d'avance dans les cours de la maison et d'appeler le peuple aux armes. Le vieux Pazzi se mit en effet à la tête de sa petite troupe et se dirigea vers le palais public, en invoquant par ses cris le peuple et la liberté, mais, comme dit Machiavel dans une phrase à la Tacite, « ni l'un ni l'autre ne répondirent : le peuple, parce que « les libéralités des Médicis l'avaient rendu sourd, la liberté, « parce qu'elle était inconnue à Florence (1). »

Sorti de Florence avec ses cavaliers, Jacques s'était réfugié dans les Apennins, mais les montagnards l'y saisirent, et bien qu'il les priât de le tuer sur l'heure, en leur promettant une récompense, ils le conduisirent à la ville où il fut pendu avec son neveu René. On raconte de Jacques Pazzi que la veille, pour ne pas envelopper dans son malheur les personnes qui avaient eu confiance en lui, il paya toutes ses dettes et prit soin de consigner à leurs propriétaires toutes les marchandises qu'il avait en douane ou dans ses magasins.

Quant à François, arrêté dans son lit, tout en sang, on le conduisit nu au Palais, où on le pendit à la même fenêtre que l'archevêque. Le capitaine Montesecco, emprisonné à son tour, eut la tête tranchée, après avoir subi un long interroga-

---

(1) Ma perche l' uno era dalla fortuna e liberalità de' Medici fatto sordo, l' altra in Fiorenze non era conosciuta, non gli fu risposto da alcuno. (*Delle istorie Florentine*, libro VIII.)

toire, dans lequel il fit connaître que le saint-père, sans avoir voulu la mort des Médicis, n'avait rien fait pour l'empêcher (1).

Tel fut le sort de la conjuration des Pazzi. Il arriva ce qui arrive presque toujours en pareille circonstance : la liberté qu'on voulait sauver fut perdue, perdue pour longtemps, sinon pour jamais. Laurent de Médicis, comme autrefois Pisistrate, fut supplié d'avoir autour de lui des gardes armés. Il devint, après la conspiration échouée, plus puissant qu'il ne l'était avant. Le pape apprenant ces nouvelles, entra en fureur. Il fit saisir tous les biens que les Florentins avaient à Rome ; loin de se disculper, il fulmina l'anathème contre Laurent de Médicis et menaça d'excommunication la ville entière, si elle n'avait pas chassé dans le délai d'un mois et Laurent et le gonfalonier et les prieurs, dont le crime était d'avoir pendu ignominieusement un archevêque, d'avoir porté la main sur des prêtres, de s'être acharnés comme des chiens enragés sur des personnes ecclésiastiques. Aux malédictions pontificales et à l'interdit jeté sur la république florentine succédèrent les voies de fait. Les troupes du pape et celles du roi de Naples, les unes sous les ordres de Frédéric d'Urbin et de son gendre Robert Malatesta, les autres commandées par le duc de Calabre, envahirent le territoire de la République et le ravagèrent, en proclamant qu'ils faisaient la guerre non pas à Florence, mais à Laurent de Médicis, leur seul ennemi, et qu'ils ne voulaient autre chose que la chûte de son gouvernement. Cependant les Florentins qui auraient pu conjurer l'orage, par le sacrifice d'un seul des leurs, ne consentirent pas à l'abandonner. Laurent, ayant assemblé dans le palais public trois cents citoyens, leur tint un de ces discours que Tacite met si

(1) Le rivelazioni di quel capitano fecero conoscere che il papa non voleva la morte de' Medici, ma che nemmanco la impedi. (*Ange Politien.*)

volontiers dans la bouche de ses héros; cette éloquence a quelque chose d'antique et caractérise, par cela même, l'époque de la Renaissance. « Hauts seigneurs, dit-il, et vous,
« magnifiques citoyens, je ne sais si je dois gémir sur les
« derniers évènements ou en être fier. Quand je pense avec
« quelle perfidie et quelle haine j'ai été assailli et mon frère
« tué, je me sens contristé au fond de l'âme. Mais, quand je
« considère avec quel amour, quel élan unanime de la cité
« mon frère a été vengé et moi défendu, je ne puis ne pas
« ressentir une certaine joie et même un sentiment d'orgueil.
« Je ne croyais pas avoir dans cette république ni des enne-
« mis aussi cruels, ni tant de chauds amis. Dans quelle infor-
« tune était tombée notre maison que nous n'étions pas en
« sûreté, même au milieu de nos parents et de nos amis, même
« dans une église! Là où les parricides et les meurtriers
« trouvent un asile, les Médicis ont trouvé leurs assassins.
« Quelles injures avons-nous donc faites, qui aient pu allu-
« mer de telles fureurs? A quoi devons-nous l'élévation de
« notre famille, si ce n'est à nos efforts pour subjuguer les
« âmes par la générosité, par l'humanité? Si nos assassins,
« nos parents, ont été mus par le désir de la domination, par
« la jalousie que notre autorité leur inspirait, c'est vous qui
« êtes les offensés, car c'est de vous que nous la tenons, et il
« n'y a d'odieux que les usurpateurs. Quand mon aïeul Côme
« revint de l'exil, ce ne fut point par les armes et la violence,
« mais de votre consentement. Les Médicis pourraient-ils
« gouverner cette république, si vous ne la gouverniez pas
« avec eux? Où sont donc les motifs de tant de haine? dans
« le cœur de ces hommes qui ont acquis par l'argent et l'a-
« varice de leurs aïeux ce que nous avons gagné, nous, par
« des moyens tout contraires. Après tout, s'ils croyaient
« avoir à venger des injures mortelles, pourquoi confondre

« leurs inimitiés privées avec la chose publique? Pourquoi se
« liguer avec le pape et avec le roi contre la liberté de Flo-
« rence? Pourquoi troubler la paix de l'Italie? Le roi et le
« pape affirment qu'ils ne font la guerre qu'à ma famille. Plût
« au ciel que ce fût vrai, car je ne suis pas assez mauvais
« citoyen pour mettre mon salut au-dessus de vos périls, et
« de grand cœur j'éteindrais l'incendie de cette ville sous les
« ruines de ma maison. Mais les puissants trouvent toujours
« des prétextes pour colorer leurs injustices. Que si vous pen-
« sez autrement, je suis entre vos mains, prêt à faire ce que
« vous m'ordonnerez, vous mes pères, vous mes défenseurs,
« et il ne tiendra pas à moi que cette guerre, commencée dans
« le sang de mon frère, ne finisse dans mon sang. » Cette
harangue arracha des larmes à tous ceux qui l'entendirent.
Tous jurèrent à Laurent qu'ils lui conserveraient l'autorité
ou qu'ils perdraient avec lui leur patrie. De sorte que par la
conjuration des Pazzi, Laurent de Médicis se trouva porté à
une telle hauteur, que jamais citoyen d'une république n'eut
dans le camp ennemi plus d'importance, ni dans le sien plus
de pouvoir.

Au point de vue où nous place le sentiment qui nous a
fait entreprendre cette histoire de la Renaissance en Italie,
nous ne pouvons que nous réjouir d'une influence qui a été
si favorable au développement des arts, dans leur expression
la plus haute, car il est permis de penser que sans la grandeur
de Laurent de Médicis nous n'aurions pas eu peut-être Michel-Ange, ou du moins tout Michel-Ange.

Il ne nous appartient pas de pousser plus loin cette digres-
sion. D'autres historiens — et dans le nombre il en est de
grands — ont raconté les évènements de la guerre de Sixte IV
et du roi de Naples contre les Florentins; ils ont dit comment ce peuple avait su intéresser à sa cause le duc de Milan,

le duc de Ferrare, les Vénitiens, l'empereur Frédéric ; comment le roi de France Louis XI envoya le célèbre Philippe de Commines en ambassade à Florence, pour augmenter le crédit des Médicis par un témoignage éclatant de sa protection, comment il menaça le pape de le citer devant un concile, et quelle fut l'issue de la guerre en Toscane.

Pour rentrer dans notre sujet, s'il est vrai que le pape Sixte IV ait mérité les sévérités de l'histoire comme pontife-roi, comme ayant montré dans son administration plus de génie que de scrupule, comme ayant trempé peut-être, en ne l'empêchant pas, dans l'assassinat des Médicis, son rôle de Mécène lui vaudra l'indulgence. Par lui furent appelés à Rome, pour décorer la chapelle Sixtine, les plus grands peintres de son temps : Luca Signorelli, Pérugin, Botticelli et Domenico Ghirlandajo, qui fut le maître de Michel-Ange. Melozzo de Forli était déjà son peintre attitré, car cet éminent artiste a signé quelquefois ses œuvres : *Melozzo pictor papalis.* On peut donc s'étonner qu'il n'ait pas été choisi pour travailler à la Sixtine avec les artistes supérieurs qui viennent d'être nommés : Melozzo eût été, en effet, un plus digne collaborateur de Signorelli et de Pérugin que ne le fut Cosimo Rosselli.

Lié avec Giovanni Santi, père de Raphaël, Melozzo de Forli était connu des Montefeltri, et ce fut sans doute par l'entremise de Frédéric, duc d'Urbin, qu'il entra au service du pape dont le neveu, Jean della Rovere, venait d'épouser la fille du duc. En 1472, l'année même de ce mariage, le cardinal Pietro Riario, ayant construit l'abside de l'église des Saints-Apôtres, la fit décorer par le peintre de Forli ; celui-ci, d'un style ample et fier, quoique précis et serré, y peignit l'Ascension du Christ dans une gloire de séraphins. Il les représenta vus de bas en haut, en observant les lois de la perspective, toujours difficiles quand on les applique sur une surface courbe à la figure humaine en mouvement. Mais, de cette fresque démantelée en 1711, il ne reste que des morceaux détachés du mur par un sciage et transportés, les uns au Quirinal, les autres dans la sacristie capitulaire du Vatican. Par bonheur, une fresque précieuse de Melozzo nous a été conservée, celle qu'il avait peinte sur le mur de la *Floreria,* faisant face à la porte de l'ancienne bibliothèque vaticane. Cette fresque, transportée sur toile par l'ordre de Léon XII, est aujourd'hui dans la galerie des tableaux. Le pape Sixte IV est assis, de profil, dans son fauteuil pontifical de velours cramoisi, les deux mains appuyées sur les pommeaux de son siège. L'illustre écrivain Platina est à genoux devant le pape. Il porte, sur un habit écarlate dont on ne voit que le collet et la manche, un manteau violet, aux plis abondants et cassés avec beaucoup d'art. Il paraît âgé de cinquante ans, et il semble remercier le pape de l'avoir nommé préfet de cette Bibliothèque dont il montre du doigt le sol, dont on voit les dalles et les plafonds s'enfoncer en perspective dans le tableau. Auprès de Sixte et derrière Platina se tiennent debout les neveux du pape : les cardinaux Christophe et Julien della Rovere (depuis Jules II), son frère Jean della Rovere, préfet de Rome, et Girolamo Riario, comte d'Imola. Pas un de ces portraits qui ne soit un personnage historique, intéressant à connaître dans l'intimité de sa physionomie. Le caractère de chacun y est observé, scruté, rendu avec une finesse de dessin et une intensité d'expression que le grand Mantegna lui-même n'eût pas dépassées. On sent que Platina est un homme ferme et souple tout ensemble, cauteleux et important. Bien qu'agenouillé, selon l'étiquette, il tient la tête haute. Sixte IV est vivant. Son nez aquilin, son menton fort et la dureté de son regard, son attitude roide et ses deux mains cramponnées au trône, tout en lui accuse une humeur impérieuse, une volonté indomptable. Ces grands peintres du quinzième siècle, avec leur pinceau incisif et sec, semblent disséquer les caractères au bout d'un scalpel. La peinture de Melozzo est, de plus, extrêmement curieuse sous le rapport des costumes du temps à la cour des papes. Sixte IV porte un bonnet de drap écarlate bordé d'hermine, une aumusse de la même étoffe, doublée d'hermine également, et un rochet de lin à manches étroites, qui, tombant jusque près des chevilles, laisse voir une soutane de laine blanche. La chaussure est rouge et brodée d'une croix d'or. Les cardinaux portent sur la tête une simple calotte. Les neveux laïques sont nu-tête, vêtus de longues robes, négligemment serrées à la ceinture par une cordelière, et ils ont au cou une chaîne d'or.

Encore une fois, il est singulier que Melozzo, qui avait souvent occasion d'approcher le pape et qui était particulièrement connu de ses neveux, surtout de Girolamo Riario, devenu prince de Forli, n'ait pas été un des peintres de la chapelle Sixtine.

CHAPITRE X.

Depuis que la Grèce avait été conquise et absorbée par les Romains, le paganisme avait eu à Rome sa capitale. L'éducation des grands esprits de l'Italie s'étant faite à Athènes, les images des dieux d'Hellas, divinement sculptées par les artistes grecs, avaient été, pour la plupart, transportées dans le Latium. Rome était devenue la cité par excellence de la religion et des idées païennes. En choisissant la ville des Césars pour y installer sa suprématie morale et ses souverains pontifes, le christianisme avait à craindre de voir renaître et se développer dans son sein le germe étouffé des pensées antiques. Impossible d'imaginer un peuple moins fait pour conserver des doctrines mystiques que les Italiens du midi, chez qui le sentiment est toujours à l'état de sensation, et qui sont fatalement enclins à préférer un culte idolâtrique, à matérialiser leurs croyances. La religion anthropomorphique des Grecs n'avait nulle part plus de chance de revivre qu'en Italie. Il devait arriver aussi que la langue latine, celle qui était écrite et parlée par les princes de l'Église, étant la langue qui avait servi à exprimer la pensée antique dans les chefs-d'œuvre de la littérature romaine, les ouvrages retrouvés de Virgile, d'Horace, de Cicéron, de Tacite, de Lucrèce, de Plaute, de Térence, si longtemps ensevelis dans les vieux monastères, feraient une impression plus vive là où l'on en comprenait tout de suite la signification, parce qu'ils agiraient ainsi directement sur l'esprit des laïques instruits et même des ecclésiastiques lettrés. Quant à la littérature hellénique, on sait comment elle fut importée au quinzième siècle par les Grecs chassés de Bysance, et comment les œuvres de Platon, d'Aristote, de Xénophon, de Diodore, de Strabon pénétrèrent en Italie, grâce à l'enseignement de la langue grecque par les émigrés de Thessalonique, de Constantinople, de Trébizonde, d'Athènes et du Péloponèse.

Nul doute que si le Saint-Siège eût été établi dès l'origine en Germanie, par exemple dans une ville comme Aix-la-Chapelle ou Cologne, la résurrection du génie antique n'eût été beaucoup plus lente, beaucoup plus difficile qu'elle ne fût chez un peuple de race latine. La Renaissance italienne trouva en Italie un sol tout préparé, des mœurs propres à son éclosion, une langue qui avait été celle des derniers païens et qui était encore vivante dans l'Église. Mais ce qui donna l'essor à l'étude de l'antiquité ressuscitée, ce fut le zèle que mirent les pontifes chrétiens du quinzième siècle à favoriser l'hellénisme, c'est-à-dire la restauration des lettres païennes et des arts qui avaient autrefois fleuri en Grèce. Autant les évêques de la primitive Église et les papes du moyen âge s'étaient fait gloire de briser les statues des dieux et de mépriser la plupart des œuvres classiques, autant Nicolas V, Pie II, Paul II, Sixte IV, s'étudiaient à sauver et à conserver, comme des reliques, les débris de ces mêmes statues et les manuscrits échappés aux iconoclastes. Sans examiner s'il n'y avait pas un danger pour les dogmes catholiques dans la restauration de la littérature païenne, ils encourageaient, ils pensionnaient des calligraphes et des dessinateurs, employés à copier, à enluminer les manuscrits, et des hellénistes tels que Lorenzo Valla, Poggio, Georges de Trébizonde, Guarino, occupés à traduire les histoires d'Hérodote, de Thucydide, la Cyropédie de Xénophon, et Diodore, et Strabon, et Aristote, et les lois de Platon, et l'astronomie de Ptolémée.

Or, tandis que le savant Nicolas V poussait noblement à la propagation des manuscrits et n'épargnait rien pour enrichir la bibliothèque Vaticane, quelqu'un inventait, à Mayence, l'imprimerie. Par une coïncidence étrange, ce fut en l'année 1450, en cette même année où Nicolas V célébrait le jubilé universel, qu'eut lieu la découverte de Jean Gutenberg, événement qui devait être marqué dans les annales de la civilisation comme le grand jubilé de l'intelligence humaine. Et, par une autre coïncidence non moins remarquable, il se trouve que le nom du pape qui fut l'humaniste par excellence est inséparable du premier et du plus précieux monument de la typographie, qui ait une date certaine : Nous voulons parler des *Lettres d'indulgences*. En 1451, Nicolas V ayant accordé des indulgences plénières à ceux qui aideraient de leur bourse le roi de Chypre, en guerre avec les Turcs, l'ambassadeur de ce roi vint à Mayence y choisir des délégués pour recevoir en divers pays les aumônes, contre la délivrance d'un acte sur parchemin indiquant le nom du donateur, le montant de l'offrande, la date et la signature des préposés à la concession des indulgences. Ces lettres, dont un très petit nombre s'est conservé, mais dont un exemplaire existe à la Bibliothèque Nationale de Paris, imitent parfaitement, en caractères reconnus *mobiles,* l'écriture de la chancellerie romaine, écriture cursive, en forme de gothique arrondie. La première édition des *Lettres d'indulgences* est de 1454.

Quelques années après, des ouvriers imprimeurs émigrèrent de Mayence pour exporter leur art dans les villes les plus civilisées de l'Europe ; la première imprimerie fondée en Italie le fut tout près de Rome, au couvent de Subiaco, par les deux allemands Conrad Sweynheim et Arnold Pannartz. Ils l'établirent sous le pontificat de Paul II, en 1455, et débutèrent par imprimer un Donat pour l'éducation des enfants, puis les ouvrages d'un écrivain latin du troisième siècle, celui qu'on a surnommé le Cicéron chrétien, Lactance. « Cette édition est fort belle, dit M. Ambroise Firmin-Didot : « le caractère, dont la forme est encore un peu gothique, se « rapproche cependant du type romain ; il est bien gravé et « bien fondu ; le papier est beau et bien collé : les marges « grandes et l'encre fort noire. Les passages grecs sont laissés « en blanc, pour être remplis à la plume, excepté vers la fin, « où ils sont imprimés en caractères grecs, dont la forme « est ronde et non penchée. Il n'y a ni accents, ni esprits, ni « lettres capitales (1) ».

Bientôt, cependant, l'imprimerie pénétra dans Rome même. Une noble famille, celle des Massimo, offrit l'hospitalité de son palais aux imprimeurs Conrad et Arnold, qui, en cinq ou six ans, mirent au jour quarante-quatre éditions de divers écrivains, dont la plupart étaient des auteurs profanes, Cicéron, César, Virgile, Tite-Live, Lucain, Pline, Suétone, Quintilien, Ovide, Silius Italicus, Aulu-Gelle, Apulée. Dans le même temps, un compagnon d'Arnold et de Conrad, Ulrich Han,

---

(1) Essai sur la typographie, Paris, 1851. Extrait du tome XXVI de l'*Encyclopédie moderne*.

dit *Gallus,* se sépara d'eux pour fonder à son compte une imprimerie d'où sortirent les *Méditations* de Torquemada, ornées de gravures en bois, représentant les tableaux peints dans l'église de la Minerve, sans aucun doute ceux de Filippino Lippi. N'oublions pas de dire que, dans ces ateliers de la pensée, les princes de l'Église remplissaient les fonctions de correcteurs. A l'imprimerie d'Ulrich Gallus s'était volontairement attaché le savant évêque de Teramo, Campanus, qui, pour suffire à la correction des épreuves, ne s'accordait que trois heures de sommeil. Sweynheim et Pannartz avaient à leur service le secrétaire de la bibliothèque Vaticane, l'évêque Paleria : ce fut lui qui rédigea la supplique adressée à Sixte IV par Conrad et Arnold pour exposer au pape l'état misérable où les réduisait l'encombrement des exemplaires invendus sortis de leur presse. « Les serviteurs de Votre « Sainteté, disaient les postulants, les premiers qui exercent « en Italie cet art créateur le plus utile de tous, vous implo- « rent pour que vous daigniez les secourir dans leur misère. « La voix de ces imprimeurs, écrasés sous le poids de tant de « papiers, sera bientôt la voix des trépassés, si votre généro- « sité ne leur vient en aide. » Cette détresse des premiers disciples de Gutenberg qui apportèrent à Rome les premières presses s'explique sans peine. La découverte de l'imprimerie avait contre elle, d'abord la jalousie naturelle des copistes, qui se voyaient enlever leur moyen d'existence et qui allaient dépréciant partout les ouvrages imprimés ; ensuite, le goût des lecteurs délicats qui préféraient à des livres austères, confectionnés à bas prix pour le peuple, les anciens manuscrits avec leurs miniatures précieuses rehaussées d'or, leurs initiales fleuronnées, leurs vignettes qui couraient sur les marges et le long des titres, en y faisant briller des oiseaux, des reptiles, des scarabées aux couleurs chatoyantes. L'industrie des livres

ne s'adressa donc, dans le principe, qu'à une multitude igno-
rante et peu soucieuse de s'instruire, de sorte qu'il dût se
passer encore un demi-siècle avant que les calligraphes et
les enlumineurs fussent complètement supplantés par les
typographes, qui se vantaient de mettre au jour un livre, sans
plume, sans encre, *non instrumento, non plumali calamo*.
L'imprimerie fut tellement roturière que, selon Vespasiano
Fiorentino, auteur d'une biographie de Frédéric d'Urbin, ce
prince, ami des lettres, et qui avait rassemblé une collection
si célèbre de livres rares, n'en possédait aucun qui ne fût
manuscrit. Il aurait eu honte, dit Vespasiano, d'avoir sur
ses tablettes un livre imprimé, *e non v' è ognuno a stampa,
che se sarebbe vergognato*.

Il faut rendre ici justice à l'Église : ce furent des prélats
qui s'intéressèrent le plus vivement à l'invention décriée par
les copistes. Sous le pontificat de Paul II, le cardinal Caraffa
fit venir de Wurtzbourg à Rome, Georges Laver qui établit
des presses dans le monastère de Saint-Eusèbe et qui eut
pour correcteurs deux hommes illustres, le napolitain Pom-
ponius Læta et le savant écrivain qui allait devenir le préfet
de la Bibliothèque Vaticane, Platina. Enfin l'imprimeur qui
publia en 1476 les *Élégances de la langue latine* de Lorenzo
Valla était un noble sicilien, Philippe de Lignamine, qui
n'avait pas cru déroger en adoptant ce nouveau métier.

La papauté prévoyait-elle combien cet art de multiplier les
livres apporterait de secours aux attaques de ses adversaires?
Il faut bien le dire, la foi était au quinzième siècle affaiblie
chez les princes de l'Église, et il se passait alors dans les esprits quelque chose d'analogue à ce qui eut lieu en France
sous le règne de Louis XV, alors que le roi commençait à ne
plus croire à la royauté, et que les nobles ne croyaient déjà
plus à la noblesse. La réforme fut un terrible réveil.

Comme toutes les grandes inventions, celle de l'imprimerie est enveloppée de mystère, aussi a-t-elle donné lieu à des disputes interminables. Comment expliquer, par exemple, qu'aucun livre imprimé ne porte le nom de Gutenberg, alors que les noms de Faust et de Schœffer qui furent ses associés se trouvent sur les premiers ouvrages composés avec des caractères mobiles! On s'est demandé si c'était par modestie ou par orgueil que Gutenberg n'avait signé aucune des œuvres sorties de ses mains. Sa modestie eût été celle d'un grand homme qui se regarde comme un simple instrument de la destinée. Son orgueil eût été celui d'un gentilhomme, qui, ayant épousé une fille de qualité, n'aurait pas voulu accoler son nom à ceux d'un simple ouvrier comme Pierre Schœffer et d'un roturier comme Jean Faust, dont Schœffer était le gendre. Ce qui confirmerait la première hypothèse, ce sont les lignes remarquables qu'on lit à la fin du *Catholicon*, imprimé à Mayence en 1460 : « Avec l'aide du Tout-« Puissant qui, d'un signe, rend éloquente la langue des en-« fants et révèle aux petits ce que souvent il cache aux « sages, ce livre excellent, le *Catholicon*, fut achevé d'impri-« mer le dimanche de l'Incarnation 1460, à Mayence, ville « de l'illustre Germanie, que Dieu, dans sa clémence, daigna « élever au-dessus de toutes les autres nations par le don « gratuit d'une telle invention du génie humain. Ce livre a été « fait sans roseau, sans stylet, sans plume, et seulement par « un accord merveilleux de lettres formées au moyen de « poinçons et de matrices. » Après tout, et de quelque manière qu'on doive expliquer l'absence du nom du Gutenberg sur les *Lettres d'indulgences* et sur les premières Bibles sans date, l'une à quarante-deux lignes, dite de Mayence, l'autre à trente-six lignes, toujours est-il que nous possédons un témoignage irrécusable du droit qui appartenait à Gutenberg de se déclarer l'inventeur de l'imprimerie. Ce témoignage est émané de Jean Schœffer, fils de Pierre, et se trouve dans la dédicace faite à l'empereur Maximilien du Tite-Live traduit en allemand, que lui, Jean Schœffer, a imprimé, et où il déclare que l'art admirable de la typographie a été inventée à Mayence par l'ingénieux Jean Gutenberg, l'an 1450, et ensuite amélioré et propagé pour la postérité par les capitaux et les travaux de Jean Faust et de Pierre Schœffer. Il est vrai que ce même Jean Schœffer, quatre ans après avoir écrit en allemand cette dédicace, datée de 1505, se donne, sans pudeur, un démenti à lui-même, mais cette fois dans une langue moins connue des Allemands, le latin, et qu'à partir de 1516 aucun des livres publiés par Pierre Schœffer et par son fils Jean ne parle de Gutenberg. Qui pourrait, toutefois, hésiter entre ces deux affirmations, la première si peu suspecte, la seconde, au contraire, si intéressée?

Il semble du reste, que la mort de Gutenberg, survenue en 1468, ait éveillé un sentiment de remords dans l'âme de Pierre Schœffer, qui jusqu'alors s'était donné comme l'inventeur de la gravure et de la fonte des caractères. Dans une édition des *Institutes* de Justinien, datée de cette même année 1468, il imprima des vers où il attribue à deux Jean, tous deux nés à Mayence (qui ne pouvaient être que Jean Gutenberg et Jean Faust), l'invention des caractères d'imprimerie :

> *Hos dedit eximios sculpendi in arte magistros*
> *Cui placet in mactos (mayis auctos) arte sagire viros,*
> *Quos genuit ambos urbs Maguntina Johannes*
> *Librorum insignes protocharagmaticos.*

« Celui qui augmente, quand il lui plaît, le discernement des hommes, nous a donné les deux maîtres incomparables dans l'art de graver, les deux Jean qu'a vus naître Mayence, insignes artisans de livres composés de caractères. » Puis il ajoute que Pierre (comme autrefois l'apôtre de ce nom), qui venait après les autres, entra cependant le premier dans le monument (le tombeau du Christ), car il devança les plus habiles dans la gravure des caractères : *Quippe quibus prœstat sculpendi lege sagites.*

Au surplus, à supposer même que Jean Faust et Pierre Schœffer aient à partager la gloire de Gutenberg, l'un, pour l'avoir aidé de ses capitaux, l'autre, pour avoir apporté dans l'invention les qualités pratiques, l'habileté du graveur, qui manquaient peut-être à l'inventeur, on peut dire que, par un de ces arrêts du destin qui semble gouverner les empires et tracer les grandes lignes de l'histoire, l'imprimerie fut découverte juste au moment où elle était nécessaire, lorsque les trésors de la littérature antique, exhumés de la poussière des cloîtres, demandaient à se répandre dans le monde. A quoi eût servi la restauration des lettres hébraïques, grecques, latines, si les œuvres enfantées par tant d'écrivains de génie eussent été enfermées dans un petit nombre de manuscrits d'autant plus coûteux qu'ils étaient rares? La Renaissance eût été arrêtée dans son essor. La lecture fût demeurée un privilège. Grâce à l'imprimerie, chacun put lire à livre ouvert d'autres pensées que celles dont le moyen âge avait vulgarisé l'expression, et les caractères de Gutenberg, qui allaient mettre les esprits en mouvement, furent les instruments véritables de la rénovation future.

Mais les livres imprimés étaient toujours inférieurs aux livres manuscrits. Une chose leur manquait : le charme de la couleur. On y sentait la régularité fatale d'une machine, au lieu des libres allures de la plume ; l'uniformité de la couche noire étendue sur toutes les lettres faisait contraste avec la variété des rubriques dont les manuscrits étaient ornés. Dans le livre, la pensée avait quelque chose de froid et demeurait une abstraction, tandis que dans le manuscrit, elle se trouvait en quelque sorte accompagnée, animée, colorée par les créations naturelles ou fabuleuses que représentait d'un pinceau délicat le calligraphe ou le miniaturiste. Sur le vélin des livres copiés de main d'homme, on voyait à chaque page courir les vignes autour du texte sacré ou profane, fleurir les plantes du jardin ou celles d'un éden imaginaire ; la nature semblait ajouter à la pensée écrite toutes ses poésies, toutes ses couleurs. Nous l'avons dit, les premiers livres parurent d'un aspect pauvre, d'une austérité qui n'engageait pas à les lire. De là le peu de succès qu'eurent à Rome les éditions successives de Sweynheim et de Pannartz ; mais bientôt les imprimeurs mayençais entreprirent de lutter, s'il était possible, avec les scribes et les enlumineurs les plus en renom. Ils substituèrent à la monotonie du noir le jeu des couleurs imprimées ; les rentrées en rouge et en bleu, le choix des caractères d'abord gravés en bois, puis enfoncés dans du plomb liquéfié et à demi-refroidi, pour y former des matrices propres à fournir des empreintes en métal, la beauté des initiales, le luxe des dessins obtenus sous la presse, l'éclat des encres multicolores, la parfaite justesse des raccords dans les tons juxtaposés, rien n'avait été négligé par Schœffer et Faust pour rivaliser avec l'enluminure des manuscrits, et prouver que l'imprimerie pouvait joindre les élégances de l'art et la variété des couleurs à son utilité immense et à son incroyable rapidité.

Ils savaient, les imprimeurs, et ils ne manquaient pas de dire que pour copier deux cents volumes commandés par Côme de Médicis à Vespasiano, il avait fallu quarante-cinq scribes travaillant sans désemparer pendant vingt-deux mois.

Ils faisaient valoir aussi, en faveur des livres, la cherté comparative des manuscrits. Une bible, par exemple, ne coûtait pas moins de vingt-cinq à quarante florins d'or. Un exemplaire des épîtres familières de Cicéron était coté par les calligraphes dix ducats. Le Poggio, qui n'était pas seulement un poète, mais un copiste recherché, avait obtenu de Lionel d'Este cent florins d'or pour les lettres de saint Jérôme, et ce même Poggio, ayant transcrit de sa main un Tite-Live, en avait demandé cent vingt ducats au poète Beccadelli. En critiquant à leur tour la cherté des manuscrits, les associés de Gutenberg faisaient toucher au doigt le véritable avantage de l'imprimerie, celui d'être à la portée de tout le monde, de pourvoir à la nourriture de tous les esprits, car, en dépit de leurs efforts pour produire de beaux livres de nature à flatter les yeux, il est incontestable que les manuscrits du moyen âge, avec leurs peintures exquises et leurs ravissantes vignettes, l'emportaient de beaucoup même sur le psautier de Mayence.

Il était dit que le quinzième siècle serait le siècle de l'expansion; il était dit que dans l'année même où l'imprimerie fut découverte par Gutenberg, un autre moyen d'expansion serait inventé, l'art de multiplier les estampes, et que, dans ce même siècle, le monde ancien trouverait à se répandre lui-même en dehors de ses limites par la découverte du nouveau-monde. *Expansion,* ce mot signifie aussi égalité, ce qui revient à dire élévation des inférieurs. Du moment que la lumière se répand dans toutes les directions, ses bienfaits doivent tomber, un jour ou l'autre, sur le sol le plus fertile. La pensée, tant qu'elle n'a pas pris son essor, est semblable à cette vierge obscure qui attend un époux, comme dit le chansonnier. C'est en parcourant le monde que la pensée rencontre l'esprit qui doit la féconder : voilà comme le mot expansion répond à l'idée d'affranchissement, car celui qui obtient la libre pratique des pensées est à moitié affranchi. Aussi, répandre les idées, traduire les formes de l'art dans une langue facilement intelligible et populaire, telle fut la mission du quinzième siècle. L'imprimerie fit pour l'esprit ce que la gravure fit pour le sentiment. L'instrument de l'une et de l'autre fut une presse, et la presse fut le grand moyen de la civilisation future, non plus pour telle ou telle partie d'une nation, mais pour le genre humain tout entier. L'Église ne put rester longtemps seule maîtresse de ce moyen de propagation. Le prince électoral du Saint-Empire, archevêque de Mayence, dans cette ville même où était née l'imprimerie, défendit bien par un mandement sévère d'imprimer aucun livre sans l'approbation préalable de certains docteurs institués à cet effet. Bientôt après, un pape qui fut le grand protecteur des lettres et des arts, Léon X, prononça les peines de l'excommunication contre ceux qui imprimeraient un ouvrage quelconque avant qu'il n'eût été approuvé par le vicaire de Sa Sainteté à Rome, ou par l'évêque de chaque diocèse, dans toute la chrétienté. Mais ce furent là de vaines précautions. Il était dans la nature même de l'invention nouvelle d'échapper à toute réglementation et à toute censure.

CHAPITRE XI.

Découverte de l'impression des estampes. — Les nielles de Maso Finiguerra et sa première estampe, *le Couronnement de la Vierge* **(1452). — Premiers graveurs allemands et italiens : le Maître de 1466 et Martin Schongauer, Antonio Pollajuolo, Baccio Baldini. — Illustrations de la nouvelle Comédie par Botticelli et Baccio Baldini. — Les estampes de Mantegna.**

L'art de graver en creux ou en relief sur une matière dure, pierre, bois ou métal, est aussi ancien que le monde historique. Les Égyptiens l'ont pratiqué sur le granit de leurs monuments, sur leurs ouvrages d'orfèvrerie, amulettes, colliers, bracelets, scarabées, bagues, sceaux, lames de poignard, et à la manière admirable dont ils ont gravé les bijoux et damasquiné les armes de la reine Aah-Hotep, qui appartenait à la dix-huitième dynastie, on peut juger quelle était l'ancienneté d'un art qui produisait, il y a trois mille six cents ans, des gravures aussi délicatement exécutées. Les casques, les boucliers que portaient les héros d'Homère, la coupe où voulait boire Anacréon étaient ornées de figures dessinées par incision dans le fer, le bronze ou l'argent. Hérodote raconte que le gouverneur de Milet, Aristagoras, en guerre contre Darius, s'étant rendu à Sparte pour solliciter l'alliance des Lacédémoniens, se présenta au roi Cléomène tenant à la main une planche de cuivre sur laquelle était gravée la configuration de la terre avec toutes ses mers et tous ses fleuves.

Mais si les commencements de la gravure remontent à une

si haute antiquité, il est certain que la pensée de tirer des empreintes d'un objet gravé n'a été conçue, en Europe du moins, que dans les temps modernes, et l'on est surpris qu'une idée aussi simple ne soit venue à l'idée de personne dans le siècle de Périclès, alors que tant de chefs-d'œuvre se produisirent, dont la conservation par la gravure eût formé un trésor inestimable.

Il était naturel que la gravure en creux précédât la gravure en relief, parce que la première est beaucoup plus facile que la seconde. Celle-ci, en effet, ne peut être obtenue que par une action assez compliquée, puisqu'il faut après avoir tracé le dessin sur la surface plane d'un corps résistant, creuser tout ce qui n'est pas le dessin et en réserver les traits par un exact évidement de ce qui les environne, de façon à mettre en saillie une découpure. Mais, à l'inverse, quand il s'agit d'imprimer un dessin gravé, la difficulté est beaucoup moins grande pour la gravure en relief que pour la gravure en creux. Poser de l'encre ou de la couleur sur les parties saillantes d'une gravure et les appliquer sur une étoffe ou sur du papier, c'est une opération bien simple, aussi a-t-elle été pratiquée par les Indiens et par les Chinois dans les temps les plus reculés. Sous la dynastie des Tang, qui gouverna la Chine depuis le commencement du septième siècle avant notre ère jusqu'aux premières années du dixième siècle (617-907), il fut créé un papier-monnaie, une sorte d'assignats, et ces papiers, qui furent renouvelés par les conquérants mongols au treizième siècle, n'étaient autre chose que des épreuves tirées d'une planche de cuivre, selon le témoignage du célèbre voyageur Marco-Polo dont la sincérité a été reconnue. Il est donc certain que l'impression des estampes était connue en Chine, sept ou huit siècles avant qu'elle fût soupçonnée en Europe.

Quant à l'impression de la gravure en creux, qui se fait

d'ordinaire sur métal, elle est plus malaisée, car il faut, après avoir introduit l'encre ou la couleur dans les traits gravés, nettoyer la surface non creusée du métal, de façon à n'y laisser aucune trace de couleur ou d'encre, ensuite appliquer sur la planche un corps souple, étoffe ou papier, dont on aura augmenté la souplesse en l'humectant et qui sous l'action d'une presse, se chargera de la couleur renfermée dans les sillons de la gravure et la reproduira. Cette opération étant beaucoup plus compliquée que la précédente, il est aisé de comprendre que l'impression de la gravure en creux a dû être inventée longtemps après l'impression des reliefs. Mais, quoique postérieur à l'impression des livres gravés en relief sur une table de bois, l'art de tirer des épreuves d'une gravure en creux est cependant beaucoup plus ancien que ne le pensait Vasari, qui en attribuait l'invention à l'orfèvre florentin Maso Finiguerra. Cet orfèvre excellent florissait au quinzième siècle. S'il n'inventa point l'impression des gravures au burin, s'il existe une *Flagellation* faisant partie d'une suite de la Passion, qui porte la date de 1446, on peut affirmer que les premières estampes dignes d'être considérées comme des œuvres d'art sortirent des mains de Finiguerra. Voici comment Vasari raconte la chose, et, cette fois, son récit est confirmé par des pièces authentiques.

Disons d'abord que Maso Finiguerra, comme tous les orfèvres de son temps, ornait de gravures en creux ses ouvrages d'orfèvrerie, poignées d'épée, ceinturons, vases, coupes, calices, patènes, reliquaires. Ces ornements délicats s'appellent en italien *nielli*, et en français nielles, du mot *nigellum*, qui signifie noirâtre; pourquoi ce nom a-t-il été donné aux gravures exécutées par les orfèvres? Parce que l'artiste, après avoir terminée son travail, répandait une sorte d'émail noirâtre dans les sillons que son burin avait creusés dans le métal et rendait ainsi sa gravure nettement visible sur le fond, une fois poli, de l'or ou de l'argent.

Benvenuto Cellini, dans son Traité d'orfévrerie, a décrit avec un soin minutieux les procédés mis en œuvre pour la composition du nielle. On faisait fondre au fourneau un mélange dans lequel entraient une partie d'argent fin, deux parties de cuivre et trois parties de plomb. Ce mélange, chauffé jusqu'à vitrification, était versé dans une fiole de terre grande comme la main et contenant du soufre noirci. Après le refroidissement la fusion était noire, et comme elle était devenue cassante, on la broyait en poudre fine, on la tamisait, on la saupoudrait de borax, et c'était là proprement le nielle. Répandue sur la planche gravée, cette substance que l'on fondait de nouveau à un feu modéré, pénétrait dans les tailles même les plus fines de la gravure, et un second refroidissement la faisait adhérer au métal. On commençait alors à limer la surface avec une lime douce, *con una lima gentile,* jusqu'à ce qu'on aperçût la gravure. Puis l'on achevait de mettre à nu la superficie du métal avec un brunissoir d'acier et de l'huile ; ensuite on procédait à la dernière polissure, en frottant la planche successivement avec du charbon broyé, avec un roseau aplani du côté de la moelle, et, finalement, avec la paume de la main. L'orfèvre avait obtenu ainsi une véritable gravure sur or ou sur argent, une gravure dans laquelle les lumières étaient représentées par les parties dénudées et polies du métal, les ombres et les demi-teintes par les tailles, plus ou moins profondes, remplies de noir.

Cependant, comme toute retouche était impossible après que le nielle s'était refroidi et fixé dans les tailles de la gravure, l'orfèvre, avant de procéder à cette opération décisive, prenait une ou plusieurs empreintes avec de l'argile, pour se rendre compte de son travail, en connaître le degré d'avancement et pouvoir, au besoin, corriger les défauts qu'il y trouverait. Sur l'empreinte en argile, la gravure se présentait en relief et en sens inverse, c'est-à-dire que telle figure, par exemple, qui dans l'original se dirigeait de droite à gauche, était vue dans l'empreinte se dirigeant de gauche à droite. Maintenant, pour voir son travail tel qu'il l'aurait vu sur la planche niellée, il coulait sur l'argile du soufre liquide, et après avoir coloré avec du noir de fumée les sillons du soufre, il en tirait une épreuve sur papier, qui, représentant l'inverse du travail, rétablissait à ses yeux la gravure dans son véritable sens, c'est-à-dire que la figure qui, sur l'empreinte, se dirigeait de gauche à droite, reparaissait sur l'épreuve de droite à gauche, comme sur le métal.

Ces procédés en usage chez tous les orfèvres, Maso Finiguerra les avait employés, notamment après avoir gravé pour le baptistère de Florence une de ces patènes qu'on appelle *paix,* parce qu'elles sont destinées à recevoir le baiser de paix, dans les cérémonies religieuses. — Cette patène est déposée aujourd'hui à la galerie des Offices. — Il avait tiré en soufre deux empreintes, lorsqu'il eut l'idée d'en tirer une directement sur la planche d'argent avec du papier humide qu'il pressa, dit Vasari, avec un rouleau bien lisse, *con un rullo tondo, ma piano per tutto,* et l'épreuve ainsi obtenue fut la première estampe d'une gravure en creux (1).

Nous disons la première estampe, car s'il existe des épreuves grossières de quelque méchante gravure un peu antérieure, on ne peut les considérer, encore une fois, comme des ouvrages d'art véritables, et tout ce qui ne mérite pas ce nom n'a

______

(1) Voici les propres paroles de Vasari : *Perche costui, tutte le cose che intagliò in argento, per empierle di niello, le improntò con terra, e gittatovi soprà solfo liquefatto, vennero improntate e ripiene di fiumo, onde a olio (a l'occhio) mostravano il medesimo che l'argento, e cio fece ancora con una carta umida.* (Vie de Marc-Antoine de Bologne.)

pas à trouver place dans nos études sur la Renaissance des arts
en Italie. Des pièces de pure imagerie ne sauraient prévaloir
sur une estampe aussi belle que la *paix* de Finiguerra, et c'est
seulement du jour où il en a tiré une épreuve que date la
découverte de la gravure, ou pour mieux dire, de l'art qui
consiste à imprimer la gravure. Comme le dit à ce sujet le
savant conservateur du cabinet des estampes, M. Henri De-
laborde, « lorsque l'art parle net dans les œuvres des maîtres,
il est au moins inutile d'en écouter ailleurs les bégaiements.
Il est injuste d'accepter avec plus d'empressement et d'a-
nalyser avec une attention plus scrupuleuse les témoignages
issus de bas lieu que les preuves venues d'en haut, et de nous
cacher ce qui est beau pour ne nous montrer que ce qui est
rare (1) ».

Mais où était la pièce probante du récit d'un biographe,
qui fut toujours un peu suspect de légèreté? Cette pièce,
Mariette l'avait cherchée vainement ou ne l'avait pas reconnue
parmi les estampes acquises par Louis XIV. Heinecken ne
l'avait jamais rencontrée. Or, elle se trouvait, chose curieuse,
non pas en Italie, mais en France dans la célèbre collection
cédée au roi par l'abbé de Marolles, et devenue le noyau de
notre cabinet des estampes. En 1797, un abbé italien, l'abbé
Zani, travaillait assiduement depuis six mois à la Bibliothèque nationale, feuilletait silencieusement nos portefeuilles
d'estampes, lorsqu'un jour il poussa un cri de joie : il venait de
découvrir l'épreuve dont Vasari a parlé, celle de la patène
gravée par Maso Finiguerra, patène que lui, Zani, avait vue
au baptistère de Florence, où elle était encore en ce temps-là.
L'abbé, comme il l'a écrit lui-même, sentait son cœur nager
dans un océan d'allégresse inexprimable. C'était bien la véri-

____

(1) *Revue des Deux-Mondes*, février, 1861.

table épreuve, en effet, l'épreuve unique, l'épreuve historique du *Couronnement de la Vierge* gravé sur la patène de Finiguerra. Ce Couronnement ou cette Assomption de la Vierge est une composition pleine, nombreuse, grande en petit, contenant dans un cadre cintré qui n'a pas plus de douze centimètres en hauteur, quarante figures variées d'expression, dessinées et drapées d'un excellent goût. Dans une sorte d'abside, surmontée d'un entablement et d'un fronton demi-circulaire, Jésus-Christ assis sur un trône et coiffé d'un bonnet semblable à la corne ducale des doges couronne sa mère qui s'incline vers lui, les bras croisés sur la poitrine. Ce groupe est placé entre deux séraphins, qui soutiennent, comme des cariatides vivantes, l'entablement sur lequel repose le fronton. D'autres anges, à droite et à gauche, accompagnent d'une musique céleste le triomphe de la Vierge couronnée, tandis que les plus jeunes déroulent sur le cintre du fronton un phylactère sur lequel est gravée l'inscription : *Assumpta est Maria in cœlum, ave exercitus angelorum.* En bas, des saints et des saintes sont rangés avec une symétrie solennelle, mais sans rigueur et sans froideur : Ambroise et Augustin à genoux, occupant le milieu du premier plan; à droite, les jeunes femmes martyres en qui la dignité est tempérée par la grâce et parmi lesquelles on distingue sainte Catherine et sainte Agnès, l'une à sa roue, l'autre à son agneau; à gauche, l'austère figure du précurseur qui, vêtu d'une peau de mouton serrée par une corde, marche à la tête des patriarches, des confesseurs. Toutes les têtes ont du caractère; les formes sont choisies et les draperies se rompent en plis fermes comme des étoffes neuves. La nature et le style se sont mariés avec bonheur dans cette petite gravure qui, si elle était vue avec un verre grossissant, ressemblerait à la fresque d'un maître.

A quelle époque fut tirée cette épreuve unique, si longtemps cherchée, cette relique inestimable dont la découverte plongea dans le ravissement l'abbé Zani? Ce fut certainement, au plus tard, en 1452, puisque la patène de Finiguerra, qui venait d'être terminée lorsqu'il tira son épreuve, lui fut payée cette année même par les fabriciens du Baptistère de Florence, ou plutôt par la corporation des marchands de laine (*callimala*), qui l'avaient commandée pour en faire présent à l'église. Il est donc avéré que, par une coïncidence merveilleuse, l'art d'imprimer les estampes fut inventé au moment même où Gutenberg et Faust imprimaient en caractères mobiles leur première bible latine, dite *à quarante-deux lignes*. Il était dit que la gravure, qui est l'imprimerie des beaux-arts, naîtrait en même temps que l'imprimerie, qui est la gravure des belles-lettres. La première allait populariser les œuvres de l'artiste, pendant que l'autre propagerait les pensées du poète, du philosophe, de l'écrivain.

Bien que le nielle soit une gravure sur métal, une vraie gravure, on ne peut pas considérer l'orfèvre Maso Finiguerra comme ayant été, à proprement parler, un graveur, c'est-à-dire un artiste qui creuse avec le burin ou avec l'eau-forte un dessin sur une planche de cuivre dans l'intention d'en faire une matrice, de laquelle il obtiendra, au moyen de l'impression, un nombre indéfini d'épreuves. Mais il fut le premier imprimeur d'une estampe digne de ce nom, digne d'être appelée une œuvre d'art.

Sans doute, l'imprimerie des estampes avait encore beaucoup de progrès à faire; le rouleau uni dont se servit l'artiste florentin était loin d'avoir la puissance d'une simple presse à bras. Le noir que fournissait la pression d'un papier humide sur le nielle était faible et pâle en comparaison de ce beau noir profond et velouté que produit maintenant l'encre préparée pour les divers genres de gravure (eau forte, burin,

aquatinte, manière noire), encre faite avec du noir d'ivoire et de
la lie de vin brûlée, que l'on délaye dans une huile peu cuite
afin que l'encre ne soit pas trop adhésive et se puisse facilement étendre et enlever. Mais en tirant son épreuve sur papier, Finiguerra fit connaître que les finesses de la gravure,
l'énergie de ses ombres, la franchise de ses clairs, la variété
de tons qui prête à la monochromie de l'estampe une sorte
de coloris, n'étaient rendues sensibles que par la blancheur
d'une substance aussi susceptible que le papier de recevoir,
quand il est humide, tous les genres d'impression, tandis que
sur le fond chaud de l'or, sur le fond rouge du cuivre ou sur
le fond criard et froid de l'argent, les qualités de la gravure
seraient demeurées insaisissables, au moins dans leur excellence. Et quel instrument de civilisation! Quelle source de
jouissances et de lumière pour tous les hommes, même pour
les plus pauvres! Quel présent fait au génie de l'art que ce
moyen de répandre ses ouvrages dans le monde entier, de
les rendre impérissables par un nombre indéfini d'épreuves,
de leur assurer en un mot ces deux conditions de la gloire,
l'étendue et la durée!

Bientôt de véritables gravures, dans le sens que nous at-
tachons à ce mot, virent le jour à Florence et à Venise, sans
parler de celles qui furent gravées en Allemagne par le maître
anonyme, dit le Maître de 1466, et par un artiste supérieur
qui s'appelait Martin Schongauer, dont les estampes ont eu
l'insigne honneur d'être admirées et même copiées par Michel-Ange. Toutefois les progrès matériels de l'art du graveur
ne furent point rapides. Tandis que Martin Schongauer se
distinguait par le choix et la délicatesse des travaux, par
la fermeté de ses incisions, la netteté d'un burin qui s'assouplit à suivre les mouvements de la forme et pénètre dans les
plis de la draperie qu'il enveloppe, les graveurs florentins,

notamment Antonio Pollajuolo et Baccio Baldini, trahissent dans le maniement du burin et de la pointe une sorte de gaucherie qui les laisse bien loin de Finiguerra. Le premier, dans sa planche des gladiateurs, restée fameuse sous le nom des « Dix nus » (*dieci nudi*), a conduit ses tailles avec une rudesse qu'on dirait sauvage, exprimant les muscles comme des cordes, insistant sur les contours avec dureté et couvrant d'un travail sec des formes vulgairement conçues, mais fièrement dessinées et violemment ressenties.

Le second, Baccio Baldini, faible dessinateur quand il n'est pas aidé par Sandro Botticelli, se montra plus faible encore dans l'exécution de sa gravure. Ses tailles serrées et minces produisent des ombres qui n'étant ni suffisamment nourries dans leurs milieux, ni bien distribuées dans la composition, restent grises et dispersent l'effet au lieu de le concentrer. Le cuivre n'étant pas incisé franchement a l'air d'avoir été plutôt égratigné avec une pointe que creusé avec le burin. Ce qui soutient ou du moins ce qui rachète cette exécution timide et insuffisante, c'est la grâce d'un dessin dans lequel on retrouve souvent la main d'un maître, parfois inégal, sans doute, mais capable de s'élever à une suprême élégance, Sandro Botticelli.

Ce qui d'ailleurs recommande à la postérité Baccio Baldini, c'est qu'il fut le premier qui consacra des gravures à ce que nous appelons aujourd'hui l'illustration des livres. Un de ceux qu'il devait orner de ses estampes était la *Divine Comédie*, publiée à Florence, en 1481, par Nicolo di Lorenzo della Magna (c'est-à-dire par Nicolas, fils de Lorenzo, originaire de l'Allemagne). A la tête de chacun des chants du poème, à commencer par ceux de l'*Enfer,* des vides avaient été ménagés, qui devaient être remplis, après l'impression du texte, par les vignettes de Baldini, gravées sur les dessins de Sandro. Ces lacunes préparées tout exprès pour le graveur ne furent comblées que pour les deux premiers chants, et les vignettes qu'on y voit ne furent pas tirées séparément, comme on l'a dit, pour être collées sur la première page de ces deux chants ; elles furent imprimées sur le papier même du livre. Botticelli et Baldini ne firent, paraît-il, que vingt vignettes, et Bartsch n'en décrit pas davantage. La vingtième n'était même qu'une variante de l'estampe composée pour le troisième chant. Les dix-neuf autres, à l'exception des deux premières, furent imprimées sur des feuilles volantes en dehors du texte.

Il va sans dire que Botticelli emprunta les sujets de ses vignettes des textes qui se prêtaient le mieux à une traduction par la peinture. Dante est un poète dont les images sont toujours visibles pour l'œil de l'artiste. Lorsqu'il décrit non seulement le théâtre où s'agitent ses drames et ses héros, mais les troubles de son âme et les péripéties de son épopée, Dante le fait à coups de pinceau dont la beauté sublime peut toujours être transportée sur la toile d'un peintre. La composition des deux premières vignettes en est une preuve. Égaré dans une forêt obscure, sur le flanc d'une montagne, le poète est effrayé par la rencontre d'une panthère, d'un lion et d'un loup. Il descend la montagne en courant et en regardant derrière lui le loup qui le poursuit. La montagne s'élève sur la droite ; à gauche, sur la lisière de la forêt, apparaissent deux ombres, l'une au bord de l'estampe, l'autre au milieu, près de Virgile.

L'ouverture du second chant est aussi un de ces tableaux qui ont pu facilement se présenter à l'imagination de Botticelli quand il avait sous les yeux les vers du poète. Virgile et Dante sont à mi-hauteur d'une montagne : ils regardent dans les airs la figure de Béatrix qui leur apparaît au sein d'une gloire. Vers le sommet, sur la droite, s'ouvre la porte de l'Enfer, au-dessus de laquelle sont écrits les mots : *Per me*, qui commencent le troisième chant :

> *Per me si va nella città dolente*
> *Per me si va nell' eterno dolore.*

Ainsi, Botticelli et Baldini furent les premiers à marier la gravure avec l'imprimerie, l'invention du Gutenberg avec celle de Finiguerra. La *Divine Comédie* était, par excellence, le poème qui devait favoriser l'alliance de l'art avec l'écriture, et le concours, dans une même édition, des deux grandes imprimeries découvertes au quinzième siècle, celle des estampes et celle des livres.

Il ne s'acheva point, ce beau siècle, sans que la gravure y fût exercée par des peintres de haute lignée tels que Mantegna. Mais il y eut cela de remarquable dans la gravure italienne que depuis les nielles de Finiguerra jusqu'aux planches de Marc-Antoine, dont la première estampe est de 1506, l'art de graver demeura, quant au maniement du burin, à l'état rudimentaire. André Mantegna, lorsqu'il grava lui-même ses admirables détrempes du *Triomphe de César* ou les dessins qui lui avaient servi à peindre ce Triomphe, se contenta d'exprimer l'ombre par des tailles droites et parallèles, plus ou moins serrées, quelquefois rentrées au burin ; mais, en employant ces tailles rigides et d'une naïveté primitive, il sut écrire ses figures sur le cuivre avec une énergie sans égale, laissant d'autant plus de style à ses pensées, et d'autant plus de dignité, qu'elles restaient sans parure dans leur vêtement. L'austérité du moyen ne faisait que mieux ressortir la fierté de l'intention, et le dessin du grand maître, résolument creusé dans le métal, sans ornement aucun, sans aucune de ces élégances qui plus tard furent trouvées dans l'art de couper le cuivre, en fut réduit aux seules ressources de sa propre éloquence. Les estampes de Mantegna, où respire le génie de l'antiquité païenne, ses Bacchanales au Silène et à la Cuve ses combats de dieux marins, ses travaux d'Hercule, répandirent en Italie le goût de la fable antique, en la représentant avec une simplicité forte et rude, et transportèrent l'esprit dans les régions idéales des temps antéhistoriques. Les souplesses gracieuses d'un burin facile, les ingénieuses façons de le conduire en lui donnant à envelopper les formes, à exprimer l'insertion et le tournant des muscles, le fuyant des draperies et le caractère optique des substances, telles que la pierre, l'eau, les arbres, les feuillages, auraient modernisé et conséquemment affaibli les images d'Hercule qui étouffe Antée, et celles des dieux marins qui se battent sur des chevaux terminés en dauphins, et celles des Tritons qui se disputent la possession des Néréides sur la couche ondoyante des flots amers.

Oui, la gravure italienne n'a point connu jusqu'à la fin du quinzième siècle les progrès que laissait à désirer son exécution et qui déjà étaient accomplis, en Allemagne, par Martin Schongauer et Albert Dürer, mais elle posséda l'essentiel de l'art, le dessin, le style, et par cela seul elle fut, par son mariage avec la presse, une découverte inestimable.

La gravure, au surplus, doit être considérée sous deux aspects. Tantôt elle est une interprétation monochrome faite par un graveur d'après la peinture d'un maître, tantôt elle est un moyen directement employé par le peintre lui-même pour exprimer sa propre pensée en la traçant sur le cuivre, de la même manière qu'il l'aurait dessinée sur le papier avec une plume. Envisagée comme traduction, ou, si l'on veut, comme reproduction, la gravure a rendu et peut rendre de grands services, puisqu'elle répand la connaissance d'un chef-

d'œuvre, qui, sans elle, resterait isolé sur un point de la
terre et inconnu à la presque universalité des hommes. Par
elle, nous jouissons d'une fresque ou d'un tableau que nous
n'avons jamais vu, que nous ne verrons jamais, soit parce
que l'ouvrage a péri, soit parce qu'il exige d'impossibles dé-
placements, et si le graveur ne nous rend point la couleur de
l'original, il nous transmet au moins les expressions qui ré-
sultent de l'invention du sujet, du dessin, du choix des formes, de l'effet, et même jusqu'à un certain degré, de l'exécution.

Cependant, il en est des traductions de ce genre comme de
toutes les autres. Bien souvent, le plus souvent, elles sont
infidèles, à moins qu'elles n'aient été burinées par le graveur
sous les yeux mêmes du peintre qu'il copie, comme le furent plusieurs estampes de Marc Antoine sous les yeux de
Raphaël. Quand le peintre est absent ou qu'il est mort, il est
rare que les gravures fassent revivre son style dans toute
sa force, dans toute son originalité et que le caractère de
l'ouvrage interprété ne soit pas affaibli ou changé selon le
goût dominant de l'époque où travaillait le graveur. Aujour-
d'hui qu'une découverte merveilleuse nous permet de voir une
peinture, une statue comme les voit le soleil lui-même, nous
pouvons constater combien il y a de différence entre les œuvres originales et les copies que les graveurs les plus illustres
en ont gravées. Michel-Ange, par exemple, Michel-Ange qui
nous avait paru si imposant, si terrible dans les estampes que
nous devons à cette famille des Ghisi, qu'on appelle les Man-
touans, combien il nous semble plus terrible et plus imposant,
plus personnel, plus hardi, plus fier, dans les photographies
qu'on nous rapporte de la chapelle Sixtine, et qui sont comme
une seconde création par la lumière des fresques de Michel-
Ange! Il faut donc rabattre quelque peu de l'admiration que

nous avaient inspirée les estampes gravées depuis quatre siècles d'après les grands maîtres. Mais, en revanche, quand la gravure est tracée sur le métal par un peintre supérieur, qui se trouve être à la fois le dessinateur de sa gravure et le graveur de son dessin, l'ouvrage est inestimable parce qu'il nous arrivera sans altération, sans intermédiaire, sans truchement, et qu'une fois répandu à grand nombre, il ne périra plus, de sorte que la presse aura donné aux conceptions du génie l'espace et le temps. Ce fut donc, il faut le redire, une découverte sans prix que l'impression des estampes coïncidant, au quinzième siècle, avec l'invention de l'imprimerie. De nos jours, on invente des lumières prodigieuses, nocturnes, rivales du soleil; mais ces lumières ne peuvent éclairer que nos yeux, nos corps et nos mouvements, tandis que les lumières du quinzième siècle étaient de celles qui éclairent les esprits et pénètrent dans les âmes, les seules qui, en dépit de leurs ombres, finissent par rendre les hommes meilleurs.

FIN DU DEUXIÈME VOLUME.

TABLE

DU DEUXIÈME VOLUME.

LIVRE IV.

LIVRE V.

FIN DE LA TABLE DU DEUXIÈME VOLUME.

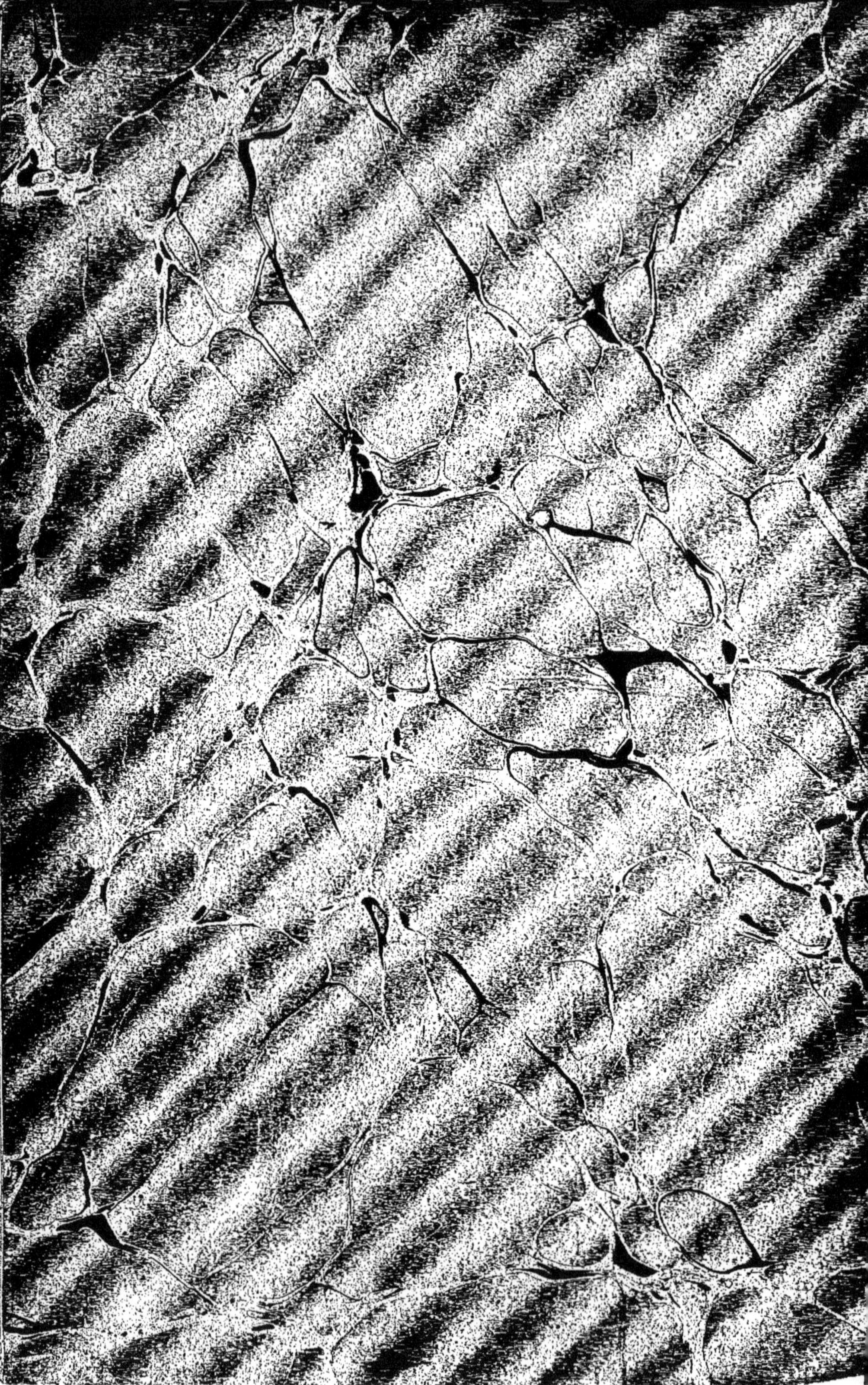

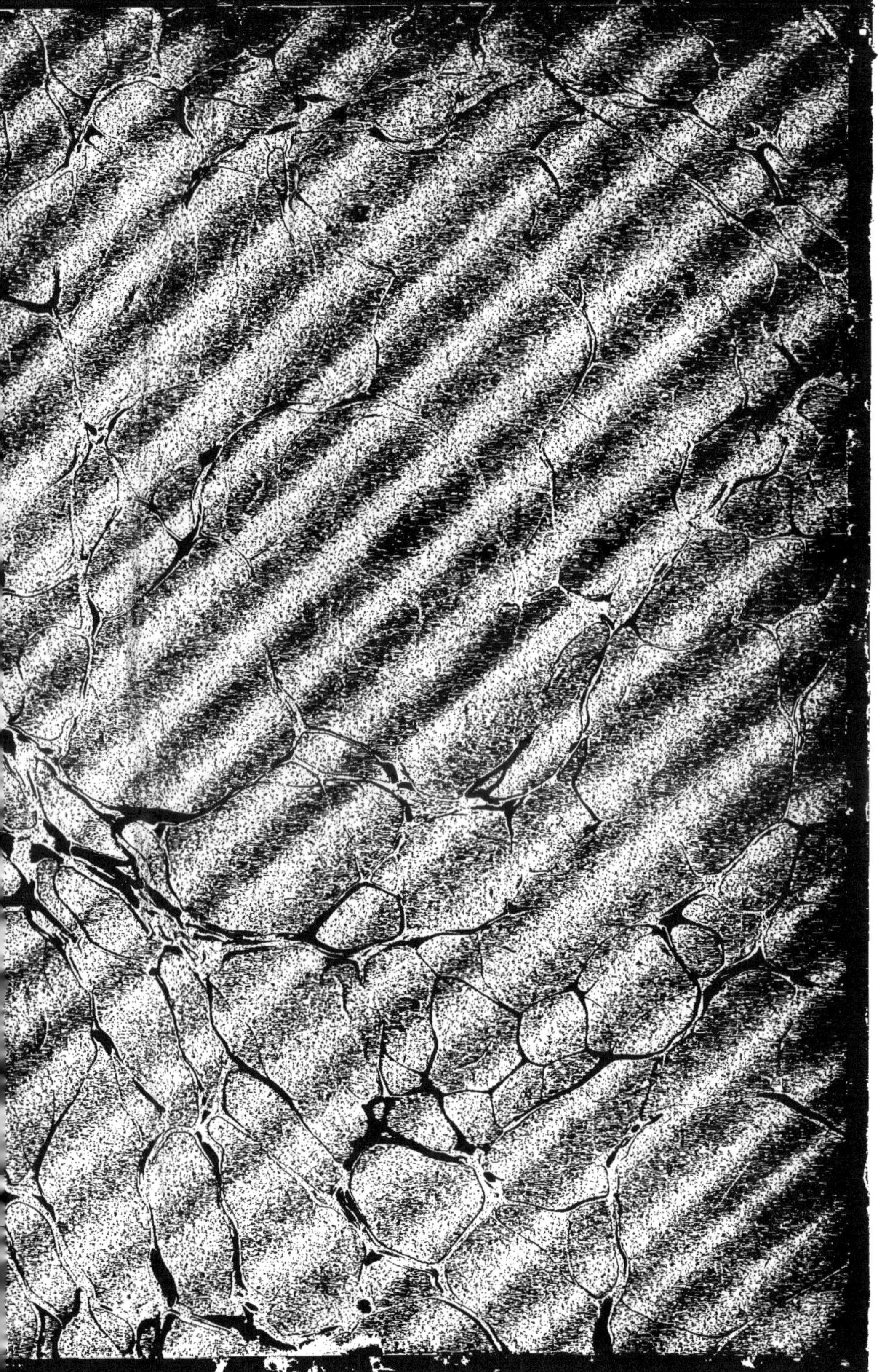

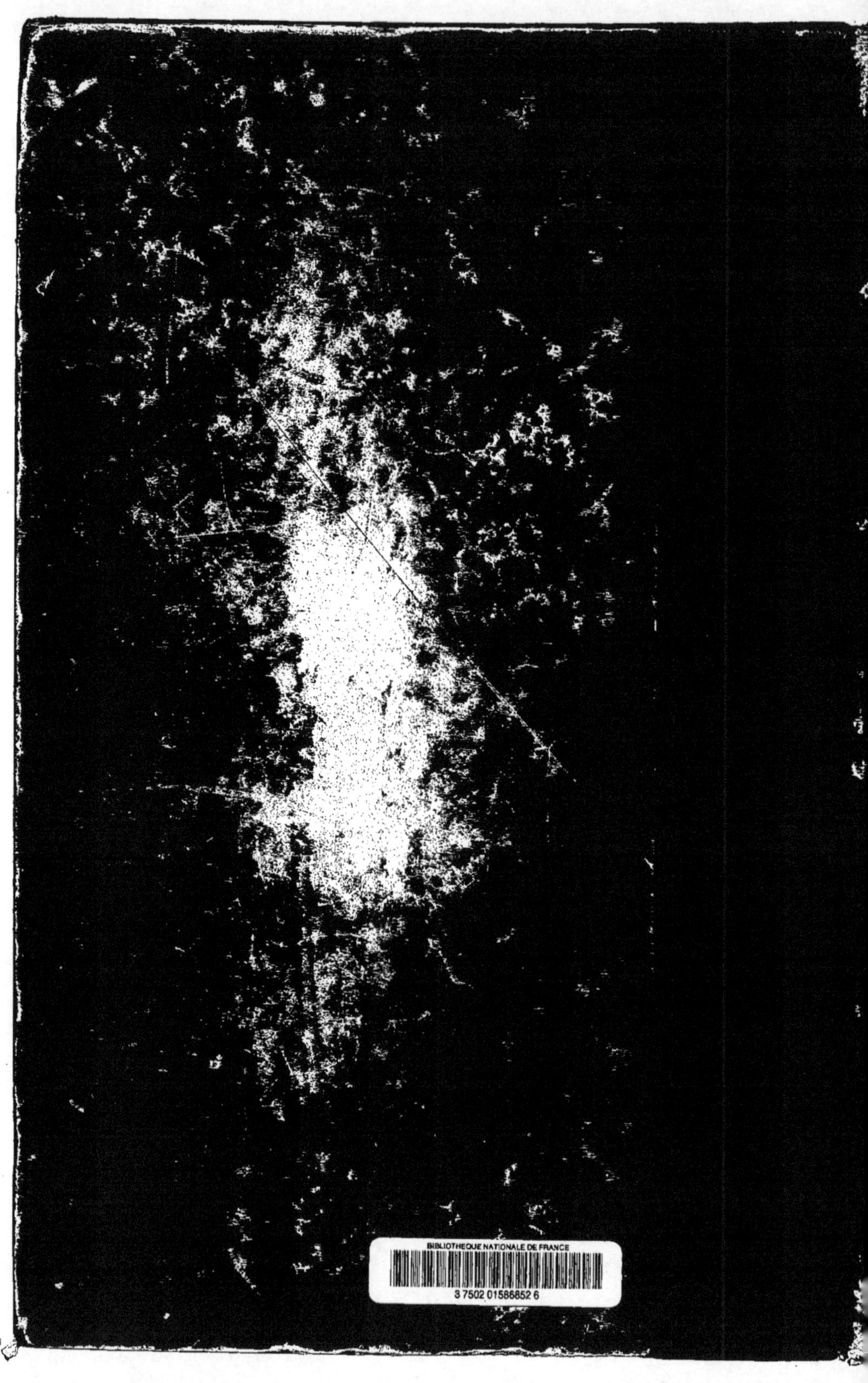